우주철학서설

우주철학서설

제1판 제1쇄 발행일 2022년 6월 25일

글 _ 손석춘
기획 _ 책도둑(박정훈, 박정식, 김민호)
표지 디자인 _ 신나미
본문 디자인 _ 토가 김선태
펴낸이 _ 김은지
펴낸곳 _ 철수와영희
등록번호 _ 제319-2005-42호
주소 _ 서울시 마포구 월드컵로 65, 302호(망원동, 양경회관)
전화 _ (02)332-0815
팩스 _ (02)6003-1958
전자우편 _ chulsu815@hanmail.net

ISBN 979-11-88215-73-7 93100

철수와영희 출판사는 '어린이' 철수와 영희, '어른' 철수와 영희에게
도움 되는 책을 펴내기 위해 노력합니다.

우주철학서설

어둠의 인식론과 사회철학

손석춘 지음

머리말

우주는 깊은 어둠에 잠겨 있다. 인간도 그렇다. 우주는 별빛으로 어둠을 밝히고, 인류는 '생명의 촛불'로 그러했다. 우주에서 촛불처럼 타오르다가 스러진 사람은 1000억 명에 이른다. 그 한 사람 한 사람의 삶과 죽음 앞에 우리는 묻지 않을 수 없다.

인간이란 무엇인가.

철학의 오랜 물음이다. 현대 우주과학을 밑절미로 그 물음을 되새김한 이 책은 21세기 새로운 인간상으로 '우주인'을 제안한다.

우주인의 철학인 '우주철학(cosmic philosophy)'은 1978년에서 80년까지 대학에서 철학을 전공할 때 잉태했다. 그 시절 니체와 마르크스 철학에 몰입하며 우주과학과 생물과학책을 탐독하던 나는 '우주와 역사에서 인간의 목표와 의미'를 규명하겠다는 철학적 결기를 곧추세우고 있었다. '서양 근대철학사'를 수강하며 제출한 학기말 보고서에 '새로운 선험철학이 요청된다'라고 끝을 맺었다. 독일에서 철학박사 학위를 받고 온 신임 교수가 보고서를 꼼꼼히 읽었는지 종강 날에 다가와서 '새로운 선험철학'이 어떤 의미인지 물었다. '구상 단계'라고 답할 수밖에 없었다.

철학과 교수들이 대학원 진학을 적극 권했음에도 나는 언론을 선택했다. 학비·생활비 걱정 없이 공부할 수 있도록 대학 안에 일자리까지 마련해주려던 은사의 배려에 지금은 고마움을 느끼고 뒤늦게 감사 인사도 드렸지만, 당시 철학도로서 심취했던 마르크스와 니체 철학을 커리큘럼에서 전혀 다루지 않을 뿐만 아니라 군부독재에 침묵하는 '강단 철학'에 미련이 없었다.

신문기자와 논설위원으로 한국 사회의 지배 이데올로기를 비판하는 글을 쓰면서 개념과 논리를 더 다듬고자 사회철학을 주제로 정치학 석사와 언론학 박사 논문을 쓸 때도, 사단법인 싱크탱크를 창립해 예닐곱 연구원들과 새로운 사회를 탐색할 때도 몸 깊은 곳에선 '새로운 선험철학'이 꿈틀꿈틀했다. 처음 내 몸에 착상하고 20세기 말과 21세기에 걸친 회임 끝에 비로소 '우주철학'을 출산한 셈이다. 문자 그대로 우주철학의 서설이다.

인류의 우주적 진실과 삶의 의미를 담아 과학적 선험론과 사회인식론을 제안한 우주철학의 성격은 어둠을 밝히는 촛불에 비유할 수 있다. 우주철학의 인식론·존재론과 사회철학은 새로운 문명을 제안한다. 근대 유럽 문명을 벗어나 새 길을 열어갈 '우주인'에게 이 책을 바친다.

차례

2부

현대 우주과학의 철학

지금까지 철학은 우주를 망각했다

철학의 위기.

어제오늘의 담론이 아니다. 톺아보면 세계 철학사는 기존 철학의 위기와 그 위기를 넘어서는 새로운 철학으로 점철되어 왔다. 지난 세기만 보더라도 내내 철학 안팎에서 위기론이 나왔다. 20세기 초에 후설은 철학이 '모든 것의 뿌리'를 탐구하는 고유한 기능을 상실하고 병듦으로써 여러 학문의 위기는 물론 현대인의 위기를 불러왔다고 진단했다. 그는 19세기에서 20세기로 넘어가는 시기에 실증적인 개별 과학들이 크게 발전함에 따라 철학도 그에 편승해 '물리학적 실증주의'를 자신의 토대로 삼았다고 비판했다.

후설이 철학의 위기가 현대 과학을 병들게 했고 결국 현대인의 위기, 현대 문화의 위기를 불러왔다고 진단한 배경은 명료했다. 그가 체험한 제1차 세계대전의 참극에 이어 세계 대공황이 일어났기 때문이다. 흥미롭게도 후설은 철학의 위기와 현대의 위기를 진단하면서도 정작 전쟁과 공황의 주범인 자본의 논리에는 침묵했다. 후설의 사후 1년 만에 다시 제2차 세계대전으로 치달으며 나치주의와 일본 군국주의자들의 만행으로 위기는 증폭되었다.

후설의 사례는 칸트를 새삼 떠올리게 한다. 칸트 또한 근대 과학의 발전 앞에 철학의 위기를 절감해 비판철학을 정립했고, 만년에는 '영구 평화론'을 저술하며 '상비군 완전 폐지'를 역설했다.[1] 하지만 자본주의 국가들은 이미 그 시점에 식민지 쟁탈을 벌이며 야만적인 자본 축적에 몰두하고 있었다.

20세기 후반에 들어서면서 인류의 위기는 새로운 국면을 맞았다. 기후 온난화 위기로 '인류의 종말'이 다가오고 있다는 '인류세(Anthropocene)' 진단마저 나오고 있다. 철학 안팎에서 인류세가 아니라 '자본세(Capitalocene)'로 불러야 책임 규명과 대처 방안이 분명해진다는 반론도 나왔지만 힘을 얻지 못하고 있다. 마르크스 철학에 근거한 러시아 혁명으로 새로운 시대를 예고했던 소련(소비에트사회주의공화국연합)이 1991년 무너지면서 자본주의 체제에 대안이 없다는 담론들이 지구촌의 사상계를 지배하고 있기 때문이다.

물리학적 실증주의에 대한 후설의 우려는 경청할 만하지만 그렇다고 현대철학이 과학기술의 발전을 인색하게 평가할 이유는 없다. 과학은 인류에게 사유의 새로운 지평을 보여주었고, 기술의 발전은 인터넷이 상징하듯 커뮤니케이션 혁명을 일으키며 새로운 문명의 가능성을 열었기 때문이다. 새천년을 맞아 인류는 21세기 과학기술 혁명을 바탕으로 모든 구성원이 철학을 토론하는 시대를 열어갈 기반을 마련했다. 이는 철학사의 전환, 철학 혁명을 예고한다.

기실 모든 사람은 이미 철학자다. 현대 언어철학도 명쾌하게 밝혔듯이 언어로 표현되는 가장 단순한 지적 활동에서도 특정 인생관이나 세계관이 담겨 있다. 그런데 같은 이유로 "모든 사람은 철학자"라고 주장한 그람시는 '현재까지 역사 과정의 산물로서 자신을 깨닫지 못하고서는 철학자가 될 수 없다'고 강조했다.[2]

다만 과거의 철학자들 앞에 겸손은 미덕이되 과공(過恭)은 악덕이다. 아무리 뛰어난 철학자라 하더라도 시대적 한계를 벗어나지 못한다. 유럽의 고대 철학과 중세철학에 큰 영향을 끼친 아리스토텔레스는 그가 살고 있던 노예제 사회의 틀에 사유가 평생 갇혀 있었다. 국가는 구성원들에게 단순한 생존이 아니라 훌륭한 삶을 제공할 수 있어야 옳다고 주장했던 아리스토텔레스는 정작 노예제를 자연스러운 제도이자 '공공선'으로 인식했다. 인류의 역사에서 노예제가 2000여 년 이어지는 과정에는 노예제를 정당화한 철학의 책임도 크다.

유럽 근대철학과 계몽철학의 상징인 칸트의 인식도 어금버금했다. 자신의 주저인 『순수이성 비판』의 초판 머리말에서 "거만하고 불손해 보이는 내 주장에 대해 경멸 섞인 불쾌한 표정을 짓는 독자들이 있을 거라 생각한다"[3]며 자못 겸손했고 평생에 걸쳐 '인간의 존엄성'을 옹호했던 칸트는 '여성이 철학을 하려면 콧수염부터 길러야 한다'고 사뭇 진지하게 말했다. 여성에겐 철학적 이성을 인정하지 않은 망발이었다.

유럽 철학사를 대표하는 철학자들의 한계는 21세기에 철학을 하는 우리에게 큰 교훈을 준다. 현대철학 또한 시대적 한계에 매몰되지 않으려면 현실 인식을 놓쳐서는 안 된다는 경계가 그것이다. 우리가 마르크스 철학을 건너뛸 수 없는 이유이기도 하다. 선진 자본주의 국가들에서 "철학의 범위와 철학의 진리를 감소시키려는 노력은 매우 거대하다"는 마르쿠제의 지적은 신자유주의적 세계화 시대에 더욱 적실하다. 그가 비판했듯이 "철학자 자신이 철학의 소박함과 무효성을 선언"하고 있으며 "기성의 현실을 건드리지 않으며 현실의 일탈을 기피"하는 현상[4]은 더 보편화해 있다.

이 책에서 곧 상세히 논의하겠지만 마르크스 철학은 코페르니쿠스 혁명을 전환점으로 과학혁명과 함께 르네상스에서 기원한 근대 휴머니즘 흐름의 정점이다. 마르크스 철학에서 자본주의는 단순한 시장경제가 아니다. 사회 구성원들이 시장에서 자신의 노동력을 상품화하지 않으면 생존하기 어려운 체제로 지금도 현대인의 삶을 틀 지우고 있다.

마르크스의 문제의식을 정확히 포착해야 그 철학을 넘어설 수 있다. 마르크스주의의 무신론을 비판한 이글턴의 적절한 비유를 빌리자면 "마르크스주의가 끝났다고 주장하는 것은 방화범이 전보다 더 교활하고 지략이 넘친다고 해서 소방 활동이 시대에 뒤떨어진 일이 되었다는 이야기나 마찬가지"다.[5] 이글턴에 한참 앞서 사르트르는 '인류가 자본주의 사회에 살고 있는 한, 철학은 마르크스를 넘어설 수 없다'고 담담히 밝히면서도 "진리라는 이름 밑에서 피억압 계급의 이익을 배반해야 하는가, 그렇지 않으면 프롤레타리아트에게 힘을 빌려주기 위해서 진리를 배반할 것인가"라는 딜레마를 토로한 바 있다.[6]

기실 19세기 마르크스 철학이 21세기에 해답이 될 수 없는 것은 당연하다. 새로운 천년을 맞으며 인류의 문명은 세계사적 전환을 맞고 있기에 더 그렇다. 그 전환은 20세기 내내 전개된 과학의 눈부신 성취를 밑절미로 하고 있다. 이 책은 '지금까지 철학은 우주를 망각했다'는 명제 아래 새로운 문명의 서돌이 될 '우주철학'을 제안한다.

먼저 1부에서 '우주의 충격과 휴머니즘'을 주제로 유럽의 근대철학사를 새로운 시각으로 분석했다. 코페르니쿠스 혁명의 충격과 칸트 철학을 논의하고 마르크스 철학이 왜, 그리고 어떻게 '근대 휴머니즘의 정점'인가를 정리했다. 이어 마르크스주의 인식론의 고갱이를 분석하고 20세기 내내 이어졌던 실제 혁명의 경험을 톺아봄으로써 마르크스 철학의 실천에서 드러난 한계를 되짚었다.

우주철학을 제안하며 마르크스 철학과 실천을 상세히 살핀 이유는 21세기 인류가 '자본주의 세계화' 속에 살고 있는 현실을 놓칠 수 없어서다. 해체철학자인 데리다는 마르크스의 '정신'에 배타적·독점적 소유권을 주장해온 고전적 '마르크스주의'는 정치적으로 '실패'했다고 보았지만, 마르크스 철학의 '해방적 욕구와 관심을 상속해야 한다'고 강조했다. 다만 상속은 결코 주어진 어떤 것이 아니라 '과제'임을 분명히 했다.[7] 실제로 21세기에 들어와 마르크스주의가 국제 학계에서 "완전히 망각될 것이라는 예측과 달리" 마르크스 철학의 "가치가 많은 이들에 의해 다시 주창되었다."[8] 심지어 미국 정치에서도 2016년 대통령 선거에서 '민주사회주의자'임을 공언한 샌더스가 민주당 후보 경선에 나와 50%에 가까운 지지율을 얻었으며 마르크스의 책을 읽는 미국 청년들이 늘어나고 있다.[9] 마르크스 철학에 대한 '능동적 긍정'[10]은 현대철학에 주어진 시대적 과제이다.

1부 '우주의 충격과 휴머니즘'이 근대 과학에 기반을 둔 인간 중심주의 철학을 톺아봄으로써 새로운 철학을 전개할 배경적 논의라면, 2부 '현대 우주과학의 철학'은 20세기 이래 우주과학의 발전에 근거해 우주철학을 제안한다.

지금까지 우주를 망각해온 철학을 '공룡의 눈'으로 짚고 새로운 인식론으로 '과학적 선험철학'을 제시했다. 유럽 철학사는 인식의 원천을 중심으로 통상 경험론(empiricism), 합리론(rationalism), 선험론(transcendentalism)을 구분한다. 이 책에서 제시한 '과학적 선험론'은 우주과학적 존재론에 근거해 칸트의 선험철학을 '지양'하며 경험론과 합리론을 모두 아우르는 새로운 인식론이다.

과학적 선험론에 이어 그에 근거한 '성찰'과 '노동' 중심의 사회인식론을 뼈대로 우주철학을 제시한다. 여기서 '선험'은 칸트 철학의 '경험에 앞선' 그리고 '경험의 가능 조건에 관한' 의미의 선험 개념을 밑절미로 했다. 학계 일각에서 칸트의 선험을 '초월'로 번역하고 있지만 본뜻에 적절하지 않거니와 이 책에서 제안하는 '과학적 선험론'이나 '우주적 선험철학'의 '선험' 또한 '초월'의 의미는 아니다. 독일어 'transzendental'의 본뜻이 무엇인가를 따따부따하는 논쟁과 무관하게 과학적 선험철학은 '경험에 앞선, 경험의 가능 조건에 관한 선험성'의 새로운 사유다.

지금까지 철학이 우주를 망각했다는 명제가 철학사와의 단절을 뜻하지는 않는다. 단초를 동아시아와 유럽의 철학사에서 발견할 수 있기 때문이다. 앞선 철학에 기대어 우주철학이라는 새로운 사유를 담아가며 가능한 누구나 이해할 수 있도록 서술했다. 일찍이 루카치는 이론의 세계에서 전문화는 '특정하게 연마된 개념적 도구를 통해서 지적 탐구의 생산성과 형식적 엄격함을 발달시키지만 인접 학문과의 연관성은 물론 사회적 세계와의 연관성을 잃게 한다'고 경계했다.[11] 언어학자 촘스키도 민중이 다가갈 수 없는 난해한 활동에 종사하는 것처럼 허세를 부리는 지식인 계급을 통렬히 비판했다.

기실 세종을 떠올리면 굳이 루카치나 촘스키를 인용할 필요도 없을 터다. 세종은 "언문을 쓰기 시작하면 오로지 쉬운 언문만을 익히고 어려운 한자를 배우지 않을 것"이라며 "우리나라가 오랫동안 참다운 학문을 숭상해왔는데 이 학문이 사라질까 봐 두렵다"는 조선의 관변 철학자들을 "아무 데도 쓸모없는 속된 선비(無用俗儒)"라 질타했다. 세종 시대에 송·명나라 철학과 한문을 사대하던 '무용속유(無用俗儒)'들과 현대에 유럽·미국 철학과 영문을 사대하는 '강단 철학'의 주류는 얼마나 다를까.

물론 모든 철학이 그렇듯이 철학사의 전환을 주장하는 '우주철학'의 독창적이지만 모험적인 제안 또한 우주과학 못지않게 앞선 철학자들의 저서·번역서와 논문에 기대고 있다. 그럼에도 각주를 최대한 줄인 것은 이 책이 제안하는 '철학 혁명'의 담지자가 될 '사람들(people, 민중)'의 접근성과 가독성을 높이려는 의도이지만 학술지에 논문을 발표하며 불필요한 각주까지 굳이 찾아 넣는 일에 무용속유의 자괴감이 들어서이기도 했다.

이 책은 철학자들의 개념이나 문장 하나하나를 파고들기보다 실천의 철학 또는 철학의 실천을 중시했다. 철학의 관조성에 익숙해 '실천'이라는 말에 거부감을 느낀다면, 먼저 소크라테스를 돌아볼 일이다. 모든 위대한 철학은 정치철학이라는 실존주의 철학자 야스퍼스의 통찰도 있거니와, 소크라테스에게 철학은 다름 아닌 정치적·사회적 활동이었다. 그는 아테네의 광장(아고라)에 나가 당대의 민중들과 토론하기를 즐겼다. 거리의 소크라테스는 자신이 하는 일은 다만 '몸이나 재산에 앞서 먼저 자신의 내면을 돌보라는 설득'이라고 밝혔다. 그는 사람들과 대화와 토론에서 그 스스로 배우고 있다고 밝히기도 했다.

경제적 부와 명성을 중시하는 사람들에게 '너 자신을 돌보라'는 성찰의 촉구는 새로운 사회를 전망하는 실천이었다. 이 책에서 삶과 세상을 새롭게 인식하는 철학으로 제시한 '우주적 선험철학'을 '촛불의 촛불'로 은유한 까닭이기도 하다.

우주철학은 과학적 선험론과 사회인식론을 두 기둥으로 한다. '새로운 인간은 새로운 사회의 조건이고 새로운 사회는 새로운 인간의 조건'이라는 우주철학의 명제는 동학혁명 시기부터 면면히 이어온 민중운동의 경험에 터하고 있다. 조선에서 갑오농민전쟁의 사상인 동학이 움튼 시대가 바로 마르크스와 니체가 활동하던 시기라는 사실도 흥미로운 일이다. 유럽의 근대 문화를 넘어서려는 마르크스와 니체의 철학적 모색에 견주어볼 때, 유럽 철학을 벗어나 독자적인 길을 모색한 동학의 구상은 비록 선언적 수준에 그쳤지만 사뭇 시대를 앞서갔다. 그 문제의식은 그 뒤 서양 근대의 길을 휘둘리며 밟아온 우리에게 더 절실하게 다가온다. 모든 개개인을 '하늘'로 섬기는 개벽의 시대를 구상한 동학은 새로운 민주주의, 새로운 문명을 창조하려는 사람들에게 큰 영감을 준다.

20세기 이래 과학의 혁명적 발견들에 기댄 '우주철학'을 제안하며 자본주의와 연관 지어 논의한 것은 '탈레스의 오류'에 매몰되지 않기 위해서다. 하늘의 별을 보고 사색하며 걸어가던 탈레스가 우물에 떨어진 사건은 철학사의 상징적 일화다.

우주철학은 '탈레스의 우물'을 경계하며 자신이 딛고 선 발밑이 자본주의라는 사실, 그 자본주의가 '인류세'의 위기를 불러오고 있다는 사실에 모르쇠를 놓지 않는다. "사회철학의 기초가 되는 가장 큰 문제는 사회적 현실에 대한 물음"이거니와 "사회문제는 인간의 현존재에 대한 문제"[12]이기에 더 그렇다.

우주철학은 모든 사람이 철학자인 시대를 지향한다. 지금도 자본의 무한 증식 논리로 인류의 삶을 틀 짓고 있는 자본주의를 비껴가는 철학은 새로운 시대를 담아낼 수 없다.

철학 혁명으로서 '우주철학'의 1부 1장은 먼저 우주과학의 등장을 고한 코페르니쿠스 혁명과 만난다. 과학혁명과 휴머니즘이 어떻게 관계를 맺으며 전개되었는가를 살펴볼 수 있다.

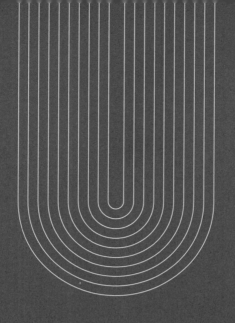

1부

우주의 충격과 휴머니즘

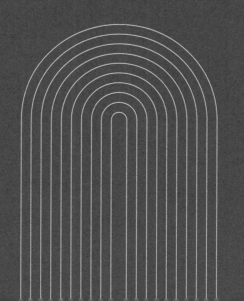

1장

근대 우주과학과 칸트 혁명

1. 코페르니쿠스 혁명과 우상

철학사에서 과학(science)의 출현은 혁명이었다. 새로운 '지식 방법론'으로서 과학이 유럽에서 싹튼 16세기는 중세의 신 중심 체제에 정면으로 문제를 제기하며 휴머니즘(humanism)이 또렷한 흐름으로 나타난 르네상스 시기다. 휴머니즘은 문자 그대로 '인간 중심주의'로 근대 초기 철학자들은 신이 지배하는 중세적 인간관과 세계관에서 벗어나 새로운 사유에 눈뜨고 있었다. 십자군 전쟁에서 만나게 된 이슬람 문화에 자극받았고, 상업이 성장하면서 중세를 지배해온 영주·기사 계급과 기독교 성직자들의 위상이 흔들렸기에 가능했다.

유럽의 중세적 세계관에서 세상의 중심은 신이 생물을 번성케 하고 인간을 창조한 곳이었다. '구약성경'의 '창세기'는 신이 하늘과 동시에 땅—인간이 두 발 딛고 농경과 목축으로 먹을 것을 마련하며 세대를 이어온 터전—을 창조했다고 기록했다. 이어 "두 큰 광명체를 만들어 큰 광명체로 낮을 주관하게 하시고 작은 광명체로 밤을 주관하게 하시며 또 별들을 만드셨다"며 신이 "그것들을 하늘의 궁창에 두어 땅을 비추게 하시며 낮과 밤을 주관하게 하시고 빛과 어둠을 나뉘게 하시니 보시기에 좋았더라"고 '선포'한다. 여기서 '궁창(穹蒼)'은 유대교에서 본 '하늘'이다. 본디 '금속판을 두드려 얇게 늘려 편 것'을 궁창이라 하듯이, 하늘을 '별들과 행성들이 매달려 있는 둥근 천장'으로 생각했다.

신 중심의 세계관에서 벗어나자는 르네상스 물결이 유럽 전역에 퍼져가는 과정에서 학문적 근거를 제시한 과학자가 코페르니쿠스다. 1543년 그의 지동설이 발간되면서 인류 문화사에 우주과학이 등장했다. 그해부터 17세기 말까지 천문학, 물리학, 생물학, 인체해부학, 화학에서 일어난 혁신적 변화를 '과학혁명(scientific revolution)'으로 부르는데 역사학자들 사이에 이견은 없다.

지식 방법론의 혁명을 이룬 과학은 유럽 문명이 지구의 다른 문명을 압도함으로써 보편화하는 '무기'가 되었기에 21세기 새로운 문명을 열기 위해서도 철학적 성찰이 필요하다. 영국 역사학자 버터필드가 간파했듯이 유럽이 근대로 이행하는 결정적 사건은 흔히 말하는 르네상스나 종교개혁이 아니라 과학혁명이다. 구텐베르크의 인쇄 혁명은 책 출간을 통해 과학혁명의 확산에 원동력이 되었다.

코페르니쿠스 혁명은 비단 유럽만이 아니라 전 세계에 걸쳐 인류의 오랜 고정관념을 무너트렸다. 그때까지 수천 년에 걸쳐 동·서를 막론하고 인류는 자신이 발 딛고 살아가는 대지를 중심에 두고 세상을 바라보았다. 해가 동쪽에서 떠서 서쪽으로 저물고, 밤의 달은 해에 버금가는 위상을 차지했으며, 수많은 잔별들은 해와 달에 비해 사소하게 여겼다. 고대 그리스나 동아시아에서 지동설을 주장한 사람이 있었지만 어디까지나 극히 예외적 사례였다.

수천 년, 아니 인류가 등장한 이래 수만 년의 세월 동안 자연스럽게 믿었던 '하늘의 그림'은 1543년 천문학자 코페르니쿠스의 '과학적 가설'로 무너져 내렸다. 코페르니쿠스 혁명으로 비롯된 우주과학의 등장은 인류의 역사를 바꾸는 전환점이었다.

코페르니쿠스는 천체들의 움직임을 관측하며 해가 지구를 돌고 있다는 천동설보다 지구가 해를 돌고 있다고 가정할 때 여러 천문 현상을 파악하기가 훨씬 수월하다는 사실을 발견했다. 해가 동쪽에서 뜨고 서쪽으로 지는 일출과 일몰의 천동설에 익숙했던 인류에게 우리가 살고 있는 대지가 둥글고 해를 중심으로 돌고 있다는 지동설은 큰 충격일 수밖에 없었다. 코페르니쿠스 혁명으로 인류가 살아온 세상은 우주의 '중심 자리'를 내줄 수밖에 없었다.

그렇다면 코페르니쿠스는 당대를 지배하던 기독교 교부철학의 세계관을 넘어 어떻게 천동설의 두터운 고정관념에서 벗어날 수 있었을까? 젊은 시절 폭넓게 독서하고 그리스어를 익혀 만난 고대 그리스 철학과 수학이 '무기'였다. 아버지의 직업이 상인이었고 어머니도 상인 집안의 딸이었다는 사실도 음미할 만하다. 유럽이 중세에서 근대로 이행하는 밑절미에 상업의 성장과 상인들의 세력화가 깔려 있기 때문이다.

그리스 철학자들이 남긴 책들을 살펴보던 코페르니쿠스는 BC 270년에 '지구가 해의 주위를 공전한다'고 주장했던 아리스타르코스를 발견하게 된다. 코페르니쿠스 못지않게 엄청난 독서가였던 아리스타르코스는 당시 수십만 권의 책·문서를 지녔던 알렉산드리아 대도서관의 사서로 일하고 있었다. 지구가 자전하고 공전한다는 가설을 세우고 태양 중심설을 주장했지만 무신론자로 여겨 이단시되었다. 그 뒤에도 천체의 활동을 자세하게 관찰한 사람들이 간헐적으로 지동설을 주장해왔다. 코페르니쿠스는 그리스 저작들을 통해 동시대 사람들이 당연하게 받아들인 천동설을 비로소 의심할 수 있었다. 마침 그가 공부한 수학은 지동설을 체계적으로 주장할 수 있도록 튼실하게 뒷받침해주었다.

코페르니쿠스가 그리스 철학과 수학에 눈길을 돌린 시대적 배경도 있다. 기독교가 사상과 표현의 자유를 억압했던 유럽의 중세와 달리 당시 이슬람 세계는 학문의 자유를 적극 보장하고 있었다. 유럽이 기독교 아래 문화적 지체 상태였던 중세 시대에 아랍의 바그다드는 육상과 해상 실크로드의 중심지로 커갔다. 이미 8세기에 이슬람 지도자는 '평화의 도시'라는 뜻의 '바그다드'를 문화 도시로 만들고자 '지혜의 집'으로 불리는 거대한 도서관을 건설했다. 인도의 산스크리트어, 페르시아어, 그리스어 유산들을 모두 아랍어로 번역했고 동아시아 왕국들과도 소통했다. 바그다드 골목마다 마을 도서관과 도서 시장이 들어섰다. 유클리드·아르키메데스·아폴로니오스의 수학, 프톨레마이오스의 천문학, 히포크라테스·갈레노스의 의학책들이 번역되고 인도의 천문학과 수학도 들어왔다.

십자군 전쟁을 일으킨 중세의 지배 세력은 전혀 의도하지 않았지만 유럽이 이슬람의 학문과 예술을 만나면서 르네상스와 계몽주의, 과학 혁명의 씨앗이 뿌려졌다. 이슬람이 없었다면, 유럽의 근대가 없었다고 분석하는 역사학자들의 실증적 연구도 많이 나와 있다. 요컨대 유럽의 과학혁명은 유럽 백인들만의 지혜로 이뤄진 것이 아니라는 사실을 분명히 짚고 가야 한다.

코페르니쿠스 혁명으로 출발한 과학혁명은 1687년 뉴턴의 『자연철학의 수학적 원리』 출간으로 일단 매듭을 지었다. 뉴턴은 '만유인력 이론'이 상징하듯이 단일한 원리, 단일한 법칙으로 우주의 모든 현상을 풀이함으로써 과학혁명을 완수했다는 찬사를 받았다.

두 저작 사이에 150년 남짓 전개된 과학혁명의 가장 중요한 특징은 지식을 얻는 방법론의 혁명적 전환이다. 그 전환을 체계적으로 제시한 철학자가 영국의 프랜시스 베이컨이다. 그는 그때까지의 모든 학문은 단순히 자연에 대한 예단에 지나지 않다고 혹평했다.

베이컨은 고대 철학과 중세철학 전반을 '연극'에 비유하는 대담한 비판으로 철학 안팎에 큰 파장을 일으켰다. 그는 그때까지 받아들여지고 있거나 고안된 철학 체계들은 무대에서 환상적이고 연극적인 세계를 만들어내는 각본과 같은 것이라며 신랄하게 비판했다. 당대의 철학자들 또한 수없이 많은 '각본'을 만들어 '상연'한다고 꼬집었다.

베이컨이 든 각본의 목록에는 철학만이 아니라 "구태의연한 관습과 경솔함과 태만이 만성화되어 있는 여러 분야의 많은 요소들과 공리들"까지 들어 있다. 그가 보기에 종래의 철학자들은 대체로 "적은 것에서 너무 많은 것을 이끌어내거나, 많은 것에서 극히 적은 것만을 이끌어내어 그들 철학의 토대를 세우기 때문에, 그 어느 쪽이든 그들의 철학은 실험과 자연사의 기초가 박약하고, 불충분한 소수의 사례만으로 판단"을 내려왔다.

과학혁명이 한창 진행되던 1620년에 베이컨이 발표한 『신기관』은 제목 'Novum Organum' 그대로 새로운 학문의 도구 또는 방법을 제시했다. 본디 'Organon'은 그리스어로 '도구, 기관(機關)'을 이르는 말이거니와 아리스토텔레스의 논리학 저작을 '오르가논'으로 부르면서 학문 연구의 도구나 기관이라는 뜻으로 썼다. 책 제목을 노붐 오르가눔으로 정한 이유는 고대와 중세를 지배해온 아리스토텔레스의 학문을 대체하는 새로운 방법론임을 강조하려는 의도였다.

베이컨은 인간 지성이 나아가야 할 길이라며 제시한 '신기관'—쉽게 풀어 옮기자면 '새로운 인식 방법' 또는 '새로운 인식 기관'—에서 지금까지와는 다른 철학, 다른 학문을 열어가려면 우상에서 벗어나야 한다고 강조했다. 여기서 '우상(idola)'은 예단으로 인해 나타나는 "인간의 정신 속에 있는 편견"을 이른다. 베이컨은 인간의 지성을 고질적으로 사로잡고 있는 우상들이 개개인을 어리석게 만든다고 판단했다. 그릇된 관념들 때문에 인간이 마땅히 얻을 수 있는 진리조차도 얻을 수 없다고 본 것이다. 따라서 모든 가능한 수단을 동원해 우상들로부터 자신을 지켜야 한다며 '학문의 혁신'을 주창했다.

베이컨은 철학을 비롯한 인간 지성의 우상을 네 가지 유형으로 제시하고 학문의 진보를 위한 새로운 방법론으로 귀납법을 제시했다. 철학이 벗어나야 할 네 가지 우상은 현대 사회에서도 인간이 빠져들 수 있는 편견이다. 베이컨이 활동한 근대 초기와 달리 모든 사람이 철학을 공부할 수 있는 현대에서 그가 제기한 '탈 우상'은 딱히 과학 방법론이라기보다 개개인이 자신의 '평생 학습'에 지침으로 받아들여도 좋을 방법론이다.

첫째, 종족의 우상이다. 종족의 우상은 인간의 주관적 성향으로 인류라는 종(種)의 본성에 뿌리박고 있다. 자연을 의인화해 설명하려는 경향, 감정 과잉, 의지박약, 복잡한 것보다 단순함을 좋아하는 본성들로 발생하는 오류들이 그것이다. 베이컨은 '인간의 감각이 만물의 척도다'라는 명제를 예로 들며 그것은 인간의 모든 지각—감각이든 정신이든—이 자연을 준거로 삼는 것이 아니라 인간 자신을 준거로 삼기 쉽다는 것을 여실히 보여준다고 지적했다. 표면이 고르지 못한 거울은 사물을 본디 모습대로 비추지 않고 사물에서 나오는 반사광선을 왜곡하거나 굴절하는데, 인간의 지성이 꼭 그와 같다고 경계했다.

둘째, 동굴의 우상이다. 모든 인간이 지닌 한계가 종족의 우상이라면, 개개인이 지닌 한계가 동굴의 우상이다. 일찍이 플라톤은 동굴에 갇힌 인간은 벽에 비친 그림자, 곧 실재 세계의 가상을 진리로 여긴다고 지적했다. 동굴에 갇힌 인간은 자신들이 본 그림자만을 진리라고 여기면서 오류를 저지른다는 것이다. 모든 개개인은 자연의 빛(light of nature)을 차단하거나 약화하는 '동굴'을 자기 나름으로 지니고 있다. 개인마다 고유한 본성의 동굴일 수 있고, 교육이나 다른 이에게 들은 이야기로 형성된 동굴일 수도 있다. 또는 감동해서 읽은 책이나 존경하는 이의 권위가 만들어준 동굴일 수도, 첫인상이 심어준 동굴일 수도 있다. 각자의 우상, 곧 동굴의 우상을 지닌 인간의 정신은 기질에 따라 변덕이 심하고 흔들리며 우연에 좌우된다.

셋째, 시장의 우상이다. 사람들 사이의 접촉, 특히 언어로 빚어진다. 사람들은 언어로 의사소통을 하는데, 그 언어는 일반인들의 이해 수준에 맞추어 소통되기에 잘못 만들어질 수 있다. 더러 학자들은 자신을 방어하고 보호할 목적으로 새로운 정의나 설명을 만들기도 한다. 존재하지 않는 것에도 그것을 가리키는 말이 만들어짐으로써 마치 존재하는 것처럼 믿게 한다.

베이컨에게 언어는 모든 것을 혼란 속으로 몰아넣고, 인간으로 하여금 공허한 논쟁이나 일삼게 하며 수많은 오류를 범하게 한다. 그래서 시장의 우상을 모든 우상 가운데 가장 성가신 우상으로 꼽았다. '사람들은 자신의 이성이 언어를 지배한다고 믿지만, 실상 언어가 지성에 반작용하여 지성을 움직이기도 한다'는 언술은 20세기 언어철학을 선구하고 있다.

넷째, 극장의 우상이다. 권위나 전통을 맹목적으로 믿는 우상이다. 베이컨은 학자들 사이에서 받아들여지고 있는 학문 체계가 많은 학자들에 의해 오랜 세월에 걸쳐 형성되고 인정된 것임을 부정하지 않는다. 그 학문에 대한 믿음도 자연스럽다고 수긍한다. 하지만 그 학문 체계를 무작정 무비판적으로 믿을 때 극장의 우상이 된다. 베이컨은 기존의 철학을 따르더라도 충분한 검토와 심사숙고를 통해 이루어져야 한다고 역설했다.

베이컨은 전통적인 학문이 지닌 종족, 동굴, 시장, 극장의 우상을 피하면서 지식의 새로운 방법으로 귀납법을 제시했다. 유의할 것은 그가 "단순 나열에 그친 귀납법은 유치하기 짝이 없다"며 "매우 제한된 수의 사례 또는 당장 앞에 주어진 것을 가지고 뭔가 이끌어내려 하다 보면 경솔한 결론에 도달한다"고 경고한 대목이다. "과학과 기술의 발견과 이를 증명하는데 유효한 귀납법은 배제와 거부에 의해 자연을 분석하고 충분한 반례를 모은 다음 확고한 증거를 통해 결론에 도달한다."[13]

그가 관찰과 실험을 강조한 이유다. 추상적 사변에 탐닉해온 전통적 학문과 선입견에서 벗어나 참다운 지식에 도달할 수 있는 열쇠는 관찰과 실험, 경험이다. 먼저 사실들을 관찰·실험하고 경험을 바탕으로 가설을 세운 다음에 그 가설을 검증하기 위해 실험과 경험으로 되돌아가는 것이 과학 방법론이다.

다만 우상을 파괴하자는 베이컨의 과학 정신과 그의 삶은 사뭇 달랐다. 베이컨은 자신의 책을 왕에게 헌정하면서 함께 보낸 편지를 통해 "이성의 경계를 확장하고 인간의 운명에 새로운 가치를 선물하는 일이야말로, 만인 중 이성의 가장 위대한 주인이시며 시혜의 주관자이신 폐하께 가장 어울리는 봉헌"이라고 찬양했다. 왕은 답장을 보매 베이컨을 대법관으로 중용했다. 더욱이 베이컨은 '출세'한 자리에서 뇌물을 받아 챙겨 끝내 부패 혐의로 감옥에 갇혔다.

철학자답지 못한 베이컨의 삶과 별개로 그의 철학은 『신기관』을 통해 유럽 '학문의 혁신'에 큰 영향을 끼쳤다. 베이컨 이후 과학은 맹목적 우상 숭배에서 벗어나 새로운 사실이 발견될 때 언제든지 수용하며 수정하는 '열린 학문'으로 발전해왔다.

2. 근대철학과 휴머니즘

유럽에서 열매를 맺은 근대 과학은 인류의 학문에 혁명적 전환을 일궜다. 아리스토텔레스 이후 2000년에 걸쳐 '권위'를 누려온 목적론적 자연관은 시나브로 힘을 잃었다. 코페르니쿠스 혁명을 계기로 우주는 물질과 그 운동으로 이루어져 있다는 생각이 적어도 과학자들 사이에선 보편화해갔다. 과학은 물질의 운동에 대한 이해를 통해 전체 운동을 설명할 수 있게 되었다.

　과학혁명은 전승된 지식이나 새로 발견된 것들을 엄밀한 검증을 통해 사실 여부를 따져가면서 자기 길을 열어갔다. 코페르니쿠스 자신도 죽음을 맞기 직전까지 과학 정신을 놓지 않았다. 많은 이들이 코페르니쿠스가 중세를 지배하던 기독교 체제로부터 핍박이 두려워 죽어가던 병상에서야 마지막 교정쇄를 받아들이며 책 출간에 동의한 것으로만 알고 있다.

　하지만 더 큰 이유가 있다. 코페르니쿠스는 자신의 지동설에 과학적 결함을 인식하고 있었다. 코페르니쿠스는 자신의 가설대로 지구와 태양의 위치를 바꿀 때 이해할 수 없는 현상에 모르쇠를 놓을 수 없었다. 지구가 엄청난 속도로 움직이는데 왜 인간은 그 속도를 전혀 느끼지 못하는 걸까, 지구에서 우주로 떨어지는 사람은 왜 없는 걸까에 대해 코페르니쿠스는 답을 찾지 못했다.

　그 답을 찾기까지 한 세기가 더 흘렀다. 뉴턴의 과학을 통해서다. 우리는 속도가 변할 때 그것을 느끼고 일정한 속도로 움직이는 상태는 인지 못 한다는 '관성의 법칙'과 만유인력의 법칙이 그것이다. 지구의 공전을 둥근 원으로 제시한 코페르니쿠스의 오류도 타원으로 수정되었다.

　코페르니쿠스 혁명으로 출발한 과학혁명이 갈릴레오를 거쳐 뉴턴에 이르러 일차적으로 완결되는 과정에서 과학 방법론은 뿌리내려갔다. 자연본성(nature)으로 천체의 운동을 설명하던 방식은 법칙을 찾아 설명하는 방식으로 나아갔다. 수학의 그물에 담은 법칙은 현상들 사이의 필연적인 관계로 예견을 가능케 했으며 우주에 대한 인류의 이해를 높여갔다.

비단 우주과학만이 아니다. 본성이라는 이름 아래 별개로 인식되어 온 동맥과 정맥도 심장을 중심으로 이어진 혈액의 순환으로 파악되었고, 체액의 불균형으로 질병을 설명하던 의학 체계도 해부학의 발전에 힘입어 전환점을 맞았다.

과학은 인류가 자연을 바라보는 종래의 태도에 변화를 일으켰다. 그때까지 유럽인들은 자연이 말 그대로 '자연스러운 상태'에 있을 때 본연의 모습을 드러낸다고 생각했다. 따라서 자연에 개입해 들어가는 실험에 부정적이었다. 자연 이해에 도움을 줄 수 없을 뿐만 아니라 자연을 인위적 효과로 오염시킴으로써 자연을 '비자연'으로 만들 우려가 있다고 보았다.

하지만 실험을 강조한 과학자들에게 자연은 사뭇 달랐다. 일찌감치 베이컨은 사람이 자극을 받기 전까지 그 사람의 성격을 잘 알 수 없듯이, 자연이 자유로운 상태에 있을 때는 그 본성과 원리가 실험을 통해 인위적 자극을 가할 때만큼 완전하게 드러나지 않는다고 강조했다. 베이컨의 주장은 자연에 내재된 법칙을 발견하려면 베일에 감춰진 자연의 본모습을 실험 기구로 들춰내야 한다는 결론으로 이어졌다.

실험을 중시한 연구 방법 이후 유럽에서 과학적 성과들이 쏟아지면서 그에 근거한 기술 발전이 일어났다. 발전된 기술은 망원경과 현미경을 과학자들에게 제공했다. 과학과 기술이 선순환을 이루며 빠르게 발전해갔다.

과학혁명은 지식의 목적에서도 변화를 불러왔다. 어떤 대상을 인식하는 것은 그 대상에 대한 인간의 지배와 이용을 확보하는 유망한 기획으로 여겼다. 과학혁명에 담긴 '지식-지배의 논리'는 당시 그들이 '신대륙 발견'으로 환호한 아메리카에서 금과 은을 수탈하며 세력화해가던 유럽의 상공인들에게 환영받을 수밖에 없었다. 상공인들이 왕족과 귀족들이 정치를 독점해온 기반이던 신분제를 넘어서는 과정에서 과학혁명은 유용한 무기였다.

우상 파괴를 역설한 베이컨의 철학은 경험론의 큰 흐름을 형성하며 존 로크의 철학으로 이어졌다. 로크에게 인간의 모든 의식은 밖에서부터 받아들인 외적 경험이거나 또는 그것을 가공한 내적 경험이다.

로크는 내적 경험도 외적 경험에서 올 수밖에 없으므로, 모든 인식은 결국 외적 경험에서 비롯한다고 주장했다. 인간은 외부 사물을 감각으로 경험함으로써 단순 관념을 얻고, 그 단순 관념을 결합해서 복합 관념을 만들어낸다는 것이다.

로크 철학의 가장 중요한 개념이 '타불라 라사(tabula rasa)'다. 라틴어로 '아무것도 씌어 있지 않은 종이' 곧 백지 또는 '빈 서판'이라는 뜻이다. 로크는 빈 종이에 글씨를 써갈 때처럼 비어 있는 의식에 경험이 더해짐으로써 관념이 생긴다고 보았다.

인간은 태어날 때 모두 '백지'라는 철학적 명제는 중세에서 근대로 이행하는 시대에 혁명적 의미를 품고 있었다. 고대와 중세 시대에 살았던 사람들은 결코 '백지상태'로 태어나지 않았다. 아니, 그럴 수 없었다. 신분 제도가 엄존했기 때문이다. 왕족과 귀족들은 핏줄을 중시했거니와 신분 제도 아래에선 어느 가문에서 태어났느냐가 한 사람의 인생을 좌우했다.

따라서 모든 인간은 백지상태로 태어난다는 철학은 핏줄(혈연)에 기반을 둔 신분 제도 아래서 억압받고 있던 상공인들과 민중에게 힘이 되었고 희망을 주었다. '타불라 라사'의 인식론은 정치사상으로 이어져 민주주의 진전에 큰 영향을 끼쳤다. 모든 인간은 평등하다는 인권 의식을 높였고, 왕과 귀족이 독점한 체제에서 삼권 분립으로 정치 제도의 전환점을 마련했다.

로크는 어떤 통치자도 개인의 종교적 신념을 좌우할 권력을 신으로부터 부여받지 않았다며 정치와 종교의 분리를 주장했고, 경험론에 근거해 '이성의 오류 가능성'을 강조함으로써 관용의 필요성을 역설했다. 그 연장선에서 자율적 교육론을 전개했다. 배우는 사람들에게 어떤 틀을 주입해서는 안 되고, 스스로 생각을 펼치며 발전하도록 도와야 한다고 강조했다. 자유롭고 성숙한 개성을 중시하는 철학이다.

개개인의 정당한 소유를 보장하는 것은 통치자의 의무라는 로크의 주장도 파장을 일으켰다. 그때까지 왕과 귀족들이 종종 평민의 재산을 강탈해온 관행은 정당성이 없다는 논리에 상공인들은 흡족했다. 당시 세력이 커가던 상공인들은 베이컨과 로크의 철학을 지지하고 퍼트려 갔다.

로크 철학의 영향력은 그가 죽은 뒤에 프랑스 혁명과 미국 독립 전쟁을 거치며 높아갔다. 로크의 철학은 초법적이고 특권적인 힘을 행사하는 권력에 대한 저항, 권력의 남용에 대한 항거를 민중의 권리로 인식하는 디딤돌이 되었다. 그 뒤 저항권이 민주주의의 주요 개념으로 뿌리내렸다.

다만 로크도 17세기의 시대적 한계를 넘어서진 못했다. 가령 사회적 약자에 대한 배려를 개개인의 자유로운 선택에만 맡겼다. 다른 사람을 전혀 고려하지 않고 재산을 축적하는 행위도 궁극적으로는 공동선에 이바지할 수 있다는 주장까지 무람없이 폈다. 무엇보다 영국의 식민지인 북아메리카의 선주민과 흑인 노예에 대해 제국주의적 편견에 흠씬 젖어 빠져나오지 못했다.

베이컨과 로크의 경험론은 18세기에 들어서서 버클리와 흄의 사유로 이어지며 미묘한 변화가 일어났다. 인간이 경험을 어떻게 지각하는지 파고든 버클리는 모든 관념의 기원을 지각에서 찾았다. 이윽고 '존재하는 것은 지각되는 것'이며 '지각되지 않는 것은 존재하지 않는다'고 주장하기에 이르렀다. 버클리의 철학이 유아론(唯我論, solipsism)으로 비판받는 까닭이다. 유아론은 실재하는 것은 오직 자아이고, 다른 것은 자아의 의식 속에 존재한다는 인식론이다. 극단적인 경험론은 결국 주관적 관념론으로 귀결되었다.

버클리 자신도 유아론이라는 비판을 의식해 신을 내세웠다. 영원불변하고 공명정대한 신이 모든 사람에게 똑같은 관념을 부여하기 때문에 유아론에 빠지지 않는다고 설명했다. 그러자 신이 인간에게 관념을 주었다면 '왜 우리는 자연의 법칙을 미리 또는 모두 파악하지 못하는가?'라는 반론이 나왔다. 버클리는 간명하게 응수했다. 인간은 초월적인 존재인 신의 생각을 이해할 수 없다는 것이다. 그래서 인간은 관찰이나 경험으로 파악하는 길밖에 없다고 거듭 주장했다. 그 맥락에서 버클리는 과학이 종교와 모순되지 않는다고 보았다. 버클리의 철학이 당시 발전하고 있던 과학의 기반을 되레 종교에 둠으로써 중세의 지배적인 사회 질서를 옹호했다고 비판받은 이유다.

경험론은 버클리의 주관적 관념론에 이어 흄의 회의주의 철학으로
이어졌다. 평생 결혼하지 않았고 '회의주의를 버리라'는 주변의 권유를
죽음의 순간까지 물리친 흄은 버클리와 마찬가지로 의식의 모든 내용
은 후천적인 경험에서 생겨난다고 보았다. 더하여 모든 것을 회의함으
로써 부정한 흄은 인과 법칙까지 관념에 지나지 않는다고 주장했다. 두
현상 사이에 일어나는 동일한 상태를 언제나 시간적 또는 공간적 관계
에서 관찰하면 둘이 필연 관계에 있다는 관념을 자기도 모르는 사이에
갖는다는 것이다. 그 내적 강박은 습관에 지나지 않는다고 흄은 강조했
다. 인과율이 실제 생활에서 효용성이 있다는 사실까지 부정하진 않았
지만, 우리가 경험하는 현상이 앞으로도 영원히 계속되리라고 확신할
수 없다고 판단했다.

고대와 중세의 신분제 사회에서 지배적이던 철학을 우상으로 비판
한 베이컨이 영국의 상공인들에게 지적 무기를 주었다면, 유럽 대륙에
서 새로운 논리로 상공인들에게 힘을 보탠 철학자가 데카르트다. 『방
법서설』은 데카르트가 1636년에 쓴 『이성을 잘 인도하고, 학문에서 진
리를 탐구하기 위한 방법서설, 그리고 이 방법에 관한 에세이들인 굴절
광학, 기상학 및 기하학』이라는 긴 제목이 붙은 책의 앞부분으로 등장
했다.

데카르트도 베이컨처럼 기존 학문과 관습을 통렬히 비판했다. 다만
참된 인식에 이르기 위해서는 누구에게나 동등하게 주어져 있는 이성
을 올바로 사용해야 한다고 강조했다. 이어 참된 인식을 얻기 위해 이
성을 인도하는 데 적용되어야 할 규칙, 곧 이성의 올바른 사용을 위한
방법을 논리적으로 전개했다. 데카르트는 경험론과 함께 근대 유럽 철

학의 두 기둥을 이룬 합리론을 개척한 철학자로 평가받고 있다.

경험론이 모든 인식은 경험에서 비롯한다고 주장하며 현실에서 마주치는 개별적인 사례들을 종합해서 결론을 내리는 귀납적 방법을 제시한 것과 달리, 합리론은 우리의 이성을 '선천적 인식 능력'으로 신뢰하고 어떤 하나의 명제로부터 개별적 명제를 논리적 엄밀성으로 도출하는 연역적 방법을 고수한다.

데카르트가 연 합리론은 이성을 전적으로 신뢰한다는 점에서 중세 철학의 연역법과 차이가 뚜렷하다. 데카르트 철학은 그 뒤 유럽 대륙에서 인간의 선천적 이성을 확신하고, 수학을 언제 어디서나 보편타당한 연구 방법으로 삼는 큰 흐름을 형성했다. 데카르트는 진리를 확실하게 인식하려는 인간에게 허용된 길은 명증적 직관과 필연적 연역, 둘뿐이라고 주장한다. 그래서 모든 명제를 자명한 공리로부터 연역해내는 기하학적인 방법을 철학에 도입했다.

중세를 지배해온 목적론적 자연관에 맞서 데카르트는 기계론을 제시했다. 우주 공간이 모두 물질과 그 운동으로 이루어져 있으며, 물질의 운동에 대한 이해를 통해 거시적인 우주 전체의 운동을 설명할 수 있다고 보았다. 수학을 공부하던 중에 꿈에서 철학 전체의 체계를 새롭게 정립하라는 신의 계시를 받았다는 데카르트는 프랑스를 떠나 당시 유럽에서 학문 활동이 가장 자유롭던 네덜란드에 정착해 본격적인 철학 탐구에 몰입했다. '세계'라는 제목으로 처음 쓴 글은 지동설을 주장한 사람들을 서슴지 않고 처형하는 교회와의 마찰을 걱정해 스스로 불태워 버렸다.

다음 저작이 익명으로 출간한 『방법서설』이다. 다시 4년이 지나 비로소 자기 이름으로 『제1철학을 위한 명상』을 발간했는데 적어도 이 책만은 교회의 주장과 일치된다고 믿어 파리 대학에 기증까지 했지만 예상은 빗나갔다. 기증한 책은 얼마 가지 않아 금서 목록에 올랐다.

데카르트는 수학처럼 엄밀한 연역적 방법으로 모든 것을 하나의 근본 개념에서 이끌어내고자 했다. 우리의 지식이 더는 의심할 수 없는 원리로부터 시작해야 옳다면, 무엇보다도 그 출발점이 확실한 기초 위에 서 있는지를 따져봐야 했다. 데카르트는 모든 의심을 이겨낼 제1명제를 정립하기 위해 철저한 회의에 들어갔다. 그의 철학을 '방법론적 회의'로 풀이하는 이유이다.

데카르트는 학교에서 배운 내용이나 사람들과의 만남을 통해 얻은 앎은 물론, 더 나아가 이 세계가 정말 존재하는가 아니면 한낱 상상에 지나지 않은가에 대해서도 의심해 보았다. 철저한 회의와 의심 끝에 데카르트는 절대로 의심할 수 없을 뿐만 아니라 의심하면 할수록 오히려 더욱 확실한 진리를 찾아냈다. 바로 '지금 이 순간에 내가 의심을 하고 있다'는 것, 다시 말해 '내가 생각하고 있다'는 사실이었다. 모든 것을 의심할 수 있지만, 내가 현재 의심하며 생각하고 있다는 사실은 도저히 의심할 수 없었다.

"'나는 생각한다. 그러므로 나는 존재한다'는 것은 너무나도 확실하고 분명해서, 회의주의자들의 지극히 터무니없는 그 어떤 가설에 의해서도 흔들릴 수 없다는 것을 알아차리면서, 나는 주저 없이 이것을 내가 추구하고 있던 철학의 제1원리로 받아들일 수 있다고 판단했다."[14]

데카르트는 "나는 생각한다. 그러므로 나는 존재한다(cogito ergo sum)"는 제1명제에서 출발해 '존재하기 위해 다른 아무것도 필요하지 않은 것', 그러니까 스스로 존재하는 것을 찾아 그것을 실체라고 정의했다. 데카르트는 두 실체로 정신과 물질을 꼽았다. 정신과 물질은 서로 떨어져 있어서 상대와 아무런 영향을 주고받지 않는다고 보았다.

정신의 속성은 사유, 물질의 속성은 연장이다. '연장(延長)'은 말 그대로 '공간을 차지하고 있는 것'이다. 물질과 달리 정신은 차지하고 있는 공간이 없다. 데카르트 철학에서 정신은 사유하지만 연장이 없는 실체이고, 물질은 연장을 갖지만 사유하지 않는 실체다. 둘은 서로 독립적으로 존재한다. 세상을 정신과 물질로 엄격하게 분리해 보는 이원론이다. 정신은 사유하는 존재에게만 있기에 사유 능력 없는 동물은 단순한 기계와 다를 바 없다. '동물의 권리'까지 사유하는 21세기 철학자들을 굳이 떠올리지 않더라도 시대적 한계가 드러나는 생각이다.

데카르트의 '나는 생각한다. 그러므로 나는 존재한다'는 명제는 로크의 '타불라 라사'가 그랬듯이 당시의 정치·사회적 변동과 밀접한 관련속에 퍼져갔다. 견고한 신분 제도 아래에서 살아온 중세인들에겐 한 인간으로서 '나'보다 어떤 핏줄을 타고났는지에 대한 '신분'이 중요했다. 그런데 신분이 아닌 '생각하는 것'으로 존재하는 '나'에 대한 강조는 '개인의 발견'이라는 근대 사회의 흐름과 이어진다. 이성을 중시한 유럽 대륙의 철학은 독일 철학으로 이어졌다.

요컨대 기독교의 신 중심 철학이 지배하던 유럽의 중세를 벗어나려는 철학적 움직임이 영국에서는 경험을, 유럽 대륙에서는 이성을 중심에 두고 전개된 것이다. 두 철학적 흐름은 영국과 유럽 대륙 모두에서 발흥하고 있던 상공인들의 호응을 얻으며 민중들의 생각에도 영향을 끼쳐갔다.

코페르니쿠스 혁명은 '신과 인간 중심의 사유'에서 '우주 중심의 사유'로 전환을 촉구한 발견이었다. 하지만 우주에 대한 과학적 탐색에 나선 인류는 신 중심에서 인간 중심으로 철학적 사유를 옮겨 그곳에 머물렀다. 그 과정에서 인간을 중심에 둔 휴머니즘이 근대의 시대정신으로 자리 잡아갔다.

3. 칸트의 인식론 혁명

과학은 전통적인 학문과 달리 기술을 통해 세계를 바꿀 힘이 되었고 세계사의 사회경제적 기반에 대전환을 이루었다. 과학기술 발전을 밑절미로 18세기 중엽 영국에서 시작한 산업혁명은 농업 및 가내 수공업 경제를 기계에 바탕을 둔 공장제 공업으로 바꿔갔다.

과학이 종래의 느리고 단속적이었던 기술 발전을 급격하고 지속적으로 바꾸면서 유럽 문명은 지구촌을 지배하는 결정적 전환점을 마련했다. 과학혁명에서 산업혁명으로 가는 과정은 세계사의 지도를 바꾸는 격동기였다.

새로운 학문으로서 과학이 발전하고 유럽 여러 나라에서 상공인들이 세력을 키워가던 시대를 사유한 철학자가 임마누엘 칸트다. 그가 사색에 몰입한 18세기 중엽에 철학은 과학자들이 관찰과 실험을 통해 큰 성과를 냄에 따라 불신을 받고 있었다. 실제로 데카르트에서 시작한 이성 중심의 합리론 철학은 독단으로 흘러갔다. 과학자들이 보기에 신이나 자연에 대해 내놓은 철학자들의 지식은 독단에 지나지 않았다.

같은 시기 베이컨에서 시작된 영국의 경험론 철학은 버클리를 거쳐 흄의 극단적인 회의주의로 치닫고 있었다. 과학의 발달과 대조적으로 유럽 철학은 위기였다. 다만 흄의 철저한 회의는 철학에 의미 있는 화두를 던졌다. 칸트 또한 흄을 통해 비로소 '독단의 잠'에서 깨어날 수 있었다.

칸트는 태양계 생성에 관한 학설로 '칸트의 성운설'을 남길 만큼 당대의 우주과학에 깊숙이 발을 들여놓고 있었다. 현재의 모든 천체가 회전운동을 하는 성운에서 발생했다는 칸트의 주장에 대해 엥겔스는 '코페르니쿠스 이래 천문학이 이룩한 가장 커다란 진보'라고 높이 평가했다. 물론 상대성이론이나 양자역학이 등장하기 이전 시대의 평가다.

물론 칸트 사유의 중심은 어디까지나 철학이었다. 중세철학을 비판하며 계몽을 선구하던 경험론과 합리론이 정작 발전하는 과학 앞에서 무력감과 무용성을 드러내는 시대를 성실하게 사유했다. 칸트는 당시 철학의 상황을 "얼마 전까지도 많은 사위들과 자식들에게 둘러싸여 만인 중에 최고의 권력자며 지배자였지만 (…) 내몰리고 쫓기어 어쩔 도리 없이 끌려가고 있다"고 토로하는 그리스 신화의 한 대목을 인용하며 "추방되고 버림받은 형이상학이라는 노파"로 비유했다.[15]

철학의 위기를 깊이 사유한 칸트는 '계몽이란 무엇인가?'를 정면으로 묻고 나섰다(1784년). 이에 대해 20세기 철학자 푸코는 유럽 사상사에서 철학이 '오늘날 무슨 일이 일어나고 있는가'라는 질문을 던진 것은 칸트가 처음이었다고 평가했다. '계몽이란 무엇인가'와 같은 문제를 철학의 영역 안으로 도입한 것, 철학의 범주로 '오늘'이라는 문제를 끌어들인 것은 유럽 철학사에서 대단히 중요하고 결정적이었다는 것이다.

푸코는 칸트가 계몽이란 무엇인가를 묻고 답하기 전까지 '오늘 무슨 일이 일어나고 있는가, 오늘이란 무엇인가, 우리는 무엇인가, 우리는 어떻게 서로 동시대인이 될 수 있는가'와 같은 문제를 철학적으로 정식화하지는 않았다고 주장했다. 그가 '계몽이란 무엇인가'의 연장선에서 칸트의 철학 전체를 재해석할 수 있다고 강조한 까닭이다. 푸코의 평가대로 '오늘'에 대한 철학적 문제의식의 맥락에서 본다면 우리가 다음 장에서 살펴볼 마르크스는 칸트의 사유를 가장 충실하게 이어간 셈이다.

칸트는 경험론의 회의주의와 합리론의 독단주의를 넘어서는 사유를 모색하며 자신이 살고 있는 시대(1724~1804)가 '계몽된 시대'가 아니라 '계몽의 시대'일 뿐이라고 진단했다. 시대적 과제로서 계몽을 멈추지 않고 지속해가야 옳다는 논리다.

칸트는 계몽을 '인류가 스스로 초래한 미성숙 상태' 또는 '종교적 권위나 정치적 권위의 도그마와 인습에 나태하고 소심하게 복종하는 상태'에서 벗어나는 것이라고 정의했다. 여기서 '미성숙 상태'란 "다른 사람의 지도 없이는 자신의 이성을 사용하지 못하는 상태"다.

칸트는 미성숙 상태를 스스로 책임져야 하는 이유를 강조했다. 미성숙의 원인이 이성의 결핍에 있는 것이 아니라 다른 사람에 의존해 판단하려는 "사고의 결단력과 용기의 부족"에 있다는 것이다. 그래서 칸트는 '계몽의 표어'로 "과감히 알려고 하라(Sapere Aude), 너 자신의 지성을 사용할 용기를 가져라"를 내걸었다. 21세기 민중인 네티즌들이 자신의 스마트폰에 내걸어도 좋을 푯말로 칸트는 자신의 철학적 사유를 풀어갔다.

과학혁명 이후 18세기 후반까지 과학이 괄목할 발견을 성취해가는 상황에서 칸트가 인간의 정신은 자연법칙의 지배를 받지 않는다며 '자율성'을 부각한 이유도 계몽의 연장선에 있다. 철학사에 '코페르니쿠스 혁명'을 일으켰다고 평가받는 칸트는 인간의 이성에 세 가지 질문을 던진다.

첫째, 인간은 무엇을 알 수 있는가? 둘째, 인간은 무엇을 해야 하는가? 셋째, 인간은 무엇을 희망할 수 있는가? 궁극적으로 '인간이란 무엇인가?'로 모아지는 세 물음 가운데 철학의 역사를 칸트 이전과 이후로 나눌 정도로 큰 파장을 일으킨 문제가 '인간은 무엇을 알 수 있는가?'이다. 바로 『순수이성 비판』의 주제다.

일상에서 우리는 눈앞의 대상을 봄으로써 그것을 인식한다고 생각하지만 『순수이성 비판』은 대상이 인식을 구성하는 것이 아니라, 우리의 인식이 대상을 구성한다고 주장한다. 칸트는 자신의 통찰을 '코페르니쿠스적 전환'이라고 자부했다. 그만큼 인식이 대상을 구성한다는 주장은 천문학에서 천동설을 뒤집어엎은 코페르니쿠스의 지동설만큼이나 혁명적 사유라는 것이다. 실제로 철학사에서 그의 철학을 '인식론의 혁명'으로 평가한다.

칸트는 "우리의 인식이 모두 경험에서 비롯한다는 사실에 대해서는 조금도 의심할 여지가 없다"며 경험의 중요성을 인정한다. 인식 능력이 대상에 의해 깨우쳐지지 않으면 그 외의 무엇에 의해서 활동하게끔 깨우쳐지느냐고 반문도 했다. 하지만 곧이어 '선험성'을 서술한다.

"그러나 그렇다 하더라도, 모든 인식이 반드시 경험에서 생기는 것은 아니다. 왜냐하면, 경험 인식조차도 우리가 인상(직관)을 통해서 받아들인 것과 우리의 인식 능력이(감성적 인상은 단순히 계기를 마련해줄 뿐이다) 자체적으로 산출한 것의 결합이기 때문이다. 이 원소재와 우리 자신이 추가한 감각적 인상은 오랫동안 알게 되어 이 두 가지를 분리하는 데 익숙해야만 비로소 구별할 수 있는 것이다. 따라서 경험으로부터, 심지어는 모든 감각적 인상으로부터 독립되는 인식이 실제로 존재하느냐 하는 문제는 매우 정밀한 연구를 필요로 하는 것으로서 즉시 해결될 수 있는 것이 아니다. 이런 인식을 일반적으로 선험적이라고 하고 후천적인 경험을 근원으로 하는 경험적 인식과 구별한다."[16]

경험으로부터, 모든 감각적 인상으로부터 독립되는 인식, 선험(先驗)적 인식을 탐구한 내용을 반복 어법에 가깝게 풀어간 책이 『순수이성 비판』이다. 칸트는 경험을 통해 대상이 우리의 지식 저장고에 쌓이는 것이 아니라 인간이 자신에게 주어진 인식 능력으로 대상을 구성한다는 인식론의 혁명적 사유를 전개했다. '선험'은 어떤 대상에 관한 경험적 인식 이전에 '대상을 인식하는 방법에 관한 인식'을 뜻한다. '모든 경험을 넘어가는 어떤 것'을 의미하는 초월이 아니라 '모든 경험에 선행하면서도(a priori), 오직 경험 인식을 가능하도록 하는 데에만 쓰이게끔 정해져 있는 어떤 것'을 뜻한다. 대상들이 아니라 대상들 일반에 대한 우리의 선험적 개념들을 탐구하는 모든 인식을 선험적(transzendental)이라고 개념화한 칸트는 그런 개념들의 체계를 선험철학(transzendental-philosophie)이라고 규정했다. 요컨대 '대상을 경험하는 방식'이 선험적 방법이다.

선험철학은 대상을 경험할 수 있게 하는 인간의 인식 구조를 드러내고 그것의 한계를 확정한다. 그렇다면 당연히 의문이 생긴다. 인간이 대상을 구성해서 인식한다면, 우리는 대상을 있는 그대로 인식하지 못하는 걸까? 칸트는 그렇다고 답한다. 우리가 관심을 갖고 바라보는 것은 대상 자체, 사물 자체가 아니다. 있는 그대로의 대상을 칸트는 '물자체(thing-in-itself)'라고 불렀다. 물자체는 우리의 인식 능력과 상관없이 존재한다. 하지만 인간은 물자체를 보지 못하고 현상(appearance)만 인식할 뿐이다.

물자체가 아닌 '현상으로 주어지는 대상'을 인식하는 이성을 탐구한 결과가 『순수이성 비판』이다. 칸트에게 이성이란 '인간의 지적 능력'을 통칭하는 개념이다. 이성에 대한 교설을 주장하는 것이 아니라, 이성의 한계를 긋고 명료하게 하는 작업이 '이성 비판'이다. 칸트는 순수이성을 오로지 선험적으로만 어떤 것을 인식하는 원리를 주는 능력이라고 정의한다.

"여기서 말하는 순수이성 비판이란 책이나 체계에 대한 비판을 의미하는 것이 아니라 이성이 '모든 경험으로부터 독립적으로' 이성 능력 총체를 추구하려는 인식을 비판하는 것을 말한다."[17]

칸트는 아무런 경험도 없이 머릿속 이성에만 의존하는 방식은 물론, 그와 반대로 이성을 배제한 채 경험에만 전적으로 의존하는 방식 모두 잘못이라고 보았다. 기존의 철학적 관습에서 벗어나 경험론과 합리론을 종합하고 싶던 칸트는 '인식하는 주체'로서 인간의 주관성에 바탕을 두고 보편적 지식을 추구했다. 경험론과 합리론을 아우르려는 칸트의 문제의식은 "직관 없는 개념은 공허하고 개념 없는 직관은 맹목이다"는 간결한 명제에 잘 담겨 있다. 직관 없는 개념적 철학이 경험을 무시하고 이성만 중시하는 합리론의 문제점이라면, '개념 없는 직관'은 이성은 무시하고 경험만 중시하는 경험론의 문제점이라 할 수 있다.

프랑스에서 시민혁명이 일어나기 1년 전인 1788년에 출간한 『실천이성 비판』은 '무엇을 해야 하는가'를 파고들며 "이성의 실천적 능력 전체를 비판"[18]한다. 칸트 이전의 철학자들은 대체로 도덕의 원천을 자연이나 공동체의 질서, 행복, 신의 의지에서 찾았다.

하지만 칸트는 인식의 영역처럼 실천의 영역에서도 주체로서 인간을 강조한다. 도덕의 원천을 자율에서 찾은 이유다. 칸트의 자율은 자유로 이어지며 근대 사회철학의 전개에 영향을 끼쳤다.

칸트는 우리가 자유로운 존재라는 명제를 토대로 '정언명령'을 정립했다. 정언명령은 행위의 결과와 관계없이 그렇게 하는 행위 자체가 선이기에 무조건 따를 것을 요구하는 도덕적 명령이다.

칸트는 "정언명령은 오로지 유일한즉, 그것은 '그 준칙이 보편적 법칙이 될 것을, 그 준칙을 통해 네가 동시에 의욕할 수 있는, 오직 그런 준칙에 따라서만 행위 하라'는 것"이라고 주장한다.[19] 다소 문장이 어렵기에 일반적으로 '너의 의지의 준칙이 동시에 보편적인 법칙의 원리로서 타당할 수 있도록 그렇게 행위 하라'로 통용된다. 내가 지금 하려는 행위가 옳은지 그른지를 알려면, 다른 사람이 같은 상황에서 그 행위를 하는 것을 내가 옳다고 할 수 있는지 짚어보라는 제안이다. 그래서 칸트는 개개인의 의욕을 강조한다. "사람들이 우리의 행위의 준칙이 보편적 법칙이 될 것을 의욕할 수 있어야 한다"[20]는 것이다.

칸트는 여기서 그치지 않았다. 무엇을 해야 하는가라는 철학적 물음에 구체적 답안을 모색했다. 정언명령에 근거한 "최상의 실천 원리"로 칸트가 내놓은 해답은 무엇일까. "네가 너 자신의 인격에서나 다른 모든 사람의 인격에서 인간(성)을 항상 동시에 목적으로 대하고, 결코 한낱 수단으로 대하지 않도록, 그렇게 행위 하라"[21]가 그것이다. 칸트는 그것을 "실천명령"으로 명명했다. 칸트의 실천명령은 좀 더 간결하게 '인간을 언제나 동시에 목적으로 대우하고 한낱 수단으로 대우하지 말라'로 통용된다.

대상이 인식을 구성하는 것이 아니라 인식이 대상을 구성한다며 인식 주체를 부각한 『순수이성 비판』, 자신의 이성이 내리는 명령에 따르는 행위만이 진정으로 자율적인 행위라며 '인간을 언제나 목적으로 대우하라'는 『실천이성 비판』을 이은 칸트의 세 번째 비판서는 『판단력 비판』이다.

칸트는 『판단력 비판』에서 자연과 자유 사이에 놓인 '커다란 심연'을 매개하려고 시도했다. 순수이성과 실천이성 비판으로 각각 자연적 필연성의 영역과 의지적 자유의 영역을 탐구한 칸트는 자신의 철학에서 과학 법칙이 적용되는 합법칙성으로서의 감성계와 자유 개념에 기초한 도덕 법칙이 적용되는 초감성계가 분리되어 있음을 자각했다. 순수이성의 선험적 원리가 합법칙성이고 실천이성의 선험적 원리가 '궁극목적'이라면 판단력의 그것은 합목적성이다. 순수이성과 실천이성, 판단력은 각각 인식 능력, 욕구 능력, 쾌·불쾌의 감정과 이어진다.[22]

판단력을 규정적 판단력과 반성적 판단력으로 구분한 칸트는 전자를 자연의 합법칙성에 대한 판단력으로, 후자를 자연의 합목적성에 대한 판단력으로 정의했다. 보편적인 것이 주어지고 그것에 포괄되는 특수적인 것을 발견하는 능력이 규정적 판단력, 특수적인 것이 주어지고 그것들을 포괄하는 보편을 발견하는 능력이 반성적 판단력이다. 칸트는 자연을 합법칙적인 세계로 완전히 규정할 수 있다면 반성적 판단력이 필요 없겠지만, 법칙에 포섭할 수 없는 대상이 있다고 보았다. 그 대상들에 대한 사유가 반성적 판단력이다. 주어진 개념으로 포섭할 수 없는 대상을 사유할 때는 상상력의 자유로운 유희가 필요하다. 칸트는 정해진 개념이나 목적이 없는 상황에서 상상력이 그 개념이나 목적을 찾는 활동을 유희로 보았다.

반성적 판단력에서 합목적성의 원리는 주관이 느끼는 감정, 곧 쾌의 감정과 결합한다. 칸트는 쾌감을 감성적 쾌감과 지성적 쾌감으로 나눴다. 대상에 대한 표상에서 비롯했지만 그 표상에 대한 판정을 대상과 무관하게 오직 주관의 내적 관조를 통해서만 내리는 경우에 감성적 쾌감이 일어난다. 지성적 쾌감은 둘 또는 그 이상의 경험적·이질적 자연 법칙들이 하나의 합목적적 원리 아래에 결합될 수 있음을 발견할 때 찾아오며 상당한 쾌감에 더해 감탄조차 일으킨다.

판단력 비판을 통해 칸트는 자율적인 인격적 존재로서 인간이 '아름답고 조화로운 합목적적인 질서를 가진 세계'를 희망할 수 있다고 강조했다. 칸트는 그 세계를 창조할 권리를 신의 섭리가 아니라 인간의 이성적 의지에서 찾았다. 인식론적인 '코페르니쿠스적 전회'가 윤리학과 정치학으로 이어진 셈이다. 칸트의 인간 중심주의는 다음과 같은 서술에서 또렷하게 확인된다.

"인간은 이 지구상의 최종 목적이다. 왜냐하면 인간은 목적을 이해할 수 있고, 합목적적으로 형성된 사물들의 집합을 자기의 이성에 의하여 목적의 세계로 만들 수 있는 지상 유일의 존재자이기 때문이다."[23]

칸트는 종래의 형이상학이 도덕 법칙을 신의 섭리로 실체화한 탓에 인간은 자신이 만든 법칙에 스스로 예속되고 소외되었다고 판단했다. 칸트가 형이상학을 비판한 목적 또한 가치의 원천이 인간 스스로에게 있음을 분명히 하고, 사회를 개인들의 의지에 따라 구성할 논리를 마련하는 데 있었다.

이윽고 일흔 살이 넘은 1795년에 발표한 『영구 평화론』에서 칸트는 공화주의를 주창했다. 공화주의 정체의 정치·사회적 조건으로 법률적 자유, 법을 통한 통치, 시민적 평등을 제시했다. 칸트에 끼친 루소의 영향을 확인할 수 있는 지점이다. 비록 둘 사이에 직접 주고받은 지적 교류는 없었지만, 칸트 자신의 언급과 사상적 친화성을 통해 확인할 수 있다. 칸트는 자신이 무지한 대중을 멸시했던 과거를 솔직히 털어놓은 뒤 루소를 통해 맹목적인 편견에서 벗어나 '인간 존중'을 배웠다고 고백했다.[24]

노년의 칸트에게 철학의 목표는 양도할 수 없는 인간의 권리, 인권을 지켜내는 일이었다. 그 권리는 특정한 정치·사회적 조건에서만 실현될 수 있다고 본 칸트는 공화정을 제시했다. 공화정 안에서 비로소 모든 사람은 다른 사람의 자유를 침해하지 않는 한에서 자신의 자유를 누릴 수 있다고 판단했다.

공화정의 의사 결정 과정에 구성원의 동의가 중요하기 때문에 칸트는 정치인의 자세에 대해서도 언급했다. 도덕을 정치 활동에 이용하기보다 도덕적 요구와 정치적 신중함의 균형을 끊임없이 고민하면서 개개인의 다양한 의지를 모아내 법률을 제정해가야 한다고 강조했다.

칸트는 사회계약에 기초해 자연 상태에서 시민 상태로 이행될 수 있듯이, 국가들의 상호 관계도 근원적인 사회계약의 이념에 따라 하나의 국제연맹이 결성될 수 있다고 보았다. 그 과정을 통해 궁극적으로는 영원한 평화라는 이념에 접근해 나갈 수 있다고 생각했다.

칸트가 영구 평화를 위한 조건으로 '모든 국가의 정치체제는 공화정이어야 한다'고 밝힌 이유는 흥미롭다. 개인의 자유에 합당한 헌법에 바탕을 둔 정치체제인 공화제에서는 민중들이 전쟁을 치를 때 뒤따르는 고통을 감수하지 않을 터이기에 전쟁에 동의하지 않으리라고 추론했다. 민중의 동의 절차를 거쳐야 하는 공화제는 필연적으로 평화를 지향한다고 판단했다.

칸트는 영구 평화와 함께 세계 시민주의를 제안했다. 여기서 세계 시민주의는 국가들 사이의 조약에 기초하는 '국제주의(internationalism)'가 아니다. 하나의 정체 아래 세계인들이 모두 같은 시민이 되는 '세계 공화국'도 아니다. 그의 이상은 '평화 연방'이다. 칸트는 개개인의 인간적 존엄성에서 출발해 국가들 사이의 평화적 공존을 논의한 선구자였다.

계몽을 촉진하는 이성의 사용을 공과 사로 구분한 칸트는 공적인 사용을 '세계 시민의 입장에서 의견을 말하거나 논평하는 것'이라고 정의했다. 여기서 세계 시민이란 직업적인 학자나 지식인을 두고 하는 말이 아니다. 누구나 그렇게 될 수 있다. 반면 이성의 사적인 사용은 작은 공동체나 조직 안에서의 경우를 말한다.

칸트가 계몽의 완성을 위한 표어로써 자신의 '이성을 공공적으로 사용하는 용기를 가지라'고 말할 때, 이는 서재나 집에 고립된 개인을 염두에 둔 말이 아니다. 지식을 얻는 것이나 사고 능력의 개발을 뜻하는 것도 아니다. 개인과 사회 더 나아가 국가와 세계의 변화를 추구하는 실천적 의미다. 칸트는 인간이 스스로의 이성을 사용하려는 결단과 용기가 없어서 미성숙에 머문다며 "과감히 알려고 하라"고 강조했지만 개인이 오랫동안 익숙하게 생활한 미성숙 상태를 떨치고 나오는 것은 어렵다는 사실, 혼자 힘으로 미성숙에서 벗어난 개인은 소수에 지나지 않는다는 사실을 잘 알고 있었다.

그럼에도 민중의 계몽은 가능하다고 보았다. 계몽으로 건너가는 '다리'가 바로 '사상과 토론의 자유'다. 따라서 칸트에게 계몽은 의지의 자유는 물론, 사회 속에서 특정한 방식으로 자신의 의견을 말할 수 있는 자유를 필요로 한다. 특히 지식인이 자신의 생각을 공적 공간에서 발표할 수 있는 자유가 중요하다고 보았다. 그 자유가 허용될 경우 미성숙에서 벗어난 소수의 사람들이 개인의 가치를 합리적으로 존중하는 정신과 모든 인간이 스스로 자신의 의무를 진지하게 생각하는 정신을 퍼뜨릴 것이라고 추정했다.

지금까지 살펴보았듯이 유럽의 근대철학은 인간의 자기의식과 주체성을 강조하며 인류의 평화를 추구했고 그 바탕에는 중세의 신 중심에서 인간 중심으로 전환을 꾀한 휴머니즘이 깔려 있었다. 18세기 계몽철학이 주창한 휴머니즘은 프랑스 혁명에서 자유, 평등, 우애의 기치로 표출되었다.

그런데 칸트에 이르기까지 유럽 철학의 휴머니즘은 인간의 자연적 본성의 자유로운 발전이라는 권리를 요구하면서도 대다수 사회 구성원인 민중이 생존하기 위해 허덕이는 상황을 외면했다. 근대 휴머니즘의 배경에 상공인 세력이 존재했다는 사실을 받아들이더라도 철학이 사회 구성원 대다수인 민중의 자유에 대해 사유하지 않거나 못한 것은 되새겨볼 문제다.

칸트로 상징되는 유럽 근대철학의 휴머니즘은 억압당하는 민중의 삶에 관심이 없는 '둔감'에 그치지 않았다. 칸트 자신이 그랬듯이 민중의 혁명적 투쟁을 반대하고 나섰다.

철학의 코페르니쿠스적 전회를 자임한 칸트는 공화제와 영구 평화를 주장하면서도 민중은 혁명의 주체가 될 수 없다고 단언했다. "폭동이란 국민이 소위 폭군(명칭만이 아니라 실제로 그렇게 행동하는 자)의 억압에서 벗어나기 위한 합당한 방도인가?"라고 질문을 던진 칸트는 "피통치자들이 이런 방식으로 그들의 권리를 쟁취하는 것은 아주 타당하지 않다"고 강조했다.[25] 더 나아가 그는 "모든 시민적 체제에는 저항을 불허하는 권력이 통치자에게 주어져 있다고 전제되지 않으면 안 된다"[26]고 역설했다.

계몽에서 '사상과 토론의 자유'를 강조한 칸트의 해결책은 '언론 자유'였다. 칸트는 이성을 공적으로 사용하기 위해 무엇보다도 언론과 출판의 자유가 제한 없이 인정돼야 한다고 주장했다. 당시의 권위를 체현한 교회 제도가 계몽을 방해한다고 비판도 했다. 칸트에게 언론과 출판의 자유를 막는 교회의 검열 제도는 인간의 본성에 반하는 범죄였다. 그는 언론과 자유롭고 합리적인 토론 과정을 통해 법을 규정해 나감으로써 통치자를 올바른 방향으로 개혁하도록 유도해 나갈 수 있다고 믿었다.

하지만 칸트의 코페르니쿠스적 전회와 계몽의 혁명은 전개되는 역사적 현실 앞에 무력했다. 이미 그의 생전에 자본과 권력은 언론과 사상의 자유를 억압하고 있었다. 철학의 현실적 무기력을 본디 철학은 이상주의적이라는 '자기 위안'으로 덮을 문제가 아니다.

현실을 온전히 담아내지 못하는 철학은 시간의 시험대를 견뎌내기 어렵다. 새로운 철학이 낡은 철학을 밀어내면서 철학은 인류와 함께 어둠을 밝히며 나아간다. 모든 '새로운 철학'은 언젠가 자신이 새롭게 열어놓은 그 지평선에서 황혼을 맞는다.

2장

뱀파이어와 마르크스 휴머니즘

1. 철학의 새로운 지평

계몽과 영구 평화를 주창한 칸트의 철학은 독일 '고전철학' 또는 '관념철학'으로 불리는 철학의 큰 흐름을 형성했다. 피히테는 물자체를 알수 없는 영역으로 남긴 칸트 철학을 '이원론적 분열'이라 비판하고 모든 것을 '자아의 활동'으로 환원했다. 그는 자아가 비아를 극복해가는의지와 실천을 자유의 실현으로 보았다.

피히테와 달리 셸링은 근원적인 절대자를 상정했다. 이어 등장한 헤겔은 개인의 자유는 구체적인 자유의 현실태인 국가 안에서 실현된다고 주장했다. 헤겔에게 개인은 국가를 떠나서는 완전한 자유를 누릴 수없다. 자유를 실현해주는 것은 보편자로서의 국가다. 헤겔 철학에서 국가는 개인의 자유를 온전히 실현해주고 보장해주는 토대다.

칸트에서 헤겔로 이어진 독일 철학의 흐름에 영향을 받은 유럽의 사상계와 문화예술계는 서로 질세라 '휴머니즘'을 내걸었다. 하지만 바로 그 시기, 헤겔 철학이 개인의 자유를 온전히 실현해주는 것이 국가라고 주장하고 이성을 중심에 둔 철학이 대학 강단을 지배하던 그 시기에 현실은 사뭇 달랐다. 아니, 철학과 정반대였다. 유럽의 모든 국가에서 민중들은 도무지 희망을 찾을 수 없을 만큼 비참한 삶을 살고 있었다.

참담한 현실은 자연스레 민중의 저항을 낳게 마련이다. 이를테면 영국에서 구두를 만드는 노동인들은 1792년에 '런던통신협회'를 결성했다. 보통 선거와 의회 개혁을 목적으로 제화공 토머스 하디가 숙련 노동인들과 함께 창설한 정치단체다. 하디는 토지에 기반을 둔 귀족과 부패한 왕정을 비판했으며, 사회가 '유용하고 생산적인 계급(노동인과 수공업자)' 대 '기생적이고 비생산적인 계급(금리 생활자, 지주, 중간 상인)'으로 분단되었다고 주장했다. 노동인과 수공업자들이 연대한 협회는 발전하면서 지부를 조직하고 그 대표자들로 중앙위원회를 구성했다.

하지만 1794년 하디를 비롯한 협회 지도부가 대역죄로 체포되었다. 지도자 토머스 하디는 대역죄가 들씌워져 산 채로 배를 가르고 내장을 들어낸 뒤 밧줄에 목을 매다는 잔혹한 처형을 당했다.

자본주의 사회로 가장 앞서갔던 영국에서 부익부 빈익빈은 1800년대 들어 무장 커져갔다. 당시의 신문 기사에 따르면 런던과 맨체스터의 민중들은 대부분 나지막하고 허름한 오두막 한 채에서 평균 스무 명씩 살았다. 방 두 개에 지하실과 다락방이 전부였다. 화장실은 집 밖에 있어 공동으로 썼는데 주민 120명에 하나꼴이었다. 줄을 서서 발을 동동 구르다가 도저히 참을 수 없을 땐 다른 방법이 없었다. 곳곳에 사람의 배설물에 더해 집짐승들의 똥오줌이 질펀해 악취가 코를 찔렀다. 그 거리를 거주민 대다수가 맨발에 색 바랜 옷을 걸치고 오갔다.

입에 풀칠도 어려운 사람들에게 가족의 품은 축복이 아니라 저주였다. 딸들은 열두 살만 되면 결혼으로 '처치할 대상'이었다. 경제적 부담을 덜기 위함이었다. 아들은 같은 이유로 여섯 살부터 거리로 내몰렸다. 야윈 몸에 파리한 얼굴은 하나같이 표정이 없었다. 어차피 병에 걸리거나 다치기 일쑤였기에 오히려 죽음을 자비롭게 여겼다. 그들에게 장례식은 축하 행사였다. 이 세상을 먼저 떠난 '행운아'를 기렸다.

지구에서 가장 자본주의가 발달한 '선진국' 영국의 민중들이 살아가던 살풍경을 생생하게 담아 신문에 기고하고 책으로도 펴낸 청년이 프리드리히 엥겔스다. 그는 독일과 영국 두 나라에 걸쳐 방직 공장을 운영하던 자본가의 맏아들이었다. 엥겔스가 증언하듯이 산업혁명은 한 나라를 부유하게 만들어주지만 재산이 없는 절대빈곤 계급도 만들어냈다.

당시 철학 박사로서 언론인으로 활동하던 마르크스는 인류의 절대다수인 민중의 처참한 삶에서 '뱀파이어'를 발견했다. 청년헤겔학파—헤겔이 제시한 변증법적 사유를 적극 받아들이면서도 그가 국가를 절대시했다며 비판하고 나선 철학자들—사이에서 그는 "살아 있는 철학자 가운데 유일하게 진정한 철인"이라거나 "루소, 볼테르, 하이네, 헤겔을 하나로 합쳐놓은 위대한 철학자"라는 평가를 받고 있었다.

젊은 철학자에게 지나친 평가처럼 보이지만 그로부터 150여 년 뒤인 1999년에 영국 공영방송(BBC)이 새로운 천년을 맞으며 '지난 1000년 동안 인류에 가장 영향을 끼친 사상가'를 물은 설문조사에서 마르크스는 단연 1위에 꼽혔다. 마르크스가 학위를 받을 때만 하더라도 아직

박사학위가 남발되지 않고 있던 시절이었기에 대학 강단에 설 가능성이 높았다. 하지만 프로이센 왕국이 비판적인 지식인들에 대해 '사상 검증'을 강화하고 나섬으로써 교수의 길은 막혔다.

강단 철학의 교수 자리에 큰 미련도 없던 마르크스가 선택한 직업은 신문기자였다. 기자 마르크스는 기사를 통해 민중이 고통받는 사회 현실을 비판하며 당국의 검열에 맞서 언론 자유를 주장하는 칼럼을 썼다. 권위주의적인 프로이센 정부는 마르크스가 몸담은 신문을 아예 폐간시켰다.

우리가 살펴보았듯이 칸트의 관념철학에서도 언론의 자유는 계몽의 조건이었다. 언론의 자유와 '합리적인 토론'을 통해 법을 만듦으로써 정치를 올바른 방향으로 개혁하도록 유도해 나갈 수 있다고 칸트는 믿었다. 하지만 '칸트식 희망'은 프로이센 정부의 권위주의적 폭압 아래서 처음부터 비현실적이었다. 마르크스는 파리로 망명해서 언론 활동을 벌이려 했지만 신문 발행에 필요한 자본이 없었다. 그 시점에 엥겔스와 만나 그의 안내로 영국을 돌아보며 노동인들의 참상을 현장에서 생생히 목격한 마르크스는 충격을 받았다.

19세기 '자본주의 최첨단 국가'인 영국의 산업 현장을 고발한 사람은 엥겔스만이 아니었다. 노동인들이 일하던 공장 내부를 상세하게 묘사한 보고서들이 적잖게 남아 있다. 공장주들은 출근 시간을 알리는 시계를 15분 앞당겨 놓았고, 관리 직원이 돌아다니며 '결근자' 이름을 적어 벌금을 물렸다. 자리를 잠깐 비웠다고 월급을 깎고 임신한 여성이 잠시 자리에 앉았다는 이유로 벌금을 물렸다. 또한 여성 노동인에게 성 상납을 강요했고 어린이를 관행적으로 고용했다.

그럼에도 당대의 경제학자들은 물론 철학자들까지 노동인과 민중의 참상에 모르쇠를 놓고 있었다. 엥겔스는 '국민경제학', 곧 부의 축적에 관한 학문은 상공업자 사이의 질투와 탐욕에서 태어난 것으로 그 이마에 혐오스러운 이기심의 딱지가 붙어 있다고 통렬히 비판했다.

마르크스는 엥겔스를 통해 상공인들이 주도한 근대 사회에서 민중이 얼마나 비참한 삶을 살고 있는지 눈떴고, 엥겔스는 마르크스의 철학적 사유를 통해 인간과 역사의 본질을 통찰했다. 두 사람은 철학사에서 보기 드문 '학문적 우정'을 평생 이어갔다.

마르크스는 세계사를 '세계정신의 자기실현 과정'으로 풀이한 헤겔의 역사철학에 동의할 수 없었다. 헤겔은 물론이고 청년헤겔학파조차 구체적인 삶과 동떨어진 철학에서 벗어나지 못했다고 판단했다.

마르크스는 새로운 철학을 정초하며 전통적인 철학의 지평을 혁명적으로 바꿨다. 관념적인 '세계정신'이 아니라 실제 세계에 주목하고 변증법을 인간의 삶에 적용했다. 헤겔의 변증법 논리를 현실에 적용해 지금 이 순간 마주하고 있는 현실, 우리가 살고 있는 현실에 모순이 실재하고 있다는 인식, 그 모순을 넘어 새로운 현실을 창조해낼 수 있다는 전망을 열어갔다.

'인간이란 무엇인가'라는 오래된 철학적 물음도 마르크스는 구체적이고 역사적으로 탐색했다. 자연과 하나가 된 채 살다 가는 동물과 달리 인간은 자유롭고 의식적인 존재라는 사실에서 출발했다. 마르크스는 그 자유롭고 의식적인 활동을 '노동'으로 개념화했다. 그에게 인간은 '노동으로 자기를 실현하는 사회적 존재'다.

노동에 대한 마르크스의 철학적 탐구는 개개인의 삶과 사회의 기반이 되는 모든 것은 사람들이 노동하는 수고로 생산된다는 당연한 사실, 하지만 지금까지 외면받아온 진실을 확연히 드러내주었다.

기나긴 철학사에서 처음으로 일하는 사람들, 억압과 고통을 받으면서도 한 사회의 생산을 도맡아 온 사람들 쪽에 서서 철학을 전개한 철학자가 마르크스다. 고대 노예와 중세 농노를 비롯해 사회 전체를 먹여 살려온 민중에 대해 거의 모든 철학자들은 침묵했다. 고대 철학자들은 노예들의 고통을, 중세철학자들은 농노들의 빈곤을 외면했다. 마르크스는 그러면서도 '현인'을 자처하거나 휴머니즘과 사랑을 주창한 철학자들과 신학자들의 위선을 비판했다. 마르크스가 "지금까지 철학자들은 다양한 방식으로 세상을 해석해왔다. 중요한 건 세상을 변혁하는 것이다"[27]라고 강조한 이유다.

마르크스는 철학을 알 기회조차 갖지 못한 채 평생을 생존의 굴레 속에 살아가야 했던 절대다수의 인류를 처음 철학으로 끌어들였을 뿐만 아니라 그들에게 역사의 주체 자리를 마련해주었다. 정치권력과 경제력을 지닌 사람들의 주변을 맴돌며 사유해온 그때까지의 철학사에 새로운 지평을 열었다.

마르크스는 "역사의 세계사로의 전환이란 결코 '자기의식', 세계정신 혹은 다른 어떤 형이상학적인 유령의 추상적인 행위"가 아니라며 "그야말로 물질적이고 경험적으로 확인 가능한 행위이며, 오고, 가고, 먹고, 마시고, 옷 입는 모든 사람들에게서 그 근거를 찾을 수 있는 행위라는 결론"[28]을 내렸다.

기실 어떤 사회든 구성원 개개인이 먹고 입고 머무는 기초생활과 일상의 생필품에서부터 예술 작품에 이르기까지 모든 것이 노동의 결과물이자 창조물이다. 인간의 내면에 떠오른 구상들을 현실화한 것이다. 아무리 창조적인 생각도 그것을 밖으로 드러내는 노동이 없다면 현실이 되기 어렵다. 누구도 부정할 수 없는 그 간명한 진실을 철학적 사유로 담아낸 철학자가 마르크스다.

마르크스 철학이 인류애로 충일했다는 문제의식은 그가 대학 입학을 앞두고 쓴 '직업 선택에 관한 한 젊은이의 짧은 고찰' 제목의 논술문에서 이미 드러난다.

"자기 자신만을 위해 일하는 사람은 유명한 학자나 현자, 빼어난 문인은 될 수 있을지 모르지만 온전한 인간, 진정으로 위대한 인간은 될 수 없다. 역사는 인류의 복지에 기여함으로써 이름을 얻은 사람에게만 찬사를 보낸다.

우리가 인류에 가장 헌신적으로 기여할 수 있는 직업을 선택한다면, 그 어떤 무거운 짐도 우리를 굴복시킬 수 없을 것이다. 그 짐이란 인류를 위한 희생에 지나지 않기 때문이다. 그렇게 되면 우리는 사소하고 한정적이며 이기적인 기쁨을 누리지 않을 것이다. 그때 행복은 우리만의 것이 아니라 수많은 사람들의 것이 된다. 우리가 한 일은 조용히 그러나 영원히 살아 전해질 것이고, 우리를 태운 한 줌의 재는 고귀한 인간들의 반짝이는 눈물로 적셔질 것이다."[29]

마르크스는 인간의 일상적인 노동에 철학적 의미를 부여함으로써 현실에서 비참하게 살아가는 노동인을 역사의 주체로 끌어올릴 토대를 마련했다. 모든 사람이 인간답게 살아갈 수 있는 세상을 어떻게 이룰 수 있을지를 진지하게 탐구한 결과다.

새롭게 발견한 노동의 철학적 의미를 바탕으로 그들이 살아가던 사회를 분석하고 나아갈 길을 연구한 결과가 1848년 짙은 초록색 표지로 선보인 작은 책 『공산당 선언』이다. 마르크스는 엥겔스와 공동으로 쓴 이 책에서 인류의 역사를 간명하게 정리했다.

"지금까지 존재한 모든 사회의 역사는 계급투쟁의 역사다. 자유민과 노예, 귀족과 평민, 영주와 농노, 길드 장인과 직인, 한마디로 억압자와 피억압자는 언제나 서로 대립하면서 때로는 숨겨진, 때로는 공공연한 싸움을 벌였다. 그리고 각각의 싸움은 그때마다 대대적인 사회의 혁명적 재편 또는 경쟁하는 계급들의 공동 파멸로 끝났다."

그 시점에 대다수 사람들에게 '계급'이나 '계급투쟁'이라는 말은 낯설었다. 그 정서는 21세기인 지금도 크게 변하지 않았지만 마르크스의 철학에서 '계급'은 중요한 개념이다. 계급의 일상적 의미를 풀이한 사전은 '계급'을 "사회적으로 동일한 조건이나 비슷한 수준 아래 놓여 공통된 이해관계와 행동 방식을 지니는 집단"으로 풀이하고 있다.

사실 '계급'은 일상생활에서 자연스럽게 써온 말이기도 한다. 조선 왕조 시대에 양반들을 '양반 계급'이라고 말하는 것은 전혀 어색하지 않다. '계급투쟁'이란 말도 사전에 수록되어 있다. "서로 이해관계가 다른 계급 사이에 정치, 경제, 문화적인 권리와 특권, 기회를 얻기 위해 벌어지는 투쟁"으로 풀이했다. "중세의 귀족과 농노, 근대의 부르주아 계급과 프롤레타리아 계급 사이의 투쟁 등을 들 수 있다"고 덧붙여 설명한다.

국어사전 의미와 마르크스의 철학적 규명이 크게 다르지 않다. 그렇다면 마르크스가 '지금까지의 모든 역사'를 '계급투쟁의 역사'라고 한 이유를 짚어보자. 인류의 고대 사회에는 분명히 노예들이 있었다. 노예

를 소유한 사람과 노예의 인생관이 같을 수 있을까? 중세 사회에선 토
지를 소유한 귀족과 그렇지 못한 다수의 사람들이 살았다. 가령 조선왕
조 시대의 양반 계급이 토지를 소유한 지주들이거니와 유럽식으로 표
현하면 '귀족'이다.

　마르크스가 선구했듯이 철학적 사유는 강단 철학자들의 전유물이
결코 아니다. 우리가 만일 그 당시에 태어나 노예였다면 어떻게 살았을
까 짚어볼 일이다. 평생 노예로 주인의 패악에도 고분고분 순종하며 살
았을까, 아니면 모든 사람은 평등하게 태어났다며 신분제에 저항하는
흐름에 동참했을까. 순종하지 않는 그 선택을 마르크스가 '계급투쟁'이
라고 표현했을 따름이다. 기실 노예들의 줄기찬 투쟁을 통해 오늘날에
는 법적으로 노예 제도는 인정되지 않는다.

　역사에서 철학의 중요한 과제는 세상을 해석하는 것이 아니라 변혁
하는 것이라는 마르크스의 명제에는 도도히 흘러온 철학사의 물줄기
를 바꾸겠다는 젊은 철학자의 옹골찬 의지가 담겼다. 바로 철학의 새로
운 지평, 철학의 혁명이다. 고대부터 당대에 이르기까지 인간의 불평등
을 제도화한 신분제에 침묵한 철학자들과는 확연히 다르게 마르크스
는 민중의 고통을 철학에 담았다.

2. 자본주의 사회의 인간 소외

마르크스는 고대 노예제, 중세 농노제에 이어 근대 자본제 사회에 들어
서서도 인류는 계급 적대를 없애지 못했다고 분석했다. 자본주의 사회
는 상공인들과 그들이 고용한 민중, 곧 자본계급과 노동계급으로 나눠

졌다. '부르주아지'와 '프롤레타리아트'가 그것이다. '부르주아지'는 중세 시대 '부르그(성)'에 살던 사람들, 상공인들을 뜻한다. 농민들은 성 밖에서 농사를 지으며 살았다. '프롤레타리아트'는 본디 라틴어 '프롤레타리우스'에서 따온 말로 '가진 것 하나 없이 오직 자녀를 생산해내는 가난한 사람들'이나 '사회 최하층 계급'을 이르는 말이었다.

사전적 정의 그대로 '자본계급'은 "자본주의 사회에서 생산수단을 소유하고 노동인을 고용하여 사업을 해서 이윤을 얻는 계급"이다. '노동계급'의 사전적 뜻은 "자본주의 사회에서 자본가에게 고용되어 임금을 받고 일하는 사람들로 이루어진 계급"이다.

마르크스와 엥겔스는 『공산당 선언』에서 상공인들의 역사적 위상을 정확하게 짚고 있다. 상공인들, 곧 자본계급의 역사적 성취를 예찬하는 대목도 있다.

"자본계급은 100년 남짓 자신이 지배하는 기간 동안 이전 모든 세대들이 이루어낸 것을 모두 합친 것보다 더 거대하고 엄청난 생산력을 창출했다. 인간에 대한 자연력의 복속, 기계, 공업과 농업에서의 화학의 응용, 기선, 철도, 전기 통신, 경작을 위한 모든 토지의 개간, 운하 건설, 땅에서 솟아난 듯 거대한 인구, 이전 세기에 그러한 생산력이 사회적 노동의 품속에 잠자고 있으리라고 예감이나마 할 수 있었겠는가?"

마르크스는 중세 시대의 모든 계급을 뒷전으로 밀어낸 긴 발전 과정의 산물이 상공인들이라고 규정했다.

"상공업자들은 자신의 생산물을 팔 수 있는 시장을 끊임없이 확장해야 하므로 지구상의 모든 골골샅샅을 누벼야 한다. 가는 곳마다 둥지 틀고 자리 잡으며 연고를 맺어야 한다. 자본계급이 세계 시장을 착취하면서 각 나라의 생산과 소비도 범세계적인 성격을 갖게 되었다. 복고주의자들에게는 매우 유감이겠으나 자본계급은 산업이 딛고 서 있는 일국적 기반을 발밑부터 빼앗았다. 기존에 확립된 모든 일국적 산업들은 이미 파괴되었거나 나날이 파괴되어가고 있다. 모든 문명 민족이 생사를 걸고 도입하려는 새 산업, 이제 더는 토착 원료 자원을 가공하지 않고 먼 곳에서 온 원료 자원을 가공하면서도 그 생산물은 국내만이 아니라 지구상의 모든 구석구석에서 소비되는 새 산업이 낡은 산업들을 몰아내고 있다. 한마디로 상공업자들은 자기 자신의 모습 그대로 세계를 창조하는 것이다."

근대 사회에서 상공업자들이 이룬 성과를 근거로 그들이 "대단히 혁명적인 역할을 담당했다"고 정당하게 평가했다. 자본계급이 지배를 확립한 모든 곳에서 토지에 기반을 둔 신분제 질서를 종식시킨 것은 그들의 역사적 업적이다.

마르크스와 엥겔스는 인간을 신분제의 굴레에 묶어놓은 끈을 가차 없이 끊어버린 시민혁명을 정당하게 평가하면서도 그 안에 담긴 모순을 주시했다. 마르크스는 자본계급이 모든 인간관계를 적나라한 이기심, 냉혹한 '현금 지불 관계'로 만들어놓았다고 지적한다. 인간의 거룩한 종교적 정열, 기사도적 열정, 세속적 감상주의의 기쁨까지 모두 "자기중심적 타산이라는 얼음같이 차디찬 물속에 빠뜨려"버린 것이 자본주의라는 주장이다. 그래서 더 나은 역사를 위해 자본계급을 비판한다.

"(자본은) 개인의 존엄성을 교환 가치로 용해시켜버렸다. 결코 무효화될 수 없이 공인된 수많은 자유 대신, '자유무역'이라는 단 하나의 파렴치한 자유를 세워놓았다. 상공업자들은 지금까지 존경과 경건한 경외심으로 받들어졌던 모든 직업의 후광을 걷어냈다. 의사, 법률가, 성직자, 시인, 과학자를 자신이 보수를 주는 임금노동인으로 전환해버린 것이다. 자본계급은 가족으로부터 그 감정의 장막을 찢어내고 가족 관계를 단순한 돈의 관계로 만들었다.

자본계급은 이집트 피라미드나 로마의 수로, 고딕 성당을 훨씬 능가하는 기적을 이룩했다. 이전의 모든 민족 대이동이나 십자군 따위와 견주지도 못할 원정들을 감행한 것이다. 그들은 끊임없이 생산 도구를 혁명적으로 개조하고, 그럼으로써 생산관계를 개조하며, 또 그와 더불어 사회관계 전체를 변화시키지 않으면 존재할 수 없다. 끊임없는 생산의 혁명적 발전, 모든 사회적 조건들의 부단한 교란, 끝 모를 불안과 동요는 자본계급 시대와 이전의 모든 시대를 구분 짓는 특징이다."

근대 사회에서 상공인들이 역사적으로 성취한 '업적'에 대한 응당한 칭찬과 정당한 비판을 모두 담은 대목이다. 실제로 자본주의 체제에서 "모든 고정되고 꽁꽁 얼어붙은 관계들, 이와 더불어 고색창연한 편견과 견해들은 사라지고, 새로이 형성된 모든 것들은 골격을 갖추기도 전에 낡은 것이 되었"다. 가령 성능이나 디자인을 끝없이 바꾸는 상품들이 그런 사례의 하나이다.

그런데 자본주의 발전으로 모든 것이 돈으로 귀결되는 살풍경 앞에 사람들이 모두 순응하는 것은 아니다. 서서히 이성을 되찾고 자신의 실제 생활 조건과 인류의 미래를 성찰하는 사람들이 늘어갔다.

모든 상공인들이 더 많은 돈을 벌려고 앞다투어 상품을 생산하다 보니 자본주의 체제에서 과잉 생산과 불황 또는 공황이 주기적으로 일어날 수밖에 없고, 그때마다 수많은 민중들이 실직과 빈곤의 고통을 겪는다. 자본주의 체제에서 산업이 한 나라를 부유하게 만들어주더라도 부익부 빈익빈은 깊어진다. 실직과 빈곤의 굴레를 벗어나더라도 각자도생의 경쟁 체제에서 살아가야 한다.

마르크스는 자본주의 사회에서 인간의 노동이 자신의 본질을 잃고 그로 인해 노동인들의 삶이 비인간적 상태에 놓인다며 그것을 '노동의 소외'로 개념화했다. 그가 분석한 노동의 소외는 네 가지다.

첫째, 노동 생산물로부터의 소외다. 노동인들이 자기가 생산한 재화로부터 소외당하는 현상이다. 인간이 노동한 결과물이 자신의 욕구를 충족시키는 것이 아니라 낯선 독립적인 힘으로 되레 자신을 지배할 때의 소외다. 마르크스 철학에 따르면 21세기에도 고급 아파트의 일용직 건설 노동인들, 고급 자동차 공장의 하청 노동인들의 소외감에 철학이 침묵해서는 안 된다.

둘째, 노동 과정으로부터의 소외다. 인간이 노동하는 과정에 통제력을 상실하는 현상으로 생산 활동으로부터의 소외를 이른다. 인간이 노동 과정에서 자신을 긍정하는 것이 아니라 부정하며, 행복이 아니라 불행을 느끼며, 자유로운 육체적·정신적 힘을 발휘하는 것이 아니라 고된 시간으로 육체가 쇠약해지고 정신마저 파멸된다는 마르크스의 철학적 진단은 21세기에도 많은 노동인들의 살갗에 와 닿을 만큼 날카롭다.

셋째, 유적 존재로부터의 소외다. 인간을 다른 동물과 구별하는 노동이 단순히 생존을 위한 수단이 됨으로써 인간이 자신의 유적 본질을 잃어버리는 현상으로 인간 본성으로부터의 소외다.

넷째, 인간의 인간으로부터의 소외다. 자신만이 아니라 다른 사람도 똑같이 인간 본성으로부터 소외됨으로써 서로가 서로에게서 소외되는 현상이다. 현대인이 흔히 느끼는 '동료 인간으로부터의 소외'가 그것이다. 자신의 이기적 욕구를 충족하기 위해 다른 사람을 이용하려 들거나 그들을 마음대로 부리는 권력을 쥐려는 살풍경을 이른다. 더러는 교활하고 더러는 비현실적인 욕망을 자극하는 비인간적 현상이 퍼져간다.

마르크스의 노동 소외론은 인간을 다른 동물과 구별하는 노동이 단순히 생존을 위한 수단이 되거나 사람들 사이를 갈라놓음으로써 개개인을 비인간화하는 현상에 깊은 문제의식을 던진다. 마르크스가 철학하던 시대에 노동인들은 열악한 환경에서 산업 재해로 다치거나 죽을 수도 있다는 두려움에 떨며 하루에 12시간에서 18시간, 일주일에 6일 반을 일하며 살아야 했다. 유럽 전체에 질병과 범죄가 만연했고 심지어 아동 밀거래까지 성행해 폭동이 일어날 기운마저 살천스레 감돌았다. 참혹한 재앙을 피해 유럽을 떠나는 사람들도 줄을 이어 한 해 10만여 명이 미국으로 떠나기도 했다.

당시 디즈레일리가 출간한 소설 제목조차 『두 개의 국민』이었다. 보수적인 정객의 눈에도 한 도시 안에 부자와 빈자가 완전히 별개인 풍경이 들어온 셈이지만 대다수 상공인들은 인생을 향락하기에 바빴다. 깊은 계곡으로 갈라진 둘 사이를 이어주는 유일한 다리가 성(性)이었다. 무릇 성은 사람과 사람 사이를 이어주는 가장 '아름다운 다리'이다. 하지만 부자와 빈자를 이어주는 성의 다리는 추악했다. 산업 문명이 최고로 발달한 도시 런던의 타락한 몰골이 그대로 드러났다. '섹스 산업'이 창궐하면서 빈자의 어린 딸들은 어른 흉내를 내며 행인들에게 추파를 던졌다. 노동인이 자신의 노동력을 팔듯이 그 아이들도 자신의 유일한 재산인 몸을 팔았다. 상공업자들은 노동인과 이익을 나누기는커녕 조금이라도 더 임금을 줄이려고 여성과 아동 고용을 늘려갔다.

유럽의 자본주의는 탐욕스러운 식성으로 무한정 몸집을 불리는 괴수였다. 철로와 증기선으로 온 세계에 상품을 팔았고, 총칼로 한 나라를 통째 삼켜댐으로써 지구 곳곳에 식민지가 빠르게 늘어났다. 영국을 비롯해 유럽의 모든 나라와 미국은 경쟁적으로 식민지를 넓혀가며 이른바 '문명화'를 내걸고 탐욕스럽게 식민지 민중을 착취했다. 지구의 가장 '오지'까지 게걸스레 탐냈다.

결국 지구는 자본가와 노동인, 백만장자와 빈민, 대토지 소유자와 가난한 농장 노동인, 백인과 유색인으로 갈라져갔다. 부가 한쪽으로 쏠리면서 경제 위기가 되풀이될 때마다 양극화가 깊어갔다. 그 참혹한 현실과 관념적 철학의 관계를 직시한 철학자 마르크스는 간명하게 상황을 정리했다.

"지배계급의 사상은 언제나 시대를 지배하는 사상이 되었다. 사회의 물질적 힘을 지배하는 계급은 동시에 사회의 지적 힘도 지배한다. 물질적 생산수단을 가진 계급은 정신적 생산수단도 통제하게 되고 따라서 정신적 생산수단을 결여한 자들의 사상은 그것에 종속당한다."

유럽과 미국의 상공업자들에게 '혁명'이나 '독립'은 자신들의 정치적 참정권을 가로막았던 왕정 체제를 자유주의 체제로 전환하는 운동 이상은 아니었다. 하지만 그런 '변혁'만으로는 노동인과 민중의 삶이 나아질 수 없기에 마땅히 사회경제적 변화가 이어져야 했다.

마르크스는 그 현실의 논리와 변화 가능성을 파고들었다. 상공업자, 곧 자본가들은 일정 시간 노동력을 구매해 생산수단을 제공하고 상품을 만들도록 통제했다. 노동인들이 만든 상품은 모두 자본가의 소유가 되고, 자본가들은 그 상품을 판매해 돈을 벌며 그 일부를 다시 노동력을 구매하는 데 썼다. 마르크스의 역작 『자본』은 그 진실을 명쾌하게 서술했다.

"자본가가 노동력의 하루치를 그 가치대로 지불했다고 가정해보자. 그렇다면 다른 모든 상품들처럼 그 노동력의 하루 사용권은 자본가의 것이 되는 것이다. 그것은 하루 동안 말을 임차한 것과 동일하다. (…) 노동 과정은 자본가가 구매한 것과 그의 재산(생산수단) 사이에서 발생하는 과정이다. 그러므로 그 과정의 생산물도 당연히 그의 소유가 되며 그것은 마치 그의 지하실에서 발효 과정이 완성된 포도주가 그의 소유인 것과 같은 이치다."

마르크스는 생산수단을 사적으로 소유하고 노동인에게 임금을 지불한 자본가가 이윤을 챙기는 '비책'을 '잉여가치'라는 독창적 개념으로 규명했다. 잉여가치는 '상공업자가 노동인에게 지불하는 임금 이상으로 노동인이 생산하는 가치'다. 자본가는 자신이 고용한 노동인들이 생산한 만큼 임금을 지급하지 않는다. 노동인은 임금 받는 것보다 더 많은 노동을 한다.

자본가 손에 들어간 잉여가치는 자본가가 사치를 부리는 데 쓰든, 부동산이나 증권에 투자하든, 신용이나 이자와 같은 금융 제도를 통해 자본가들 사이에 공유하든, 오직 자본가들 내부에서 돌아다닌다. 그런데 그 모든 것은 근본적으로 노동인에게 지불하지 않은 노동(부불 노동)이 물질화한 것이다.

"생산 과정은 끊임없이 더 많은 부를 생산해 자본가를 기쁘게 해줄 수단으로 전환한다. 다른 한편에서 노동인은 생산 과정이 끝나면 그 과정에 참여하기 전의 모습, 곧 부의 원천이지만 그 부를 자신의 것으로 만들 수 있는 모든 수단을 박탈당한 존재로 되돌아간다. 그러므로 노동인은 끝없이 물질, 곧 객관적 부를 생산하지만 자본의 형태로 자신을 지배하고 착취할 외적 힘을 만들어내고 있는 셈이다."

결국 고대 노예제가 그랬듯이 자본주의 사회에서 자본가의 여가 시간은 노동인의 평생을 노동 시간으로 바꿈으로써 얻어지는 것이다.

"상품들의 단순한 유통은 필요를 충족하는 수단이다. 반면에 돈이 자본으로 유통되는 것은 그 자체가 목적이 된다. 자본의 유통에는 한계가 없다. 자본가의 주머니가 돈이 출발해서 다시 돌아오는 지점이다. 더 많은 부를 얻는 것이 활동의 유일한 동기가 되는 한 자본가로선 무절제하고 끝없는 이윤 추구만이 목표가 된다."

자본가들의 탐욕은 무한정 커진다. 『자본』을 읽어보지도 않고 비난하는 자들의 주장과 달리, 마르크스는 자본가의 권리도 인정했다. 자본가는 공장과 설비를 마련하고 그것을 노동인에게 제공해 상품을 생산할 수 있게 해주었다고 정당하게 평가했다. 『자본』은 가상의 공장주를 내세워 사뭇 거세게 항의한다.

"사회의 상당 부분이 게으름뱅이들로 구성되어 있기 때문에 내가 생산 도구, 목화, 방적기로 막대한 봉사를 한 것이다. 그럼에도 나는 아무런 보상을 받지 못한단 말인가?"

실제로 그 시기 영국의 자본가들이 종종 흥분하며 밝힌 자부다. 하지만 마르크스는 상공업자든 누구든 자신의 노동이나 경제적 지출에 대해 보상받는 것을 결코 시기하지 않았다. 다만, 그것이 다른 사람의 손실에서 나와서는 안 된다는 정의로운 원칙을 세웠을 따름이다.

기실 불공평은 자본주의 자체에 내재해 있다. 생산수단의 사적 소유에 기초한 체제는 탐욕으로 추동되기 때문에 노동 과정에서 생긴 이윤을 노동인과 나누기를 거부한다. 자본가들은 더 많은 돈을 벌기 위해 지속적으로 비용을 줄이려고만 했다. 비용을 줄이는 데 가장 손쉽고 성과를 크게 낼 수 있는 방법은 저들이 말하는 '인건비'의 삭감이었다.

물론 상공업자들도 경쟁하고 몰락도 한다. 하지만 그 과정도 자본계급에게 유리한 결과를 낳게 된다. 살아남은 자본가들은 광범한 실업자들을 활용할 수 있기 때문이다. 마르크스는 그들을 '산업예비군'이라고 불렀다.

실업자들은 절망적인 상황에서 더 낮은 월급으로도 기꺼이 일하려 들기에 결국 자본가와 노동인 사이에서 격차는 무장 커질 수밖에 없다. 『자본』은 그 진실을 말끔하게 드러냈다.

"자신이 갖는 것보다 더 많은 부를 생산하는 유일한 사회계급이 있다. 그들에게 돌아가야 할 몫을 자연 자원·기계·운송 수단·금융적 신용 따위의 생산수단을 독점적으로 소유한 사람들이 가져간다. 노동인들은 생산수단이 없으면 아무것도 창조할 수 없어 무력해지지만, 생산수단을 가진 사람들은 그것에 대한 통제력으로 전략적 지위를 갖는다. 그로 인해 인류의 나머지가 굶어 죽거나 아니면 자신의 조건에 굴복하도록 만들 수 있는 힘까지 지닌다."

『자본』은 자본주의 경제를 분석한 저작에 그치지 않는다. 철학의 임무를 해석이 아니라 변혁에서 찾은 철학자가 삶의 현실을 과학적으로 탐구하고 그 결과를 문학적으로 표현해냈다는 점에서 20세기 철학과 문학의 소통을 선구한 작품이기도 하다.

마르크스는 그리스 비극 시인 소포클레스의 '안티고네'를 인용해 "세상에서 행세하는 것 중에 황금처럼 고약한 것도 없다"며 폭리로 돈을 벌게 해주고 국가를 뒤집어 폐허로 만들며 사람들을 파산하게 할 뿐만 아니라 '나쁜 물'로 사람들을 유혹한다고 고발했다. 올바른 사람까지 죄의 수렁에 빠지게 하며 "죽을 운명의 그 육체에서 사악에 이르는 길을 가르쳐주어 저주받을 일을 하도록 만든다"는 경고가 이어졌다.

사실 마르크스 이전에도 셰익스피어는 돈을 "인류가 공유하는 창녀"로 그렸다. 마르크스는 "자본은 죽은 노동이다. 그것은 뱀파이어처럼 살아 있는 노동을 빨아들이는 것으로 살아가고 더 많이 살수록 더 많은 노동을 빨아들인다"고 단언했다. 자본은 "눈멀고 주체할 수 없는 열정으로, 잉여 노동에 대한 늑대인간과 같은 게걸스러움으로 도덕뿐만 아니라 심지어 노동 시간의 육체적 한계를 뛰어넘어 버린다. 몸이 성장하거나 건강을 유지하는 데 필요한 시간까지 앗아간다. 신선한 공기를 마시고 햇볕을 쬘 시간도 훔쳐가며 (…) 원기를 회복하고 휴식을 위해 필요한 달콤한 수면도, 절대적으로 소모된 체력과 신체 기관을 재가동하는 데 필수적인 단 몇 시간 동안만의 마비 상태로 단축한다."

늑대인간은 유럽에서 전승되어온 민간 설화에 나오는데 밤이면 늑대로 변해 동물이나 사람을 먹어 치우지만 낮이 되면 인간의 모습으로 되돌아온다. 『자본』은 그 괴물, 뱀파이어와 늑대인간의 교배물인 자본이 "머리부터 발끝까지 모든 땀구멍에서 피와 오물을 흘리며 출생"했다고 고발했다.

자본이 '뱀파이어와 늑대인간의 야합이 낳은 괴물'이라는 정의는 철학적 저술과 동떨어졌거나 지나친 매도라고 생각될 수 있다. 하지만 20년 정도의 시차로 같은 시대를 사유한 니체의 『차라투스트라는 이렇게 말했다』는 처음부터 끝까지 비유와 상징으로 문학적 서술을 했지만 그것을 철학서로 평가하는 데 이견이 없다.

더욱이 매도는 아니다. 서양 백인들이 '영웅'으로 칭송하는 콜럼버스는 '신대륙'에 도착해 금을 찾지 못하자 선주민 개개인에게 금 할당량을 주고 기한 내에 가져오지 못하면 손목과 발목을 잘라 사냥개에게 던져주었다. 그 만행을 저지른 콜럼버스는 지금도 스페인 성당의 축복을 받으며 '영면'에 들어가 있다. 비단 콜럼버스만이 아니다. 유럽 백인들의 학살로 숨진 아메리카 선주민은 수천만 명에 이른다는 연구 결과도 있다. 아메리카에서 금과 은의 채굴 과정에 발생한 선주민 학살과 노예화, 아프리카 흑인을 겨냥한 상업적 사냥 따위가 "자본주의적 생산의 장밋빛 새벽을 알리는 신호"였다는 사실을 감히 부정할 사람은 없다. 니체가 인간의 삶을 낙타·사자·어린이로 구분한 문장들에 철학이 담겨 있듯이, 자본을 뱀파이어와 늑대인간에 비유하며 "모든 땀구멍에서 피와 오물을 흘리며 출생"했다고 쓴 마르크스의 서술은 일상의 이해나 상식의 이름으로 가려진 현실을 포착하는 철학적 인식이다.

비단 '출생의 비밀'만 문제가 아니다. 마르크스가 살아가던 19세기에 자본은 이윤이라는 이름으로 무절제한 탐욕을 충족하려고 사람과 환경을 잡아먹는 산업적·군사적 괴물로 불쑥불쑥 성장했다. 마르크스가 뱀파이어에 맞서 휴머니즘을 옹호할 때 추상적 인류가 아니라 '계급 없는 인류'를 탐색한 이유다.

3. 인류애와 철학의 상실

자본─'자본가'가 아니라 '자본'─을 뱀파이어와 '늑대인간'으로 비판한 마르크스는 자본이 지배하는 사회에서 생존 경쟁에 내몰리며 고통받고 있는 인류가 사람답게 살아가는 새로운 사회를 탐색했다. 상공인들의 정치경제적 성공에 비례해 노동인도 늘어나고 그들의 정치의식도 성장한다는 사실에 주목했다. 상공인들은 '국민경제의 성장'을 부르대며 자신들의 재산을 불려갔다. 노동인들은 각자도생의 체제에서 모래알처럼 흩어져 있는 것이 자본주의 사회의 현실이다.

하지만 마르크스는 단결을 통해 노동인들이 혁명적 결합을 이룰 수 있다고 보았다. 노동운동은 노동인들의 경제적 이익을 위한 운동인 동시에 자기의식적이고 자주적인 운동이다. 객관적으로 보면 노동인은 자본계급, 자본이 주도하는 국가의 '임금 노예'이다. 하지만 노동계급이 현실을 주체적으로 인식하고 단결한다면 얼마든지 새로운 사회가 가능하다고 마르크스 철학은 강조한다.

마르크스와 엥겔스는 노동계급의 승리와 '계급으로 갈라진 사회의 종언'은 역사의 발전 법칙이라며 자본계급은 '자신의 무덤을 파는 자들'이라고 분석했다. 다만, 거기엔 전제가 있다. 노동인들이 하나의 계급으로 단결해야 가능하다. 실제로 『공산당 선언』을 쓸 때 대다수 노동인은 '모래알'이었고 서로 경쟁하느라 지리멸렬한 대중에 지나지 않았다. 상공업자들이 부추긴 경쟁으로 노동인들은 하나의 계급으로 뭉치지 못했고, 정치권력을 장악할 정당을 만들 엄두도 내지 못했다. 『공산당 선언』이 마지막 문장에서 "잃을 것은 쇠사슬밖에 없으며 얻을 것은 온 세상이다. 모든 나라의 노동인들이여, 단결하라!"고 호소한 이유다.

마르크스와 엥겔스가 노동인의 역사적 위치에 철학적 의미를 부여하며 단결을 촉구하자 상공인들과 그들을 대변하는 정부는 두 철학자를 방관하지 않았다. 독일을 벗어나 망명한 프랑스에서 언론과 저술 활동을 전개하던 마르크스는 파리에서도 추방당했다. 가까스로 영국 런던에 정착해 생계에 위협을 받으면서도 철학적 사유를 전개해갔다.

21세기 인류 대다수에게 '공산주의'라면 '스탈린 독재'가 떠오를 수 있지만, 철학자 마르크스가 명확하게 밝힌 '공산주의' 정의는 "현재 상태를 바꿔가는 현실적 운동"이다. 마르크스는 "오늘날 민주주의는 공산주의"라며 민주주의는 노동인들의 원칙, 민중의 원칙이라고 주장했다. 민주주의가 궁극적으로 노동의 정치적 지배로, 나아가 사람이 다른 사람을 착취하지 않는 세상으로 귀결된다고 판단했다. 마르크스와 엥겔스에게 공산주의라는 말은 더 많은 민주주의, 민중 스스로의 통치 개념과 가깝다.

마르크스는 "오늘날 민주주의"를 실현하려면 노동과 자본의 관계를 직시해야 한다고 판단했다. 자본이 중심이 된 사회—먹을 것, 입을 것, 잠들 곳을 살 돈이 없으면 굶주림과 헐벗음과 추위를 벗어날 수 없는 사회—에서 세상을 '해석'만 하는 것은 철학이 아니라고 보았다. 마르크스가 관념적인 철학을 '이데올로기'로 비판한 까닭이다.

이데올로기는 '관념의 영역'에서 현실을 망각게 함으로써 인간을 기만하는 허위의식이다. 진리가 민중이 살고 있는 세상과 동떨어진 관념의 세상을 중심으로 논의되면서 삶의 비참한 현실에 대한 물음은 아예 봉쇄된다. 마르크스는 '하늘에서 땅으로' 방향을 바꾸는 비판을 철학적 임무로 규정했다.

이미 마르크스는 철학박사 학위 논문에서 다음과 같이 선언했다.

"자유로운 심장 안에 단 한 방울의 피라도 고동치는 한, 철학은 에피 쿠로스와 함께 자신의 반대자들에게 다음과 같이 계속해서 외칠 것이다. '불경한 사람은 대중에 의해 숭배되는 신들을 부정하는 사람이 아니라, 대중의 생각을 신들에게 덮어씌우는 사람이다.' 철학은 그것을 비밀로 하지 않는다. '나는 모든 신들을 증오한다'는 프로메테우스의 고백은 최고의 신성으로서의 인간의 자기의식을 인정하지 않는 천상과 지상의 모든 신들에 대한 철학 자신의 고백이며 선언이다."[30]

여기서 에피쿠로스는 고대 그리스 철학자로서 그때까지 학계에는 데모크리토스의 단순한 모방자라고 알려져 있었다. 마르크스의 학위 논문 『데모크리토스와 에피쿠로스의 자연철학의 차이』는 에피쿠로스를 데모크리토스와 달리 '자기의식의 철학'에 근거한 그리스 최대의 계몽사상가로 조명했다. 마르크스는 에피쿠로스의 자연철학에서 데모크리토스의 기계론적이고 결정론적인 유물론과 달리 우연적이고 자유론적인 자기의식의 철학을 독창적으로 읽어냈다. 세상을 원자의 충돌로 풀이한 에피쿠로스는 원자들 가운데 자신의 운동 궤도를 일탈한 원자가 다른 원자와 부딪쳐 형성과 해체를 되풀이한다고 보았다. 마르크스는 에피쿠로스의 유물론에서 자유정신의 중요성과 더불어 타인의 중요성을 도출해냈다.

'나는 모든 신들을 증오한다'는 프로메테우스의 고백을 철학의 지침으로 삼은 마르크스는 종교는 자신의 힘으로는 도저히 세상을 변화시킬 수 없는 상황에 무력감을 느낀 인간이 고통을 완화하려고 마약처럼 복용하는 것이라고 비판했다. 그에게 "종교는 억압받는 피조물의 한숨이고, 심장 없는 세계의 감정이고, 영혼 없는 상황의 영혼이다." 그 명제의 자연스러운 결론은 더 간명했다. "종교는 민중의 아편이다"가 그것이다. 로마제국의 국교로 공인된 이래 내내 "기독교의 설교는 다만 억압받는 사람들을 위해 지배자의 동정이라는 이룰 수 없는 소망을 퍼뜨릴 뿐"이었다고 비판했다.

고통받는 민중들에게 구원은 내세에 있다고 설교하는 교회를 상공업자들은 적극 지원하면서 자신들은 현세를 한껏 즐기고 누리며 살았다. 자본가의 아들인 엥겔스 자신이 털어놓았듯이 바닷가재 샐러드, 프랑스산 최고급 포도주, 체코 맥주를 즐겼다. 황금만능, 자본만능에 사로잡혀 오로지 돈을 더 벌려는 열망으로 가득 차 있었다. 유럽을 지배해온 기독교 성직 계급과 교회에서 축복을 받는 자본가들의 위선적 인류애를 마르크스도 엥겔스도 혐오했다.

마르크스의 대표작 『자본』은 관념론 철학에 맞선 새로운 철학을 담았다. 그에게 새로운 철학과 그 실천은 두 방향으로 전개된다. 첫째, 당대의 이데올로기가 봉쇄한 질문들을 제기함으로써 현실을 실천적으로 인식한다. 철학은 이데올로기를 벗어나 물음을 던진 곳에서 사변을 멈추고 현실을 정확히 인식하는 과학의 길로 들어선다. 철학은 '현실적인 앎'을 중심에 둠으로써 과학으로 실현된다. 새로운 철학으로서 『자본』은 자본주의를 분석한 과학이다. 둘째, 철학을 현실로 실현하는 길이다. 철학은 자기를 실현함으로써 지양된다. 그 철학을 실제로 구현할 담지자를 현실에서 찾아야 한다. 마르크스는 다음과 같이 정리했다.

"철학이 노동계급(프롤레타리아트) 속에서 그 물질적 무기를 발견하듯이, 노동계급은 철학 속에서 자신의 정신적 무기를 발견한다. 그리고 사상의 번개가 이 소박한 민중적 지반 속으로 깊숙이 내리꽂히자마자 독일인들의 인간으로의 해방은 성취될 것이다. 이 해방의 머리는 철학이요, 그 심장은 노동계급이다. 노동계급의 지양 없이 철학은 실현할 수 없으며, 철학의 실현 없이 노동계급은 자신을 지양할 수 없다."

괴물에게 피를 빨리는 민중이 스스로를 해방한다는 『자본』의 주제의식에서 파악할 수 있듯이 마르크스 철학은 유럽의 인간 중심적인 철학적 전통에 깊이 뿌리내리고 있다. 스피노자로부터 18세기 독일과 프랑스의 계몽사상을 거쳐 괴테와 헤겔에 이르는 이 전통은 인간의 무한한 가능성의 남김 없는 실현을 열망하여 왔다.[31]

마르크스의 초기 저작인 『경제철학수고』와 『독일이데올로기』에 나타난 그의 철학적 목표가 다름 아닌 인간의 해방이었다. 자본주의 사회에서 인간의 노동이 철저히 소외됨으로써 궁극적으로 인간이 그 자신으로부터 소외되는 비극적 현실에 대해 마르크스는 참을 수 없었고, 인간이 경제력의 굴레로부터 벗어나 모두가 자유롭게 자신을 실현해 나가는 사회를 건설하는 것이 그의 의도였다. 마르크스가 「포이어바흐에 관한 테제」에서 "낡은 유물론의 입각점이 시민사회인 반면 새로운 유물론의 그것은 인간적 사회 또는 사회적 인류"(The standpoint of the old materialism is civil society; the standpoint of the new is human society or social humanity)임을 선언[32]한 이유다.

종래의 휴머니즘 연장선상에 있으면서 동시에 그것을 뛰어넘고 있는 마르크스 철학의 철학사적 의미는 인류애를 관념적 철학이나 '사고의 전환'만으로는 실현할 수 없다는 것을 통찰하고 인간 삶의 구체적인 사회적 조건을 분석했다는 점에 있다.

여기서 중요한 것은 마르크스의 인류애가 고통받는 민중에만 한정되어 있지 않다는 사실이다. 계급 사회에서는 지배계급도 비인간적 삶을 살 수밖에 없기 때문이다. 노예를 소유한 귀족, 농노를 억압한 영주들처럼 자본가들 또한 끝없이 '자본의 논리'인 경쟁에 내몰린다. 마르크스가 비판한 뱀파이어나 늑대인간 또한 상공인 또는 자본가를 지칭한 것이 아니라 자본임을 분명히 인식할 필요가 있다.

마르크스와 엥겔스는 '시민사회'를 넘어 '노동의 소외가 없는 인간적 사회'를 건설하는 혁명에 전제조건이 필요하다는 냉철한 현실 인식을 다음과 같이 천명했다.

"소외는 물론 두 가지 실제적 전제조건이 주어질 때만 폐지될 수 있다. 첫째 수많은 인간의 삶이 무산자 상태로 되고 둘째 그들로 하여금 현존하는 세계에 모순을 인식하도록 해야 한다. 이 두 가지 전제조건은 생산력이 고도로 발전해야 한다는 것을 선행 조건으로 하고 있다. 생산력의 발전은 다음과 같은 이유에서 절대적으로 필요한 전제조건이다. 첫째, 생산력의 발전 없이는 빈곤만이 보편화될 뿐이고 그에 따라 생필품을 둘러싼 투쟁이 다시 시작되지 않을 수 없어 모든 낡은 세계의 구차한 일들이 되풀이될 것이기 때문이며 둘째, 생산력의 세계적 발전이 있어야 비로소 인간의 보편적 교류가 확립되면서 프롤레타리아라는 현상을 모든 민족 속에 만들어냄으로써, 각 민족은 다른 민족의 변화에 의해 함께 변화하게 되어 마침내 지역적 개개 인간이 세계사적이며 보편적인 개인들로 변화될 수 있기 때문이다. 이러한 전제가 없다면 (1) 공산주의는 단지 지역 현상으로 존재하고 (2) 교류 역시 보편적인 혁명으로 전개될 수 없어 '우물 안 개구리'를 벗어나지 못한다. 반면 교류의 확장은 끊임없이 지역적 한계 속의 공산주의를 폐지시키고 발전된 세계적 공산주의를 건설할 것이다. 경험을 통해 얻은 지식을 기초로 예견해볼 때 공산주의는 오직 일거에 동시적 행동에 의해서만 실현 가능하며, 이는 생산력의 세계적이고 보편적인 발전 및 세계적 교류를 전제로 하는 것이다."[33]

마르크스는 또 어떠한 사회적 질서도 모든 생산력이 그 안에서 발전할 여지가 있는 한 붕괴되지 않으며, 보다 높은 생산관계는 물질적 조건들이 낡은 사회의 태내에서 성숙하기 이전에는 출현하지 않는다고 판단했다.[34]

엥겔스 역시 혁명의 전제조건에 대해 신중히 접근하고 있다. '공상적 사회주의와 과학적 사회주의'에서 그는 '계급으로의 분화'가 생산의 부족 때문이었다고 보면서 그것이 근대적 생산력의 완전한 발전에 의해서만 일소될 것이라고 분석했다.[35]

"자본주의적 생산양식이 역사상 출현한 이후 모든 생산수단의 사회화는 미래의 이상으로서 개인 혹은 집단들에 의해 모호하게 꿈꾸어져 왔다. 그러나 그것은 실현을 위한 실질적 조건들이 존재했을 때라야 비로소 가능할 수 있고 역사적 필연이 될 수 있다. 모든 사회적 진보가 다 그러하듯이 그것은, 계급의 존재가 정의나 평등에 모순된다고 인간이 인식해서가 아니라, 또 이들 계급을 폐지하겠다고 단순히 의도해서가 아니라, 일정 수준의 새로운 경제적 조건들에 의해서야 실현될 수 있다. (⋯) 사실상 사회에서 계급의 폐지는 사회의 특정 계급에 의한 생산수단과 생산물의 점유 및 정치적 지배의 점유, 문화 독점, 지적 지도력의 점유 등이 더 이상 불필요할 뿐 아니라 경제적으로도 정치적으로도 지적으로도 발전에 저해가 될 수준으로 생산이 성숙해 있다는 것을 전제로 한다."[36]

엥겔스는 근대 프롤레타리아트의 역사적 사명이 인간의 전면적 해방이라면, 프롤레타리아 운동의 이론적 표현인 과학적 사회주의의 임무는 억압받고 있는 노동계급에게 그들이 요청받고 있는 역사적 위업의 전제조건을 철저하게 인식시켜 그 의미에 대해 완전한 지식을 제시하는 것이라고 강조했다.[37]

마르크스는 새로운 사회경제적 혁명은 자본주의의 탄생보다 훨씬 적은 유혈을 수반하며 일어나리라고 기대했다. 중세 사회가 자본주의적 소유 체제로 전화된 과정은 다수가 소수의 찬탈자에게 재산을 박탈당했기에 시간도 오래 걸리고 폭력적이었지만, 사실상 이미 사회화된 생산에 의존하고 있는 자본주의 사회가 사회화된 소유 체제로 넘어가는 과정은 소수의 찬탈자가 다수의 민중에게 재산을 박탈당하는 일이기 때문이다.

1883년 마르크스가 런던의 서재에서 눈을 감았을 때 평생의 동지였던 엥겔스는 장례식에서 다음과 같이 그를 기렸다.

"무엇보다 그는 위대한 혁명가였다. 증오의 대상이 되어 극단적인 비방과 모략에 시달렸던 그는 이제 수백만 노동인들의 사랑과 존경, 애도 속에 눈을 감았다."

철학자 마르크스에게 "세계의 철학화는 동시에 철학의 세속화"였다. 마르크스는 "철학의 실현은 동시에 철학의 상실(Verlust)"이라고 생각했다. 다만 철학의 자기 상실을 제안하면서 "철학을 실현하지 않고는 철학을 지양할 수 없을 것"이라는 말을 잊지 않았다.

　마르크스와 엥겔스는 민주주의가 발전한 나라에서 노동인들의 투표권 쟁취 투쟁은 혁명적 의미가 크다고 보았다. 이미 1890년대에 들어 유럽 여러 나라에서 노동인이 단결하고 정당을 결성해 국회에 들어갔다. 거기에 이르기까지 마르크스의 실천적 철학과 철학적 실천은 큰 무기였다.

　기실 마르크스와 엥겔스가 죽은 뒤 자본이 뱀파이어의 이미지를 조금이라도 벗었다면, 그 가장 큰 '공로자'는 마르크스와 그의 철학을 실천에 옮긴 노동계급의 혁명운동이다. 물론 그렇다고 해서 자본의 무한 증식 논리 자체가 변한 것은 아니지만, 마르크스로부터 '자기 무덤을 파는 계급'으로 분석된 자본가들은 자신들의 권력을 유지하기 위해 무엇을 해야 하는지를 궁리하지 않을 수 없었다. 그들이 현실적 위협을 느낄 세계사적 사건이 일어났기에 더욱 그랬다.

3장

인간의 고통·비애와 인식론

1. 경험비판론과 유물론

철학이 노동계급에서 물질적 무기를 발견하듯이, 노동계급은 철학에서 자신의 정신적 무기를 발견한다는 마르크스의 철학은 유럽의 노동계급은 물론 자본주의가 제국주의로 치닫던 시기에 수많은 식민지 민중들에게 깊은 영감을 주었다. 20세기에 들어서면서 마침내 마르크스의 철학을 무기로 혁명을 일으킨 철학자가 나타났다. 제정 러시아의 변호사로 마르크스 철학에 감명받아 혁명에 나선 블라디미르 레닌이다.

흔히 혁명가로만 알려진 레닌은 철학 저서 『유물론과 경험비판론』 집필을 비롯해 마르크스주의에 큰 영향을 끼친 철학자였다. 유럽 철학의 관념론을 비판하며 마르크스 철학에 근거해 혁명에 나선 그는 활발하게 언론 활동을 벌였다. 시베리아 유배에 이어 망명지에서 언론과 조직 활동으로 줄기차게 혁명운동을 전개하던 그는 마침내 1917년에 '인류 역사상 최초의 노동계급 혁명'을 이끌었다. 혁명 정부는 당시 러시아제국이 참전하고 있던 제1차 세계대전을 '인류에 대한 최대의 범죄'로 비판하며 독일군과 싸우고 있던 전선에서 과감히 총을 거두고 협상에 나섰다.

더러는 독일 대학에서 철학박사 학위를 받은 마르크스는 그렇더라도 레닌까지 철학자인가에 의문을 품을 수 있다. 레닌을 '직업적 혁명가'로만 인식하며 그의 철학을 낮춰 보는 시각이 실제로 서유럽과 미국 철학계에선 지배적이다. 보수적 철학자들만이 아니다. 1930년대에 코르쉬, 파네쿠크를 비롯한 서유럽 '급진 좌파'의 견해도 그랬다. 이를테면 파네쿠크는 레닌이 "진정한 마르크스주의를 결코 알지 못했다"면서 "레닌의 철학적 저술의 모든 페이지들이 그것을 입증한다"고 혹평했다. 그들의 평가를 대체로 받아들인 서유럽의 일부 마르크스주의자들도 레닌이 유물론의 수준을 헤겔 이전, 심지어는 칸트 이전의 수준으로 떨어뜨림으로써 마르크스주의 철학을 발전시키기보다는 오히려 퇴보시켰다고 폄훼했다.

하지만 방화범이 더 지능적이 되었다고 해서 소방 활동이 시대에 뒤떨어진 일이 될 수 없다며 현대에도 마르크스주의가 유효하다는 이글턴의 주장에 공감한다면, 20세기 마르크스주의 형성에 가장 결정적 영향을 끼친 레닌을 비껴갈 수 없다.

지젝은 21세기 들어 레닌을 연구하는 자신에게 "사람들이 비아냥 어린 웃음을 터뜨린" 경험을 털어놓은 적이 있다. 지젝은 레닌을 재조명하는 연구가 레닌으로 돌아가는 것을 의미하지는 않는다며 자신은 "레닌이 죽었다는 것, 그러니까 그의 특별한 해법이 실패했다는, 그것도 엄청나게 실패했다는 것"을 받아들인다고 밝혔다. 하지만 "레닌 안에 레닌 자신보다 더 많이 있었던 다른 차원을 구별해야 한다"며 "그(레닌) 안에 여전히 구해낼 만한 유토피아적 불꽃이 남아 있다"고 재조명의 정당성을 강조했다.[38]

레닌을 연구하는 철학자를 조롱하는 사람들은 대부분 포스트모더니즘의 '세례'를 받았다. 실제로 포스트모더니즘의 급속한 확산은 신자유주의 정치경제 체제가 퍼져가던 시기와 맞물린다. 포스트모더니즘은 자본주의의 현실이 하나의 전체로서 파악될 수 없을 정도로 다원화되었다고 전제할 뿐만 아니라 시간과 공간을 초월한 보편적 주체는 존재하지 않는다고 주장한다. 형이상학적 독단론이나 절대적 관념론에서 벗어나는 과정에 포스트모더니즘이 기여했다는 평가도 있지만, 의도했든 아니든 회의론과 불가지론이 확산하는 철학적 기반이 된 것도 사실이다. 특히 포스트모더니즘의 인식론적 상대주의는 필연적으로 윤리적 상대주의로 귀결되고, 그 결과 자본주의 체제의 양극화 현상이나 강대국의 군사적 패권주의를 사실상 정당화하고 있다는 비판도 제기되고 있다.

더구나 2008년 미국 월스트리트의 금융 위기 이후 세계 자본주의는 긴 불황을 맞고 있다. 바로 그렇기에 레닌의 철학에서 '구해낼 만한 유토피아적 불꽃'을 탐색하는 동시에 그의 해법이 실패로 끝난 이유를 철학으로 분석할 필요가 있다. 레닌의 철학이 그 어떤 철학보다 불가지론과 회의론을 전투적으로 비판했으며, 레닌 스스로 그의 철학을 실천적 유물론(practical materialism)이나 '전투적 유물론(militant materialism)'으로 자임했기에 더 그렇다. 레닌의 전투적 유물론에 담긴 철학을 분석하고 그것이 어떤 실천을 낳았는지, 그 실천으로 레닌의 실천적 유물론이 얼마나 검증되었는지 짚어볼 필요가 있는 것이다.

마르크스가 철학의 중요성은 세계에 대한 해석이 아니라 변혁이라고 말했듯이[39] 사회주의 철학은 실천의 철학이라기보다 철학의 실천이다.[40] 레닌에게 철학은 '투쟁의 무기'였다. 그는 평생 철학에 관심을 갖고 있었고 유배지에서도 철학에 몰두했다.[41]

전투적 유물론은 레닌이 1922년에 쓴 작은 논문[42]의 제목이다. 레닌이 「전투적 유물론의 의의에 대하여」를 쓴 시점은 그가 주도한 역사상 첫 노동계급의 혁명이 성공하고 '최고 지도자'로 집권하던 시절이었을 뿐만 아니라 그가 뇌출혈로 쓰러지기 바로 직전이었다.

레닌의 논문은 "마르크스주의 철학이 지금부터 해명하고 전진시켜야 하는 방향의 윤곽을 제시"했다는 평가를 받고 있지만, 유물론자의 과제를 제시한 이 짧은 논문만으로 레닌의 철학을 가늠할 수는 없다. 그 논문이 기반하고 있는 철학 저술이 바로 『유물론과 경험비판론』이다.

일찍이 레닌 전집의 영역판(Lenin's Collected Works)을 낸 모스크바는 서문에서 『유물론과 경험비판론』을 "레닌의 극히 중요한 철학적 저작(extremely important philosophical work)"으로 규정했다.[43] 소련공산당의 공식 평가로 보아도 좋을 서문은 『유물론과 경험비판론』이 "변증법적 유물론과 사적 유물론의 적들에 맞서는 비타협적인 투쟁의 전범"이라고 서술했다.

1991년 소련이 붕괴하기까지 '현실 사회주의권'의 철학자들은 레닌의 『유물론과 경험비판론』이 유물론적 인식론인 '반영론'을 발전시킴으로써 마르크스주의 철학을 새로운 단계에서 정초했다[44]고 높게 평가했다. 실제로 『유물론과 경험비판론』은 사회주의 철학의 고전이 되어, 소련 철학자들은 대부분 이를 자명한 진리로 받아들였다.[45]

소련 밖에서도 『유물론과 경험비판론』은 마르크스주의 철학의 기본적인 문제들이 해명되어 있다는 이유로 마르크스주의 철학 연구자들의 필독서라는 평가를 받았다.[46] 서유럽 학계의 영향을 깊게 받은 한국의 강단 철학에서 레닌을, 특히 그의 인식론을 연구하는 철학자는 거의 없지만 『유물론과 경험비판론』이 철학의 근본 문제를 명쾌하게 규명함으로써 철학사에 한 획을 그었다는 분석이 한국 철학계에서 나오기도 했다.[47]

마르크스주의 철학에서 '철학의 근본 문제'가 지니고 있는 의의를 올바로 이해하는 것이 "마르크스주의 철학 전체를 이해하기 위한 열쇠"[48]라면, 『유물론과 경험비판론』의 정확한 파악은 더 말할 나위 없이 중요하다. 더욱이 『유물론과 경험비판론』은 20세기 세계사에 크고 깊은 영향을 끼쳤다. 지구촌 곳곳에서 사회주의 혁명을 연구하거나 실천에 나선 대다수 사람들에게 그 책이 '지침서'로 자리 잡은 이유는 다른 데 있지 않다. 『유물론과 경험비판론』에 혁명운동의 전투적 인식론이 담겨 있거니와 그 철학이 실제 혁명이 일어나는 사상적 기반으로 작동했기 때문이다.

레닌은 러시아 1차 혁명(1905년)이 실패한 뒤 혁명운동 내부에 퍼져가던 분열과 혼란을 해소하려는 뚜렷한 목적 아래 철학적 사유를 펼쳤다. 주로 망명지인 제네바 도서관에서 집필하면서 철학과 자연과학에 관한 상세한 지식을 얻으려고 런던으로 건너가 마르크스가 애용했던 대영박물관의 도서관에서 연구하기도 했다. 모스크바로 원고를 보내

1909년 '한 반동적 철학에 대한 비판적 논평'이란 부제를 달고 『유물론과 경험비판론』이 출판됐다.

1917년 혁명 이후 소련(소비에트사회주의공화국연방)의 철학계는 레닌이 엥겔스 이후 전개된 과학, 특히 자연과학이 이룩한 성과에 대해 유물론적 일반화를 수행했으며, 마르크스주의의 이론적 기초인 변증법적 유물론과 사적 유물론을 지켜냈다고 평가했다. 실제로 레닌은 『유물론과 경험비판론』의 전투적 인식론에 근거한 강력한 '규율' 아래 사회주의 혁명을 이끌었다. 철학은 해석에 머물 것이 아니라 변혁이 중요하다는 마르크스의 명제에 충실했다고 평가할 수 있다.

혁명이 성공하고 최고 지도자가 된 뒤에 책을 다시 출간했지만 레닌은 내용을 수정하지 않았다. 그때까지 전개된 자연과학의 성과들에서 주목할 만한 변화가 없었다고 판단했을 수도 있지만, 제국주의 국가들이 러시아 혁명에 군사적으로 개입한 절체절명의 상황에서 내전까지 치르며 혁명 정부를 지도해가야 했던 레닌에게 그럴 시간적·정신적 여유가 없었다고 보는 것이 사실에 더 부합해 보인다.

레닌은 『유물론과 경험비판론』에 바탕을 둔 「전투적 유물론의 의의에 대하여」를 1922년 3월에 집필했고, 바로 그달에 처음 뇌출혈로 쓰러져 회복과 재발을 되풀이하다가 2년도 안 되어 죽음을 맞았다. 레닌이 펼쳐가던 전투적 유물론의 전투는 그의 사후 스탈린과 소련공산당이 이어갔다.

레닌은 혁명의 인식론을 담은 『유물론과 경험비판론』에서 당시 러시아에 퍼져가던 경험비판론(empiriocriticism)을 정면으로 비판했다. 경험비판론은 좁게는 독일의 실증주의 철학자 아베나리우스의 인식론으로, '순수경험(pure experience)'만을 근거로 세계관을 세우는 반(反)형이상학적 학설이다. 넓게는 19세기 말에서 20세기 초까지 독일과 오스트리아에서 철학자·자연과학자들이 중심이 되어 버클리와 흄의 철학을 기반으로 전개한 철학 사조를 아우른다. 그들의 철학에 영향을 받아 러시아제국의 사상계와 문화계에 경험비판론이 퍼져갔다.

경험비판론의 영향을 받은 철학자와 자연과학자들은 사회주의 혁명사상과 실천이 근거하고 있는 유물론을 '형이상학'에 지나지 않는다며 '신비주의'의 하나로 규정했다. '순수경험'과 '순수지각'을 중시하는 경험비판론 철학자들이 보기에 유물론은 물질을 '신성화'했을 뿐이다. 유물론이 "생각할 수 없고 알 수도 없는 그 무엇", 다시 말해 칸트가 말한 물자체나 '경험의 외부', 곧 우리의 인식 밖에 있는 물질의 존재를 '승인'함으로써 경험과 인식의 한계를 넘어 존재하는 피안적인 그 무엇을 전제하는 '순수한 신비'에 빠져 있다는 주장이다.

따라서 경험비판론이 보기에 유물론은 '칸트주의'와 다를 바 없다. 현상과 배후에 물자체가 존재함을 승인하고, 감각의 배후에 그것과 다른 무엇, 곧 물신이나 우상, 절대자처럼 형이상학의 원천인 '신성한 물질'을 허용했다는 것이다. 결국 유물론이 세계를 '이중화'하고 '이원론'을 설교한다고 비판했다.[49] 경험비판론에 영향을 받아 유물론을 수많은 형이상학 가운데 하나로 분류하는 철학자들도 늘어났다. 레닌이 철학적 사유에 몰입한 이유다.

레닌은 유물론을 형이상학으로 비판하는 경험비판론의 철학적 뿌리를 파고 들어가 그것이 버클리의 저작에서 비롯했다고 분석했다. 버클리는 "객체와 감각은 동일물이며, 양자는 서로로부터 제거될 수 없다"며 사물을 "관념의 집합체"로 보았다.[50] 따라서 버클리에게 물질은 실재하지 않는 '비실재'이고, '무'이다. 버클리의 사상은 "20세기의 최신 실증주의자이자 비판적 실재론자인 유시케비치가 주장한 경험 상징론"으로 이어진다.

마하 또한 저서 『역학』에서 감각이 '사물의 상징'이 아니라 오히려 '사물'이 '감각 복합을 나타내는 정신적 상징'이라고 주장했다. 레닌은 세계의 실재적 요소를 사물(물체)이 아니라 '색, 소리, 압력, 공간, 시간의 감각 복합'이라고 주장하는 마하와 경험비판론의 논리는 버클리주의가 그렇듯이 '주관적 관념론'에 지나지 않는다고 비판했다.

유물론의 물질 개념은 모호해 신비적이고 형이상학적이라는 경험비판론의 비판에 대해서도 레닌은 반론을 폈다. 레닌은 물질을 "인간의 감각에 의해 주어지지만, 그것과 독립하여 존재하는 객관적 실재를 표현하기 위한 철학적 범주"라고 간단명료하게 정의했다.

레닌에게 '물질'이라는 개념을 인정하느냐 거부하느냐 하는 것은 우리 인식의 원천이 무엇인가의 문제였다. 우리의 감각을 외적 세계의 모사로 간주하는 것, 객관적 진리를 승인하는 것, 유물론적 인식론의 입장에 서는 것은 레닌에게 모두 동일한 것이다.

2. 철학의 근본 문제와 '인간의 불행'

레닌이 혁명운동 과정에서 굳이 책을 내어 경험비판론을 정면으로 비판한 이유는 철학의 사회적 위상에서 찾을 수 있다. 레닌은 '순수경험'에 근거한 경험비판론 철학이 러시아제국의 억압적 정치체제를 돕는다고 보았다. 경험비판론이 "감각에서 한 걸음도 앞으로 나아가지 않고, 감각의 한계를 넘어선 그 어떤 '확실한 것'도 알기를 거부하면서 현상의 차 안에 머물러 있다"는 사실에 레닌은 주목했다. 실제로 경험비판론자들은 사물 자체, 곧 유물론자들이 말하는 '객체 자체'에 관해서 인간은 확실한 어떤 것도 알 수 없다고 주장했다.

레닌은 1905년 1차 러시아 혁명이 실패한 이후 러시아 혁명운동과 사회운동가들 사이에 퍼져간 패배감과 허무 의식, 혁명 전선에서의 동요와 이탈이 다름 아닌 불가지론에서 비롯한다고 판단했다. 레닌에게 경험비판론은 단순한 인식론의 문제가 아니었다. 경험비판론의 "인식론적 궤변의 배후"에 현대 사회에서 적대하는 계급들의 경향 및 이데올로기를 반영하는 투쟁이 있다고 보았다.

실제로 1차 혁명이 실패한 뒤 러시아 사회는 철학적 관념들에 귀 기울이면서 종교적 신비주의와 맞물린 반혁명적 분위기가 지배적이었다. 레닌은 경험비판론이 혁명적 노동운동의 이론적 토대인 마르크스주의 철학까지 침투해 그것을 관념론으로 후퇴시키고 있다고 판단했다. 레닌은 '마르크스주의 철학 연구' 제목으로 출간된 책자에 경험비판론자들의 글이 실리자 "이따위를 떠들고 다니는 사람이나 출판물과 협력하기를 승낙하느니 차라리 끌려다니며 사지를 찢기는 것이 낫다"[51]고 격분했다. 철학에 관한 한 겸손하게 '평범한 마르크스주의자'를 자처했던 레닌이 철학 연구에 몰두한 까닭이다. 레닌이 경험비판론에 근거한 철학자와 자연과학자들의 저서와 논문을 섭렵하고 인식론을 정립한 '철학적 전투'의 산물이 『유물론과 경험비판론』이다.

레닌이 불가지론을 철저하게 비판한 까닭은 작가 고리키의 증언에서도 찾을 수 있다. 고리키는 레닌을 회고하면서 그처럼 심오하고 강렬하게 인간의 불행과 비애와 고통에 대해 증오하고 혐오하고 경멸할 수 있는 사람을 만나본 적도 없고 알지도 못하였다고 기록했다.[52] 그가 레닌의 죽음 앞에서 '사람들의 행복을 위해 무거운 짐을 짊어지려고 속세의 모든 쾌락을 거부한 인간의 영웅 정신'이라고 추모[53]했듯이, 레닌에게 '인간의 불행'이란 제거하기 불가능한 존재적 기반이나 숙명이 아니라 우리가 자신으로부터 떨쳐내야 하고 또 떨쳐버릴 수 있는 가증스러운 대상이라는 신념을 지니고 있었다. 그 믿음을 바탕으로 『유물론과 경험비판론』을 저술한 레닌에게 불가지론은 비판의 표적이 될 수밖에 없었다.

레닌은 역사가 생생하게 입증하듯이 불가지론은 언제 어디서나 현존 사회를 바꾸려는 실천 의지를 약화시키거나 정반대로 모험주의를 추동한다고 비판했다. 불가지론이 모험주의로 이어지는 과정도 간명하게 서술했다. 객관적 대상을 정확히 인식할 수 없다고 보기 때문에 사회 변혁에 확신이 없이 주관적 혁명주의로 치달을 수 있다는 것이다.

레닌은 불가지론과 주관적 관념론을 혁명운동 과정에서 내내 비판했다. 불가지론 철학은 외적 세계의 실재성에 대한 유물론적 승인에 도달하지 못할 뿐만 아니라 그 세계를 인간의 감각으로 환원하는 관념론적 입장에도 도달하지 못한다고 분석했다. 주관적 관념론이 객관적 진리를 부정하는 것은 물론이다.

레닌은 경험비판론이 유포하는 불가지론을 비판하기 위해 관념론과 유물론의 차이를 '철학의 근본 문제'로 또렷하게 제시했다. 경험비판론은 객체가 "정신 외부"에 존재하지 않으며, "감각의 결합"이라고 주장한다는 점에서 명백한 관념론이다. 유물론은 그와 달리 "객체 자체" 또는 정신 외부의 객체를 승인하며 관념 또는 감각들은 객체의 복사 혹은 모사로 규정한다.

더 간명히 정리하면 "유물론자는 자연이 일차적이고 정신은 2차적인 것이라고 보는 데 반해, 관념론자는 그 반대로 본다." 엥겔스는 두 경향의 중간에, 세계의 인식 가능성을 부인하는 흄과 칸트의 신봉자들을 위치 지우고 그들을 '불가지론자'라고 불렀다. 레닌에겐 불가지론자 또한 관념론의 일파다.

불가지론은 외적 세계의 실재성에 대한 유물론적 승인에 도달하지 못한다. 관념론자에게 "사실적으로 주어진 것"은 감각이며, 외적 세계는 "감각 복합"이지만, 유물론자에게 "사실적으로 주어진 것"은 외적 세계이며, 우리의 감각은 그 세계의 모사이다.

레닌은 물질이 제1차적이고, 의식이나 사유·감각은 제2차적인 것이라고 보는 점에서 유물론과 자연과학이 완전히 일치한다고 주장했다. 강단 철학에 의해 현혹되지 않은 모든 과학자에게는—유물론자와 마찬가지로—감각은 의식과 외적 세계 사이의 직접적 연결이고, 또한 외적 자극의 에너지가 의식 사실로 전화한 것이라고 레닌은 강조했다.

경험비판론이 절대화하는 감각 또한 뇌, 신경, 망막들처럼 일정한 방식으로 조직된 물질에 의존할 뿐이다. 물질의 현존이 감각에 의존하는 것이 결코 아니라는 것이다. 오히려 감각, 사유, 의식 모두가 특정한 방식으로 조직된 물질의 최고 산물이다. 레닌은 이것이 유물론의 일반적인 견해이며, 특히 마르크스, 엥겔스의 견해라고 강조했다.

물론 레닌은 칸트주의자와 흄주의자를 포함한 모든 불가지론자들과 많은 관념론자들이 유물론자들을 형이상학자라고 하는 이유를 모르지 않는다. 외적 세계가 인간의 의식과 독립해서 존재한다는 유물론의 승인은 우리 경험의 영역을 초월한다는 논리를 펴는 것도 잘 알고 있었다. 하지만 레닌에게 "우리의 감각, 우리의 의식은 외적 세계의 모사에 불과하고, 이러한 모사는 모사된 것 없이는 존재할 수 없으며, 또한 그것을 모사하는 것과 독립하여 존재한다는 사실은 자명한 것"이다. 레닌은 의식적으로 인류의 "소박한" 믿음을 그 인식론의 기초로 삼는다고 밝힌다.

레닌은 그것이 소박한 믿음이자 자연과학으로 뒷받침하고 있다는 근거를 책 곳곳에서 제시한다. 가장 설득력 있는 대목은 다음이다.

"자연과학은 지구가, 옛날에는 인간이나 다른 어떤 피조물이 결코 존재하지 않았거나 존재할 수 없었던 그런 상태로 존재했다는 사실을 단호히 주장한다. 유기물은 그 후에 나타난 현상이며, 오랜 진화의 산물이다. 따라서 거기에는 어떤 감각 능력이 있는 물질도, 어떤 '감각 복합'도 존재하지 않았으며, 아베나리우스의 교의에 따라 환경과 소위 '불가분적으로' 연결되어 있는 그 어떤 자아도 결코 존재하지 않았다. 물질은 제1차적인 것이고, 사유, 의식, 감각은 그것이 고도로 발전하여 나타난 산물인 것이다. 자연과학이 본능적으로 제시해주는 유물론적 인식론이란 이와 같은 것이다."[54]

레닌이 적절히 예를 들었듯이 지구가 인간의 출현 이전에도 존재했다는 사실은 의심할 수 없는 진실이다. 바로 그것이 철학의 근본 문제로서 유물론적 인식론이다. 반영자에 의존하지 않는 반영체의 존재, 의식으로부터 외적 세계의 독립성은 유물론의 근본 전제이다.

지구가 인류 이전에 존재하였다는 자연과학적 명제가 객관적 진리라면, 마하주의 철학과 그 진리론은 그릇된 주장이다. 만일 진리가 인간 경험의 조직된 형식이라면 모든 인간 경험이 있기 전에 지구가 존재하였다는 주장은 진리가 될 수 없기 때문이다. 레닌이 불가지론이나 주관적 관념론의 입장에서는 객관적 진리란 있을 수 없다며, 경험비판론이 칸트와 흄의 불가지론 선상에 있는 또 하나의 관념론에 불과하다고 비판한 이유다.

관념론과의 어떠한 사소한 융합 시도도 '절충'이나 '기회주의'로 비판한 『유물론과 경험비판론』의 인식 논리는 혁명이 일어난 후에 「전투적 유물론의 의의에 대하여」로 이어졌다. 그 글을 쓸 때 레닌은 혁명의 '최고 지도자'로 집권하고 있었다. 마르크스주의 철학이 앞으로 해명하고 전진시켜야 하는 방향의 윤곽을 제시했다는 평가를 받고 있는 「전투적 유물론의 의의에 대하여」에서 레닌이 전개한 '전투'의 일차적 표적은 자본주의 국가에 팽배해 있는 "학위를 가진 아첨꾼들"이었다. 사실 그들은 이미 『유물론과 경험비판론』에서 레닌이 반복해서 경멸조로 비판하고 있는 "강단 철학자"를 의미하고, 넓게는 그 철학으로부터 영향을 받은 지식인과 혁명가들을 아우른다.

레닌은 "현대의 인민주의자들(인민사회당, 사회혁명당 등)"이 "유럽 과학의 소위 최신 유행품의 겉치레에 사로잡혀 반동 철학의 교의를 좇아 뒷걸음치고 있으며 이 겉치레 밑에 있는 부르주아지와 부르주아적 편견과 반동에 대한 여러 형태의 굴종을 식별하지 못해왔다"[55]고 진단했다. 그래서 "철저하고 전투적인 유물론의 모든 신봉자들"이 "교육된 사회(educated society)의 철학적 반동과 철학적 편견에 대항하여 싸우는 일"은 "절대적인 임무"이다.

레닌은 강단 철학자들을 '교권주의의 학위를 가진 아첨꾼'으로 비판하는 것을 부담스러워하는 지적 풍토를 비판하며, "근대적 교육을 받은 민중들이 정치적, 경제적, 사회적으로 지배 부르주아지에 의존하고 있음을 조금만 생각하면 된다고 '설득'했다. 반동적인 철학적 흐름을 주도하는 사람들을 "단호히 폭로하고 고발한다"는 의미에서 "전투적"이라는 표현을 쓰고 있지만, 명백하게 『유물론과 경험비판론』의 연장이다. 불가지론은 '신앙주의'로 이어지지만 유물론자는 자연과학이 그렇듯이 신앙주의를 단연코 부정한다.

레닌은 이어 전투적 유물론이 "전투적 무신론"이어야 한다고 강조한다. "지치지 않는 무신론자로서의 선전과 투쟁을 수행해야 한다는 것은 극히 필수적"이다. 레닌은 엥겔스가 노동운동 지도자들에게 18세기 말의 전투적 무신론자의 문헌을 번역하여 민중들 사이에 대량으로 배포하도록 권고한 사실을 상기했다.

주목할 것은 레닌이 단순한 일방적 선전선동에 찬성하지 않았다는 사실이다. 레닌은 "모든 현대 사회에 의해 무지, 몽매, 미신에 젖어 있는 수백만 민중(특히 농민과 직공들)이 순전히 마르크스주의의 직접적인 노선만을 따라 구출될 수 있다고 생각하는 마르크스주의자가 있다면 그것은 가장 큰 오산일 것"이라며 "대중들이 다양한 무신론 자료를 공급받아, 삶의 여러 영역에서 나타나는 사실들을 알게 하고 관심을 갖도록 만들어 종교적 꿈으로부터 깨어나게 하고, 최대한 다채로운 시각과 다양한 방법으로 그들을 뒤흔들 필요가 있다"고 강조했다. 그것만으로 부족해서일까. 레닌은 "마르크스주의자로 추측되지만 사실상 마르크스주의자를 불구로 만드는 공산주의자들에 의해 자주 간과되는" 가장 중요한 일은 "아직 깨어나지 않는 대중 속에서 지성적 태도와 지성적 비판(intelligent criticism)을 각성시키는 방법을 아는 일"이라고 거듭 밝혔다.

레닌은 교육기관의 책임자 자리에 자격 없는 사람들이 앉아 정부로부터 꼬박꼬박 돈을 받으면서 젊은이들을 교육하고 있다고 비판하며 전투적 유물론은 러시아 교육계에 포진하고 있는 현대의 '교양 있는 봉건주의자들("educated" feudalists)'을 상대로 싸워야 한다고 촉구했다.

레닌이 전투적 유물론을 강조한 이유는 러시아의 상황과 밀접한 관련이 있었다. 인식론에서 객관적 존재의 '일차성'을 강조한 레닌은 그 인식론에 더하여 러시아 혁명의 역사적 성격을 명확히 인식하고 있었기 때문이다. 그는 러시아 혁명이 궁극적으로 성공하려면 공업이 발달된 서유럽의 노동계급 지원이 필수적이라고 판단했다.

3. 사회주의 혁명과 '괴물'

20세기 초 러시아의 현실은 객관적으로 마르크스와 엥겔스가 강조한 혁명의 전제조건을 충족시키지 못하고 있었다. 당시 러시아제국은 지리적 위치가 말해주듯이 경제 발전에서 아시아 저개발 지역과 산업이 발전한 유럽의 중간에 위치하고 있었다.

물론 1914년 이전 러시아에서 일부 자본주의적 구조가 정착하면서 성숙한 모습을 드러내고 있던 것은 사실이다.[56] 또 마르크스와 엥겔스도 1870년대 말 이후 유럽 혁명의 불길을 댕길 수 있는 불꽃을 러시아

가 마련해 줄지도 모른다는 생각을 하고 있었다.[57]

그럼에도 대체로 러시아 경제에서 공업 비중은 대단히 미약한 상태였다. 페테르부르크와 모스크바 그리고 남부에 간간히 산재하여 있는 공장 지대들은 농업이라는 광활한 바다에 드문드문 떠 있는 섬들에 지나지 않았다. 도시 인구는 전체 인구의 겨우 15%에 지나지 않았으며 산업 활동 인구 역시 10% 미만이었다. 대외무역에서도 러시아 자본주의는 서부 유럽의 반식민지적 종속적 상태로 전락하고 있었다. 원료 및 농산물을 수출하고 공산품을 수입하면서 제조업은 주로 서부 러시아의 몇몇 도시 시장과의 관련성 속에서 성장하였다. 다만 전제군주 치하에서 침략주의 정책을 펴며 동유럽과 남유럽에 제국주의적 탐욕을 드러내고 있었다.

레닌은『유물론과 경험비판론』의 철학을 바탕으로 세계 자본주의 체제를 '불균등 발전'으로 분석해 1916년에『제국주의론』을 출간했다. 그 뒤 불균등 발전은 경제학의 '법칙'으로 논의되어왔다. 사전적 의미로 불균등 발전의 법칙(law of uneven development)은 "자본주의 사회에서 자본(기업) 간, 생산 부문 간, 국가 간의 발전이 불균등하게 진전되는 법칙"을 이른다. 본디 자본주의 체제에서 자본은 끊임없이 경쟁한다. 이윤 추구가 목적인 자본이 다른 자본보다 더 많은 시장을 확보하려고 치열하게 경쟁하는 것은 필연이다. 자본은 축적은 물론, 생산을 더 효율화하기 위해 이윤의 일부를 쉼 없이 투자해야 한다.

자본의 경쟁은 한 사회 안에서 끊임없이 불균등 발전의 폐해를 빚는다. 더구나 한 사회, 한 국가 내부에서만 일어나지 않는다. 자본의 무한 증식 욕망은 출발부터 세계를 무대로 이윤 추구의 대상이 되는 지역을 줄기차게 넓혀왔다. 자본주의가 발전하면서 경쟁의 결과로 자본이 집중되며 독점자본이 등장한다. 독점자본주의 단계에서도 경쟁은 멈추지 않는다. 독점자본의 위치를 노리는 자본이 언제나 어디서나 있기 때문에 경쟁이 과열되고 폐해도 그만큼 클 수 있다.

레닌은 산업혁명을 거치며 영국에서 확립된 자본주의가 19세기 말부터 20세기 초 사이에 독점자본주의로 이행하면서 ① 생산과 자본 집적의 고도의 발전에 기초한 독점의 형성 ② 산업자본과 은행자본의 융합으로서의 금융자본의 출현과 금융 과두제의 성립 ③ 상품 수출과 구별되는 자본 수출의 역할 증대 ④ 국제 독점체에 의한 세계의 경제적 분할 ⑤ 열강에 의한 세계의 영토적 분할의 특징을 보인다고 분석했다.[58]

레닌의 독점자본주의, 곧 제국주의 분석이 지닌 타당성은 그 책이 출간되었을 때의 1차 세계대전만이 아니라 20여 년 뒤에 다시 일어난 2차 세계대전의 참사를 통해 확인되었다. 카우츠키가 초제국주의(Ultra-imperialism)론을 전개하며 제국주의들 사이에 이해의 조정이 가능하다고 전망한 분석과 달리 독점자본주의 국가들 사이에 수천만 명을 살상하는 전쟁이 두 차례 세계대전의 현실로 나타났다.

레닌은 『제국주의론』에서 세계 자본주의 경제의 국제관계를 독일·영국·프랑스와 러시아의 제국주의적 대립으로 분석했다. 그 분석에서 핵심은 제국주의적 대립의 근원이 단순한 정치 외교관계가 아니라 자본주의 국가들의 경제적 기초인 자본의 논리에 있음을 밝혔다는 점이다.

러시아 혁명의 역사적 성격을 누구보다 깊이 인식하고 있던 레닌은 그에 상응하는 혁명이론을 구성했고 그 이론에 따라 실천에 나섰다. 당시 1차 세계대전의 사상자는 3000만 명이 넘었다. 레닌은 그들 대다수가 노동인을 비롯한 민중이라는 사실을 강조했다. 자본주의의 제국주의 단계가 아니라면 유럽의 모든 청년들이 서로 적이 되어 상대를 죽일 이유가 없다는 것이 레닌의 신념이자 분노였다.

레닌이 이끄는 러시아공산당은 혁명 정부를 수립한 뒤 1918년 3월 독일과 단독 강화조약(브레스트리토프스크 조약)을 맺어 전쟁에서 벗어났다. 레닌은 계속 전쟁을 벌이는 모든 나라의 노동인들에게 서로를 겨누는 총칼을 거두라고 호소했다. 노동인들이 소속 국가를 넘어 서로 손잡고 각각 자국의 자본주의 지배계급과 싸워야 새로운 사회를 이룰 수 있다고 역설했다. 이어, 토지를 농민들에게 분배하고 자본가들이 소유하고 있던 기간산업 시설을 국유화했다.

독일과 강화조약을 맺었음에도 러시아 혁명 정부의 상황은 급박했다. 노동계급의 혁명 정부를 부정하는 국내 자본가와 지주들이 반혁명 세력을 결집했고 국외에선 사회주의 확산을 우려한 제국주의 국가들이 군사적 개입에 나섰다.

레닌과 러시아공산당은 노동인·농민의 지지를 받으며 내전에서 결국 반혁명 세력을 물리쳤다. 다만 그 과정에서 경제가 어려워져 민중의 고통과 불만이 쌓여갔다. 레닌은 농업과 공업 분야에 시장경제 요소를 일부 도입한 신경제 정책(NEP)을 실시해 노동인과 농민들의 삶을 안정시켰다. 하지만 그 이후 역사가 증언하듯이 러시아 혁명의 현실은 레닌과 혁명 주도자들이 예상했던 것보다 더 냉혹했다.

마르크스와 엥겔스는 생전에 사회주의 혁명이 과연 단 하나의 나라에서 가능할 것인가라는 문제를 제기했다.[59] 두 철학자는 단 한 나라에서의 혁명은 불가능하다고 명백히 밝혔다. 마르크스는 「프랑스에서의 계급투쟁」에서 "혁명은 즉시 그 본고장을 떠나 유럽의 전 지역을 지배할 것이며 그에 기초할 때만 19세기의 사회혁명은 수행될 수 있을 것"이라 했고, 엥겔스는 「공산주의의 원리」에서 "혁명은 단 하나의 국가에서 일어날 수 있는가"를 물은 뒤 "일어날 수 없다. 대규모 산업이 세계적 시장을 형성하여 지상의 모든 민족의 일과 무관할 수 없다. (…) 모든 나라에서 부르주아지와 프롤레타리아트의 두 결정적인 계급이 나타났으며 그들 사이의 투쟁에 직면하고 있다. 공산주의 혁명은 일국적인 것이 아니라 모든 문명국에서 즉 최소한 영국, 미국, 프랑스, 독일에서 동시에 일어날 것"이라고 밝혔다. 자본주의를 넘어선 새로운 사회는 한 나라에서의 혁명으로 불가능하다는 명제는 초기 러시아의 마르크스주의자들에게도 광범위한 공감대를 형성하고 있었다.

가령 트로츠키는 "러시아의 프롤레타리아에게는 자신들 권력의 운명과 그리고 나아가서 러시아 혁명 전체의 운명을 유럽에서의 사회주의 혁명의 운명과 연계시키는 것밖에는 다른 어떤 대안도 있을 수 없게 될 것"이라며 "자신들이 쟁취한 국가권력과 더불어서 그리고 배후의 반혁명과 전면의 유럽 반동 세력 사이에 위치해서, 러시아의 프롤레타리아는 전 세계의 모든 동지들에게 이전부터 외쳐온 구호를 전파시킬 것"이라고 전망했다. "모든 나라의 노동인들이여, 단결하라"가 그것이다.[60]

무엇보다 레닌 자신이 1918년 3월 제7차 당 대회에서 러시아 혁명은 유럽 사회주의로부터의 도움 없이는 승리를 쟁취하는 것이 불가능하다고 명백히 선언했다.[61] 사회주의 혁명을 '시작'할 수는 있지만 단독으로 '완결'할 수 없다고 본 레닌은 유럽과 미국의 사회주의적 노동계급이 '가장 중요하고 가장 믿을 수 있고 가장 의지할 수 있는 협력자'라고 솔직하게 밝혔다.[62]

그러나 레닌은 비록 러시아가 '농업 국가이며 유럽에서 가장 후진적인 나라'이지만 사회주의 혁명을 수행하기 위해 요구되는 최소한의 기본적인 객관적 조건들을 갖추고 있고 동시에 혁명적 전위에 의해 지도되는 노동계급의 주체적 조건들도 구비하고 있다고 보았다. 따라서 전 세계적인 혁명의 새로운 시대를 열고 수수방관할 권리는 러시아 혁명가들에게 없다고 역설했다. 트로츠키와 함께 러시아 혁명이 유럽 혁명에 의해 지원받아야 한다고 판단하면서 전 세계적인 혁명이 일어나리라 마음속 깊이 확신하고 있었지만, 트로츠키와 달리 소멸해가는 유럽의 혁명운동에 언제까지 러시아 혁명의 운명을 맡겨 두지는 않았다. '신경제 정책'으로 상징되는 만년의 레닌이 전개한 사회주의적 실천은, 유럽 혁명이 지연될 가능성에 대비하여 러시아의 현실적인 여러 조건을 냉철하게 평가하는 가운데 떠오른 새로운 구상이었다.

러시아 국내의 문화혁명에 대한 관심도 그의 사상적 고뇌를 반영하고 있다. 레닌은 문맹 상태의 농민들과―더구나 유럽 노동계급의 지원 없이―사회주의를 성공적으로 이루어나갈 수 있으리라고 결코 생각하지 않았다. 그러나 한편 레닌은 '충분히 개화되어 있지 못한 국가에 사회주의를 이식시키기 위해 너무 서두르고 있다'고 비판하는 '적대자들'에 대해 정치·사회적 혁명이 이루어진 다음 문화혁명을 계속 전개하면 충분하지 않은가라고 반박했다.[63]

우리가 다 알다시피 레닌이 기대했던 유럽 혁명은 일어나지 않았고, 그나마 러시아의 경제기반마저 제국주의자들이 가세한 내전으로 파괴되었다. 레닌 집권 시기의 러시아 혁명은 말 그대로 '포위된 혁명'[64]이었다.

레닌은 객관적 현실의 변화를 반영해 신경제 정책과 더불어 문화혁명을 강력히 추진했다. 전투적 유물론도 그 문화혁명의 맥락에서 나왔다. 논문의 끝에서 레닌은 "러시아의 노동계급은 권력을 획득할 수 있다는 것을 증명했다. 그러나 아직 그것을 활용하는 것을 익히지는 못했다"고 진단하면서도 "학습할 의지만 있다면, 러시아 노동계급은 권력을 활용하는 것을 얼마든지 학습할 수 있을 것"이라고 맺었다.

하지만 현실은 레닌의 뜻과는 다르게 전개되어갔다. 뇌출혈로 처음 쓰러진 레닌은 곧 회복되었지만 반복되는 재발과 입원으로 직무에 공백이 생기면서 스탈린의 권력이 점점 커져갔다. 레닌은 그 현실을 정확히 인식했다. 그가 입원을 되풀이하던 시기에 러시아의 '포위된 혁명'을 지켜나간다는 명분으로 거대한 관료 지배 체제가 자리 잡아가고 있었기 때문이다.

레닌은 그가 참석한 마지막 당 대회(1922)에서 "우리는 지난 1년간[65] 우리의 손에 국가권력을 움켜쥔 채로 잘 견뎌왔다. (…) 그러나 국가기구는 자신을 운전하는 사람들의 의지에 따르기를 거부하였다. 그것은 운전수가 원하는 방향으로 움직이지 않고 다른 어느 누가 원하는 방향으로 달리는 자동차와 같았다. (…) 우리 당이 저 거대한 관료기구, 저 커다란 괴물을 붙잡고 있다면, 우리는 누가 누구를 지도하고 있는지 물어야 한다. 나는 공산주의자들이 저 괴물을 지도하고 있다는 것이 진실인지 대단히 의심스럽다. 솔직히 말하자면 그들은 지도하고 있는 것이 아니라 지도되고 있는 것이다"[66]

병석의 레닌은 그 "괴물"과 전투를 벌였지만 건강 악화로 끝내 실패했다. 레닌이 러시아 혁명을 이끌어가는 데 적합하지 않은 인물이라며 서기장직에서 스탈린을 해임하라고 중앙위원회에 서면으로 촉구했지만, 병석에 있는 레닌은 이미 스탈린의 감시를 받고 있었다. 레닌의 편지는 중간에서 빼돌려졌고 나중에 스탈린의 권력이 공고화된 뒤 마치 삽화처럼 슬그머니 공개됐다.

간추리자면 러시아 10월 혁명은 초기부터 험난한 길을 예고하고 있었다. 혁명은 역사적 한계가 뚜렷했고 레닌은 그 한계를 비교적 성숙한 러시아 노동계급과 유럽 혁명의 지원으로 극복하려고 했다. 하지만 유럽 혁명의 지원을 기대할 수 없게 되었음은 물론 내전 과정에서 그나마 희망이었던 노동계급의 힘이 크게 약화되었다.

10월 혁명을 일궈낸 러시아 노동계급 중에 가장 정치적으로 각성한 노동인들이 제국주의 국가들의 개입으로 빚어진 전쟁과 내전 과정에서 누구보다 몸을 던져 싸우느라 대부분 전사했기 때문이다. 결국 혁명의 전위였던 계급, 새로운 민주주의의 대들보, 사회주의의 주요한 기초 세력을 물리적으로나 정치적으로 잃어버린 셈이다.[67]

스탈린은 러시아 혁명의 특수성을 올바르게 인식하지 못했을 뿐만 아니라 그 조건을 자신의 권력을 강화하는 기반으로 삼았다. 비판적인 공산당원들은 스탈린의 권력이 공고해지는 과정에서 숙청을 당하고 혁명 체제의 관료적 타락이 진행되었다. 그 결과 레닌이 우려했던 '괴물'처럼 거대한 국가기구가 구조적으로 자리를 잡아갔다.

레닌은 '괴물'을 두고 숨질 때 러시아에 마르크스주의를 처음 도입한 플레하노프의 경고가 떠올랐을 수 있다. 플레하노프는 "만일 사회주의를 힘으로 실현하려고 한다면 그것은 중국과 페루의 고대 제국을 방불케 하는 정치적 기형으로, 즉 공산주의적 경향을 가지는 부활된 차리즘의 전제정치를 필연적으로 초래시킬 것"[68]이라고 우려했다.

레닌 사후 스탈린이 트로츠키와의 투쟁 과정에서 체계화한 '일국 사회주의론'은 내전으로 피폐화된 노동계급의 열악한 상황과 점차 안정 지향적으로 변해간 관료들의 욕망을 반영하고 있었기에 러시아에서 현실적인 힘을 갖게 되었다. 스탈린은 "만약 맨 먼저 자기를 해방시킨 나라에서 사회주의의 종국적 승리가 여러 나라의 프롤레타리아들의 결합된 노력이 없이는 불가능하다는 가정이 옳다면, 맨 먼저 사회주의의 승리를 거둔 나라가 다른 나라들의 프롤레타리아들과 고생하는 대중들에게 보내는 지원이 효과적이면 효과적일수록 세계혁명의 발전이 또한 더욱 급속하고 더욱 철저하리라는 것도 똑같이 옳은 것"[69]이라고 역설했다.

스탈린과 그의 동료들은 일국 사회주의론을 냉혹한 혁명 현실 속에서 극복해야 할 필요악으로 인식하지 않았다. 오히려 그것이 사회주의 건설의 올바른 방법이라는 확신마저 가졌던 것으로 보인다. 국가 관료 기구의 팽창과 노동계급의 물리적, 정치적 거세로 인해 레닌이 구상했던 소비에트 민주주의의 발전은 엄중한 난관에 처해졌으며 문화혁명과 신경제 정책은 일국 사회주의론으로 흡수되고 말았다.

레닌과 스탈린 사이에는 분명 건널 수 없는 '사상적 심연'이 가로놓여 있었다. 레닌이 그의 '정치적 유서'에서 "동지들이 스탈린을 그 직위에서 해임하는 방법을 생각해 볼 것을 제안"한 것은 그의 사후 혁명의 왜곡을 예감하고 그것을 막기 위한 '마지막 투쟁'이었다.

하지만 결국 스탈린주의라는 억압적이고 경직된 사회주의 체제가 등장했다. 많은 사람들이 레닌의 인식론을 터무니없이 오해해온 것처럼 레닌의 정치철학 또한 파괴적이고 폭력적인 선동이론으로 매도당해왔다.

그러나 레닌이 자신의 정치철학을 담은 『국가와 혁명』에는 진정한 민주주의와 인류의 행복을 염원하는 그의 열망이 묻어난다. 무엇보다 레닌은 자본주의 사회의 민주주의를 말뿐인 형식적 민주주의라고 통렬하게 질타했다. 레닌에게 자본주의 체제에서 민주주의란 '극소수를 위한 민주주의, 부자들을 위한 민주주의'에 지나지 않았다.

"자본주의 사회에서 민주주의는 언제나 자본주의적 착취에 의해 설정된 편협성으로 둘러싸여 있으며 결과적으로 언제나 소수를 위한, 즉 유산계급과 부유층들만을 위한 민주주의에 머문다. 고대 그리스의 민주주의가 단지 노예주들의 자유이었듯이 자본주의 사회의 민주주의도 마찬가지이다. 자본주의적 착취라는 조건으로 인해 근대의 임금 노예들은 기아와 빈곤으로 압살당하고 있기 때문에 생활 속에서 민주주의나 정치를 피곤하게 여긴다. 일상적으로 대다수 민중은 정치적 참여를 배제당하고 있다."[70]

레닌에게 '철두철미하게 위선적이며 허위적인' 자본주의 사회의 민주주의로부터 대다수 민중을 위한 민주주의로의 이행은 참다운 인간 해방을 위해 반드시 이루어야 할 필생의 과업이었다.

"대다수 민중을 위한 민주주의, 그리고 무력에 의한 억압으로 민중을 착취하는 자의 자유를 배제하는 것, 바로 이것이 자본주의에서 공산주의로 이행하는 동안에 이루어지는 변화된 민주주의이다. 오직 공산주의 사회, 곧 자본가들의 저항이 완전히 분쇄되고 계급이 없는 사회에 이르러서야 자유에 대해서 말할 수 있게 된다."[71]

레닌에게 그것은 궁극적으로 국가의 사멸로 이어진다. 민주주의가 완전해지면 완전해질수록 '민주주의'가 불필요하게 되는 순간은 점점 더 가까워지기 때문이다.[72]

마르크스와 엥겔스의 국가에 관한 이론을 1848년 혁명과 1871년 파리코뮌의 경험 속에서 살펴본 레닌은 『국가와 혁명』 서문을 1917년 8월에 쓰면서 '1905년과 1917년 러시아 혁명의 경험'을 마지막 장에서 종합하겠다고 밝혔다.[73]

그러나 1917년 11월 레닌은 마지막 제7장을 쓰지 않고 후기에서 다음과 같이 말하고 있다. "10월 혁명의 전야라는 정치적 위기 (Политический кризис)가 (마지막 장 쓰는 것을) 중단시켰다. 그러한 중단은 반가울 뿐이다. 혁명의 경험(Опыт революции)이 그것에 관해 쓰는 것보다 더 기쁘고 더 유익하다"[74]

상세한 저술 계획만을 남겨놓은 채 레닌은 '훗날'로 미룬 그 마지막 장을 완성하지 못하고 운명했다. 현대사가 생생하게 증언하듯이 1924년 그의 사후 러시아 혁명은 본래의 레닌 철학에서 상당 부분 일탈되어 갔다. 레닌의 철학적 이상은 역사라는 현실의 벽에 부딪히게 되었고, '포위된 혁명'은 그의 사후 그의 구상과는 정반대로 강화된 국가기구로 구체화되었다.

레닌은 「전투적 유물론의 의의에 대하여」의 첫 단락에서 "공산주의

자들이 저지르는 가장 크고 위험한 오류들 중의 하나는(일반적으로 대혁명의 처음을 성공적으로 완수한 혁명가들에 의해 저질러지는 것과 같이), 혁명은 혁명가들에 의해서만 이루어질 수 있다는 생각"이라고 경고하고 "모든 진지한 혁명 사업이 성공하기 위해서는, 혁명가들은 진정으로 강건하고 진보적인 계급의 전위로서의 역할만을 할 수 있다는 사상을 이해하고 실행에 옮기는 것이 필요하다"고 밝혔다. 레닌이 말한 '전위'는 "자신이 이끄는 민중(the mass of the people)으로부터 고립되지 않고 진정으로 전체 대중(the whole mass)을 이끌어나갈 수 있을 때 그의 임무를 다하는 것"이다.

따라서 레닌은 "매우 다양한 활동 영역에서 비공산주의자와의 동맹 없이는 성공적인 공산주의의 건설도 있을 수 없다"고 말했다. 하지만 스탈린은 그러지 않았다. 이미 상식이 되었듯이 스탈린은 레닌과 함께 혁명에 나섰던 '혁명 동지'들을 차례차례 사형대에 올리며 개인숭배로 치달았다. 그 과정에서 스탈린은 '변증법적 유물론'과 '사적 유물론'의 '교과서'를 만들었고 자신을 마르크스와 레닌을 이은 '위대한 철학자'로 자리매김했다.

주목할 것은 레닌이 전혀 예상하지 못한 현실이 이미 '전투적 철학자'의 생전에 드러났다는 사실이다. 그것은 전투적 유물론이 표적으로 삼은 "학위 받은 아첨꾼"들이나 종교인들로부터 온 것이 아니었다. 다름 아닌 혁명운동 내부에서 자라난 괴물이었다. 그 괴물을 정확히 인식하지 못하고 결국 그 괴물이 혁명을 지배하게 된 것은 '전투적 인식론'이 행한 전투와 인식의 패배일 수밖에 없다. 혁명의 역사적 한계는 혁명 후의 전개 과정을 오랫동안 그것도 심층적으로 지배했다.

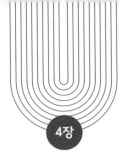

4장

실천적 유물론의 실천 비판

1. 마르크스·레닌 철학의 성취

소련과 동유럽의 공산주의 체제가 몰락하고 21세기에 들어선 지금 마르크스 철학은 낡아 보일 수 있다. 하지만 2008년 미국의 금융위기를 전후해 세계 경제가 흔들리며―당시 프랑스 대통령 사르코지가 기자들 앞에서 마르크스의 『자본』을 펴들고 읽는 모습을 '과시'한 행태는 논외로 치더라도―마르크스 철학이 국제 학계에서 다시 주목받고 있을 뿐더러[75] 2018년에는 미국의 청년들이 자본주의보다 사회주의에 더 긍정적이라는 여론조사 결과가 나왔다.[76]

무릇 철학의 출발은 물음이다. 그 물음을 해결하려는 고투가 철학이다. 그런데 그 철학으로 물음이 해소되지 않거나 새 문제가 드러날 때, 철학의 고투는 새롭게 이어진다. 지금까지 철학사의 큰 흐름이다.

마르크스와 레닌 철학이 해결하려는 문제는 인간을 고통과 소외로 몰아넣는 자본의 무한 증식 논리와 계급사회였다. 그 철학으로 문제가 해소되지 않았다면, 해결하는 과정에서 새로운 문제가 나타났다면, 그 이유는 무엇인가. 현대철학이 풀어야 할 물음이다.

철학사에서 지양(aufheben)의 개념이 그렇듯이 마르크스 철학을 넘어서는 사유를 전개할 때 선행 과제는 그 철학의 역사적 성과에 대한 정확한 현실 인식이다. 20세기 세계사를 되짚어 보면 누구라도 마르크스 철학의 영향을 확인할 수 있다. 꼭 사회주의자가 아니더라도 많은 철학자들과 역사학자들이 1917년 러시아 혁명이 일어났을 때 그것을 1789년 프랑스 혁명과 버금가거나 그 이상의 의미가 있는 사건으로 평가했고, 1917년을 기점으로 근대와 현대를 나누기도 했다.

마르크스주의가 "전체주의적인 도착들"로 실패했음에도 "공산주의 국가라는 유일한 시도가 발생했다"[77]는 사실을 다름 아닌 데리다가 부각한 이유도 새겨볼 가치가 있다. 해체철학자가 바라보는 '소련 해체의 철학'이랄 수도 있겠는데, 마르크스 철학이 비록 이상적으로 구현되지 못했더라도 실제로 시도됐다는 역사적 의미가 가볍지 않다는 뜻이다. 해체된 소련은 이미 역사가 되었지만, 역사철학자가 강조했듯이 "현재와 과거 사이의 끊임없는 대화"[78]가 역사라면, 더구나 "현재와 과거 사이의 대화라고 불렀던 그 과정은 추상적이고 고립적인 개인들 사이의 대화가 아니라 오늘의 사회와 어제의 사회 사이의 대화"[79]라면, '한 시대가 다른 시대 속에서 찾아내는 주목할 만한 것'들을 곱새겨 보는 일은 '황혼이 깃들면 날아가는 미네르바 부엉이'의 과제다.

1917년 10월 시점에서 러시아 혁명은 유럽의 자본주의 국가들이 식민지 민중들을 착취하고 학살하다가 서로 피비린내 나는 살육 전쟁을 벌이는 암담한 현실에서, 비단 러시아뿐 아니라 전 세계 민중에게 새로운 사회의 희망을 심어준 세계사적—적어도 20세기 전반기의—전환점이었다. 혁명이 지구촌 전체에 큰 파장을 일으킨 만큼 마르크스와 레닌 철학의 실천적 성과를 세계사의 넓고 긴 맥락, 민주주의의 전통 속에서 새롭게 평가할 필요가 있다.

러시아 혁명은 노동계급의 정권이 얼마든지 수립될 수 있음을 입증했기에 전 세계의 자본가들을 긴장시켰다. 자신들이 억압해온 노동계급과 마르크스·레닌 철학의 결합을 그들이 본능적으로 경계하고 나선 것은 필연이었다.

유럽과 미국의 자본가들은 노동계급에게 '채찍'을 휘두르던 관행에서 벗어나 '당근'의 비중을 높여가기 시작했다. 혁명의 성공을 전환점으로 세계 자본주의 체제가 새로운 국면으로 들어선 것이다.

기실 마르크스 철학과 사회주의 운동은 19세기부터 선거권 확대 과정에 결정적 기여를 했다. 사회주의자들이 민중의 선거권 확대 투쟁에 앞장서면서 자본주의 각국의 지배 세력들은 '양보'하지 않을 수 없었다. 보통선거권을 확대하지 않을 때, 노동계급의 분노가 폭발하면서 자칫 자본주의 체제 자체가 혁명적으로 종식될 수 있다는 위기의식을 느꼈기 때문이다.

복지국가의 발전도 사회주의 혁명과 같은 맥락에서 분석해야 옳다. 물론 학문적으로 따지자면 복지국가는 그 기원을 여러 갈래에서 찾을 수 있다. 하지만 실제 역사적 전개 과정에서 마르크스·레닌의 실천철학과 철학적 실천이 없었다면 유럽의 복지국가는 현실화하기 어려웠다. 자본주의 사회에서 복지국가의 구현 과정에 사회주의 세력은 두 차원에서 기여했다.

한편으로 유럽 각국의 내부에서 사회주의자들이 노동인을 비롯한 민중의 복지 확대 투쟁에 앞장섰고, 다른 한편으로 러시아 혁명이 입증해준 사회주의 혁명의 구체적 실현 가능성이 각국의 자본주의로 하여금 복지국가를 받아들이게 했다. 자본가들은 모든 것을 잃는 위험을 감수하기보다는 노동계급에 '양보'하며 지배 체제를 유지하는 방법이 더 현명하다고 판단했다.

대공황과 두 차례의 세계대전—다름 아닌 뱀파이어와 늑대인간들의 향연—을 거치면서, 게다가 빠르게 퍼져가던 사회주의 혁명의 물결 앞에서, 대다수 유럽 국가들은 유권자인 민중들에게 '복지'를 약속하지 않을 수 없었다. 대표적으로 '요람에서 무덤까지(from the cradle to the grave)'는 2차 세계대전이 끝난 뒤 영국노동당이 내세운 슬로건이다. 태어나서 죽을 때까지 민중의 최저 생활을 국가가 사회보장제도로 책임진다는 정책은 혁명의 물결을 차단하는 방어벽이었다.

마르크스·레닌 철학의 또 다른 성취는 민족 해방운동이다. 마르크스 철학과 러시아 혁명은 유럽 자본주의 국가들의 제국주의 침탈 아래 억압받고 있던 식민지 민족들에게 해방의 희망을 심어주었다. 그 또한 세계 자본주의 체제의 큰 변화다.

레닌은 러시아 혁명이 성공한 직후부터 식민지 해방운동을 적극 지원하고 나섰다. 민족 해방운동을 인적, 물적으로 지원하는 소련이라는 나라의 존재는 제국주의 국가들이 식민지 강탈 정책을 펴는 데 큰 '걸림돌'이었다. 제국주의자들 스스로 두 차례에 걸쳐 세계대전의 살육과 파국을 겪으면서 식민지 쟁탈을 둘러싼 전쟁에 성찰이 커졌다.

그런데 러시아 혁명은 빛 못지않게 그림자가 컸다. 레닌 사후에 소련은 생전의 그가 우려했던 대로 스탈린을 정점으로 재편됐다. 스탈린 주도 아래 소련공산당은 '마르크스·레닌주의(Марксизм-ленинизм)'를 공식 이념으로 정립했다. 마르크스와 레닌의 철학을 소련공산당의 시각—더 정확히 말하면 스탈린의 시각—으로 결합해 체계화했다는 점에서 공식화한 마르크스·레닌주의를 스탈린주의로 규정하기도 한다. 스탈린은 마르크스·레닌주의를 '제국주의와 노동계급 혁명 시대의 마르크스주의'이며 '혁명의 과학'이라고 정의했다.

　마르크스·레닌주의로 불린 변증법적 유물론과 '과학적 사회주의론'은 소련이 해체되는 1991년까지 20세기 내내 전 세계 마르크스 철학 연구에 '정전'이 되었다. 소련은 인류 역사의 맨 앞에서 공산주의 사회 건설이라는 전인미답의 길을 열어가고 있다고 자임했기에 소련공산당의 공식 철학으로 정립된 마르크스·레닌주의는 각국 공산당 활동에 준거가 되었고, 혁명운동의 '교리'가 되었다.

　그로부터 60년이 지나 1989년부터 91년에 걸쳐 소련과 동유럽 공산당들이 모두 붕괴하자 미국과 영국에서 자라난 신자유주의가 빠르게 지구 전체로 퍼져갔다. 역설이지만 그만큼 마르크스·레닌 철학의 영향력이 컸다는 방증이기도 하다. 자본주의 체제를 대체할 수 있는 현실적 대안이 사라지면서 전 세계의 자본가들은 자본의 이윤 추구 논리와 시장의 논리를 관철시키는 데 더는 노동계급의 눈치를 볼 필요가 없었고 실제로 머뭇거리지 않았다.

　우리가 러시아 혁명 이후 소련에서 전개된 실천적 유물론의 철학적 실천을 비판적으로 인식해야 할 이유다. 실천적 유물론의 실천 비판이라고 할 때 '비판'은 비판철학의 길을 연 칸트가 쓴 비판의 의미, 곧 비판 대상의 '한계와 가능성'을 모두 담고 있다. 러시아 혁명이 참담한 실패로 끝난 경험을 '실천적 유물론'의 실천으로 짚어보는 일은 그 자체로 철학의 실천일 수 있다.

20세기에 70년 넘게 이어진 러시아 혁명의 전개를 짚어볼 때 가장 먼저 살펴야 할 지점은 마르크스 철학에 담긴 혁명의 전제조건이다. 앞서 2장에서 자세히 논의했듯이 마르크스는 수많은 인간의 삶이 무산자 상태로 되고 그들로 하여금 현존하는 세계에 모순을 인식하도록 해야 한다는 조건을 제시했을 뿐만 아니라 그 두 가지 전제조건은 생산력이 고도로 발전해야 한다는 것을 선행 조건으로 하고 있다고 강조했다.[80] 적잖은 진보적인 학자들까지 지나치기 일쑤이지만 마르크스의 철학에는 소련의 실패에 대한 '논리적 예언'이 담겨 있는 셈이다.

마르크스와 엥겔스는 물론 레닌까지 강조했던 사회주의 전제조건은 끝내 갖춰지지 못했고 스탈린의 독재체제가 등장했다. 물론, 스탈린 체제가 모두 부정적이었던 것은 아니다. 세계 자본주의가 대공황을 겪었던 1930년대 소련의 인상적인 경제 성장이라든가, 2차 세계대전에서 '야수적인 파시즘'을 몰락시키는 데 결정적인 공헌을 한 것이라든가, 종전 후 자본주의 최강국 미국과 함께 세계적인 '초강대국'이 되었다는 몇 가지 사실에 유의한다면, 스탈린에 대한 일방적인 부정적 평가는 균형을 잃은 것으로 보인다.

그러나 1956년 소련공산당 제20차 대회에서 흐루시초프의 비판으로 확인되었듯이 스탈린은 이른바 '반혁명분자들'을 재판도 없이 처형하는 권력남용을 무시로 저질렀다. 흐루시초프는 무고한 사람들이 고문으로 의식을 잃었고, 판단력을 상실했으며, 인간으로서의 권위를 빼앗겼다고 증언하고 스탈린이 수사관을 불러 고문 방법까지 지시했다고 비판했다. 사회주의 혁명으로 세운 국가에서 그런 야만이 가능했던 배경은 스탈린에 대한 '개인숭배'가 퍼져 있었기 때문이다.

흐루시초프는 연설에서 개인숭배가 엄청난 규모로 퍼진 "주된 이유는 스탈린 자신이 여러 가지 방법으로 자기 개인에 대한 찬양을 고무하고 지원했기 때문"이라며 구체적으로 1948년에 나온 스탈린의 전기 출간을 예로 들었다.

"전기의 출간은 그의 자화자찬과 근본적인 겸손의 부족을 매우 특징적으로 드러낸 것 중 하나입니다. 이 책은 전혀 억제할 수 없는 아첨의 표현물이며 인간을 신격화한 스탈린을 항상 옳은 현인, 가장 '위대한 지도자', '모든 시대와 모든 민족의 더할 나위 없는 완벽한 사령관'으로 만들었던 본보기입니다. 스탈린의 역할을 그 이상 찬양할 수 있는 다른 표현은 이미 존재하지 않았습니다. 이 책에 하나하나 집어넣은 역겨운 아첨하는 표현들을 인용할 필요는 없습니다. 단지 그것들은 모두 스탈린이 직접 승인하고 편집했으며 그중 몇몇은 그가 교정쇄에 자필로 써넣었다는 점을 강조하고자 합니다. (…) 그 책의 교정쇄에는 이런 구절이 있었습니다. '스탈린, 그는 오늘날의 레닌이다.' 이런 구절은 스탈린에게는 분명히 불충분한 것으로 보였을 것이며, 그래서 스탈린은 자필로 이것을 다음과 같이 고쳤습니다. '스탈린은 레닌이 하던 사업의 정당한 계승자거나, 혹은 우리 당에서 이야기되듯 스탈린, 그는 오늘날의 레닌이다.' 바로 이렇게 강력하게 말하고 있지만, 그것은 국민이 아니라 스탈린 자신이 한 말이었습니다."[81]

호루시초프의 연설 이후 소련 내부에서 '스탈린 시대' 재평가 작업이 전개되면서 지식인들의 체제 비판이 조심스럽게 나타나기 시작했다. 소련 철학계에서도 1960년을 전후로 스탈린주의적 억압에서 벗어나 창조적으로 철학을 탐색하려는 움직임이 다각도로 일어났다.

　　본디 마르크스 철학은 어떤 도그마도 거부하는 현실 세계의 변증법이다. 스탈린조차 "마르크스주의는 자연과 사회의 발전 법칙에 관한 과학이며, 압박받고 착취받는 대중의 혁명에 관한 과학이며, 전 세계에서의 사회주의의 승리에 관한 과학이며, 공산주의 사회의 건설에 관한 과학"이라고 정의하면서 "과학으로서의 마르크스주의는 한자리에 머물러 있을 수 없다. 그것은 발전하며 완성되어 가고 있다. 자기의 발전에 있어서 마르크스주의는 새로운 경험, 새로운 지식으로 풍부화되지 않을 수 없다"고 주장했다. 심지어 스탈린은 "마르크스주의는 온갖 교조주의의 적이다"라고 단언도 했다.

　　문제는 무엇이 '교조주의'인지 또 누가 '교조주의의 적'인지를 스탈린이 판단했다는 데 있다. 스탈린은 마르크스 철학은 물론 레닌 철학의 '최종 해석자'였다. 소련공산당은 스탈린을 마르크스와 레닌을 이은 철학의 완성자로 추어올렸다.

　　그 결과 소련 철학은 현실이 '마르크스·레닌주의'와 어긋날 경우에 두 방법으로 대처해왔다. 문제가 된 사실을 대수롭지 않은 것으로 무시하는 방법과 그런 사실과 조화될 수 있도록 표면적인 수정을 가하는 방법이 그것이다.[82] 첫 번째 길은 스탈린 시대 소련의 철학자들이 자주 선택했던 방법이고 스탈린 사후에는 후자의 방법이 주류를 형성했다. 결국 공식적인 소련 철학계에서 현실에 대한 창조적 해석은 거의 이루어지지 않았다고 볼 수 있다.

　이미 오래전에 엥겔스가 '마르크스주의자'들에 대해 '화석화된 정통학설'을 옹호한다고 비판했던 것처럼 소련 철학자들은 마르크스주의를 '교조'로 변형했으며, 그 세계관을 획득하기 위해 정통적 체계를 곱셈구구표와 같이 외우라고 유도해왔다.[83]

　하지만 소련 철학계의 새로운 모색은 얼마 가지 않아 멈추고 말았다. 소련 체제 개혁에 나섰던 흐루시초프가 1964년 소련공산당의 기득권 세력을 대표한 정치국원들의 반격으로 실각했기 때문이다.

　흐루시초프의 실각 이후 소련 지식인의 희망이 점차 사라질 무렵, 소련공산당의 체코 침공(1968)이 일어났다. 1968년 봄에 채택된 체코공산당 중앙위원회 행동강령의 러시아어 완역본이 모스크바에 나돌고 있을 때 전격적으로 이루어진 소련군의 프라하 침공은 소련 안팎에 큰 충격을 주었다. 체코 사태를 계기로 소련 지식인들은 자신들의 체제에 대해 그 정당성과 도덕성을 재검토할 수밖에 없었다.[84]

　소련 체제에 회의를 품기 시작한 개혁주의 지식인들은 자신들의 사상을 사미즈다트(самиздат)라는 지하출판물을 통해 알리며 소극적이나마 개혁운동을 벌여 나갔다. 가령 1960년대 말에 익명으로 발간된 '반체제' 지하 간행물 「이데올로기적 혼란과 새로운 사상의 모색」은 그들의 이념적 목표를 '인간의 얼굴을 가진 사회주의'로 규정하고 그것이 체코의 둡체크에 의하여 시작된 개념임을 밝혔다.

　거의 같은 시기에 소련의 역사학자 아말리크는 「소련은 1984년까지 살아남을 것인가」라는 논문에서 진정한 마르크스·레닌주의로의 회귀를 강조했다. 그는 '자유 마르크스주의' 개념을 제안하면서 공산당 지도하의 각 부문 민주화와 다원화를 주장했다. 그만큼 체코 사태로 인한 소련 지식인들의 정신적 공백은 컸다.

흐루시초프를 몰아낸 소련공산당의 고위 관료들은 브레즈네프를 대표로 한 집단지도 체제를 통해 소련을 통치해갔다. 공산당 관료들의 지배 아래서 사회 곳곳의 비효율성이 늘어나며 경제적 침체기를 맞았고 부패도 퍼져갔다.

브레즈네프가 1982년 고령으로 사망한 뒤 새 서기장에 안드로포프가 취임했다. 그는 관료 부패와 비효율성에 개혁의 칼날을 들이댔다. 당시 중국공산당도 1978년부터 개혁·개방 정책을 추진하고 있었다. 공산주의 체제를 대표하던 소련과 중국이 4년 차이로 비슷한 시기에 개혁 정책을 편 셈이다. 하지만 그 결과는 너무 달랐다.

2. 인간적·민주적 사회주의와 파국

소련의 관료 부패와 경제적 비효율성을 개혁하겠다고 나선 68세의 안드로포프는 집권한 지 겨우 9개월 만에 중병에 걸렸고 6개월 뒤 병사했다. 후임 체르넨코는 안드로포프의 개혁 정책에 거리를 두었던 인물로 소련 체제의 개혁은 다시 미뤄졌다.

그런데 체르넨코까지 1985년에 74세로 급사하며 3년 사이에 서기장이 3명이나 죽음을 맞은 소련공산당은 54세의 최연소 정치국원 고르바초프를 서기장으로 선출했다. 안드로포프의 총애를 받았던 고르바초프는 서기장에 취임한 뒤 곧바로 당 간부들을 신진 관료들로 교체했고 브레즈네프 시대 이래 정체된 소련 경제를 활성화하기 위해 기술 현대화, 노동생산성 증대와 더불어 부패한 관료기구를 혁신하겠다고 공언했다.

고르바초프는 당 관료들의 반발로 '개혁'이 지지부진하자 페레스트로이카(Перестройка, 혁신적 재구성)를 내걸고 본격적인 정치경제 개혁에 나서며 레닌의 철학을 강조했다. 그는 페레스트로이카의 철학적 근원이 '레닌으로의 회귀(Обращение к ленину)'임을 집권 밝히며, 레닌의 업적과 그의 사회주의 이상은 변증법적 창조적 사고와 이론적 풍요 그리고 정치적 탁견의 고갈되지 않는 원천이라고 주장했다.[85] 그는 또 '레닌은 숭고한 도덕적 힘과 해박한 정신문화, 그리고 사회주의와 인민에 대한 사심 없는 봉사의 결코 꺼지지 않는 표상'이라고 말했다.[86]

1987년 10월혁명 70주년을 맞은 연설에서 고르바초프는 러시아 혁명이 "해방 사상의 정점이었으며 과거의 위대한 휴머니스트들로부터 19세기 및 20세기의 노동계급 혁명가들에 이르기까지 인류의 최고의 사상가들의 꿈이 생생하게 구현된 것이었다"고 강조했다. '위대한 휴머니즘'의 전통에서 레닌을 조명한 고르바초프는 1990년 4월 레닌 탄생 120주년 기념 연설에서 레닌 철학의 '근본적인 개념을 올바로 깨닫고 실천'할 것을 촉구했다.[87]

고르바초프는 "혁명과 사회주의는 민중의 살아 있는 창조물(Революция и Социализм -это живое творчество самих масс)"이라는 레닌의 말을 인용한 뒤 "우리들이 레닌이 만년에 저술, 비판, 주장했던 모든 일을 차분하게 재검토하여 참뜻을 밝혀내면 레닌이 새로운 사회주의 개념(Новое понимание социализма)을 찾아내려고 애썼다는 결론에 이르게 될 것"이라고 강조했다. 고르바초프는 레닌의 새로운 개념을 '혁명 속의 혁명(Революция в Революции)'으로 평가했다.

고르바초프 주도 아래 소련공산당은 사회주의 개혁의 '청사진'을 담은 새로운 정치철학을 내놓았다. 1990년 소련공산당 제28차 전당대회에서 채택된 '현 단계에서 기본적인 당 정책의 결정과 현 시기의 올바른 평가에 근본적인 의미를 부여하는' 강령적 선언(Программное Заявление)이 그것이다.[88]

대회는 고르바초프의 페레스트로이카 정책이 '사회주의 부활'이라는 초기의 확신에 찬 목표를 벗어나 '의도하지 않은 결과'를 불러오고 있던 어려운 상황에서 열렸다.[89] 더구나 1989년의 '동유럽 사태'는 사회주의 정치체제 몰락이 객관적 사실로 드러났다는 점에서 소련공산당 지도부에게 대단히 충격적인 사건일 수밖에 없었다. 이미 동유럽만의 문제도 아니었다. 소련 내부적으로도 1989년 이후 경제 위기가 확대 심화되고 정치체제의 혼란이 두드러지게 나타나기 시작했다.[90]

소련공산당 28차 대회의 강령적 선언은 사회주의 체제 안팎의 위기를 극복하고 앞으로 전개해 나갈 실제 사업에서 지침으로 삼아야 할 사상적 이론적 입장과 정치적 목적을 담은 것으로서 소련이 '인간적·민주적 사회주의(Гуманный Демократический Социализм)'를 향하여 전진해 나가야 한다는 것을 천명했다. 러시아어 'гуманный'는 "인도적인, 박애적인, 인정이 있는, 인자함이 넘치는"의 뜻을 포함하고 있다. 휴머니즘의 의미 그대로다.

소련공산당의 새로운 철학과 정치경제적 실험은 그것이 인류 역사상 최초로 노동계급 혁명이 이루어진 소련에서 70여 년에 걸친 실천 경험을 바탕으로 전개되었다는 점에서 20세기 말의 중요한 세계사적 사건이었다. 그 실험이 채 이뤄지기도 전에 소련공산당의 해체와 소련의 붕괴로 '과학적 사회주의'가 파국을 맞았기에 더 그렇다. 그 결과 역사의 지평선에서 때 이른 황혼을 맞았지만 인간적·민주적 사회주의 강령을 정치철학으로 분석하는 과제는 '미네르바 부엉이'의 몫이 아닐 수 없다.

인간적·민주적 사회주의는 현대 세계에 들어와 각국에서 사회주의에 이르는 길을 다양하게 모색하는 가운데 '사회주의의 기초를 튼튼하게 만들고 사회주의 사회를 올바르게 세우려는' 소련 철학의 '마지막 시도'였다.[91] 사실 1985년 이후 소련과 동부 유럽의 사회주의 체제 변혁은 서방의 반공주의자들은 물론 그 어떤 '석학'도 미처 예견 못 했을 만큼 소용돌이 속에 이루어졌다. 동독의 저명한 마르크스주의 역사학자 쿠친스키조차 당시 소련과 동유럽의 변화를 사회주의를 위한 '보존 혁명'으로 규정하고 사회주의 몰락이 아니라 사회주의를 확대하고 강화시키기 위한 것으로 분석했을 정도다.

소련공산당이 '1990년 선언'을 통해 인간적·민주적 사회주의라는 뚜렷한 철학과 정책 목표를 내놓은 것은 고르바초프에겐 레닌이 말한 '혁명 속의 혁명'을 이루려는 의도였고 쿠친스키의 개념으로는 '보존 혁명'이었다. 본디 소련에서 정치철학은 가장 민감한 영역이었다. 당 대회가 승인하는 정치적 시각이 철학의 방향을 결정했기 때문이다.

소련공산당의 마지막 강령은 인간적·민주적 사회주의를 '인간이 사회 발전의 목적이며, 정치권력과 물질적·정신적 가치로부터 인간의 소외를 극복한 사회'로 정의했다.[92] 소련 사회에서 인간의 삶이 권력과 물질적·정신적 가치로부터 소외되어왔다는 성찰을 담은 셈이다. 특히 정신적 가치로부터의 소외는 사회주의 이념에 대한 불신으로까지 확산되고 있었다. 생명력을 잃은 채 이데올로기적 도그마로 타락한 마르크스·레닌주의로 인해 소련의 젊은 세대들은 사회주의에 대한 확신을 잃어가고 있었다. 고르바초프는 사회과학과 철학 담당 학자들이 독단적이고 부적절한 상투어들을 영구화시켜온 것에 대해 질책하면서 따분하고 형식적이며 관료적(казённое)인 이념 교육을 비판했다.[93]

소련 철학자들 스스로 고백했듯이, 사람에 대한 사회과학적 개념만이 지배해왔기 때문에 구체적 현실에서 인간을 이해하는 데 어려움을 겪을 수밖에 없었다. 민족주의 문제나 종교 문제에서 특히 두드러졌다. 소련 사회에서 퍼져간 알코올 중독이나 마약, 청소년 문제도 종래의 철학 개념으로 설명하기 힘들었다.

철학이 삶으로부터 분리되어 있었다는 반성을 거쳐 소련 철학은 인간에 대한 관심으로 전환하고, 인간의 문제를 사회주의의 '새로운 얼굴'이라는 주제와 연관시켜 탐색하기 시작했다.[94]

결국 레닌의 생전에 예견할 수 없었던 새로운 현실을 반영하여 모든 철학 체계를 재구성할 필요가 있었고 그 구체적 표현의 하나가 개편된 『철학 교과서』(Введение в Философию)이다. 이 교과서의 대표 저자인 프롤로프는 기존의 철학 교과서가 마르크스·레닌주의 철학을 교조적으로 경전화하고 삶과 실천에서 유리되어 스콜라적 학문으로 전락해버렸다고 비판하면서 마르크스 레닌주의 철학의 '인간주의적 전환'을 주장했다.[95]

프롤로프의 시각은 철학 교과서에 그대로 반영되었다. 새 교과서는 물질 개념보다 존재의 개념을 먼저 다루면서 '존재의 연구는 세계의 통일성을 이해하는 전제'라고 규정하고 이 전제의 해명으로부터 '운동하는 물질, 그것의 존재와 형태로서 공간과 시간의 문제'를 다루고 있다.[96] 교과서는 또 인간을 철학의 특별한 주제로 고찰해야 하는 이유를 다음과 같이 말하고 있다.

"인간을 철학의 특별한 한 주제로 고찰하는 이유는 인간이 총체적으로 연구되어야 한다는 필요성에서 기인한다. (⋯) 이러한 필요성은 우리 사회 발전의 모든 과정에서, 즉 우리 사회의 경제적, 정치적, 정신적 삶을 개혁하는 데 있어서 인간의 역할이 증대되고 있다는 사실에 의해서도 부과되고 있다. 이러한 개혁의 의미와 사명은 인간의 가치가 높게 평가되는 새로운 인간적이고 민주적인 얼굴을 한 사회주의의 창조에 있다. (⋯) 인간의 보편적인 성격의 다차원적 체계를 연구하고 이 체계의 핵심을 해명하려는 시도가 60년대에서 80년대에 이르는 소련 철학의 특징적 경향이었다. 지배적이던 독단주의와 교조주의에 굴복하지 않고 자신의 길을 개척했던 이 경향은, 인간의 본질과 존재에 관한 마르크스주의 창시자의 주장이 갖는 살아 있는 의미를 부활시키는 것을 그 기본 임무로 했었다"[97]

마르크스 철학의 부활을 강조한 소련 철학 교과서에서 제시한 '인간 문제의 철학적 전환'은 정치철학의 수정으로 이어졌다. 소련 과학아카데미의 새 『정치경제학 교과서』(Политическая Экономия)도 제1편 4장에서 '현대의 사회적 생산체계에서의 인간'을 독립적으로 다루고 있고 생산의 중심적 요소인 인간의 문제를 경제 성장의 주요 변수로 간주했다.[98] 결국 강령적 선언에서 '물질적 가치로부터 인간 소외'를 극복하자는 것은 경제 성장 과정에서 인간의 창조성을 최대한 동원하여 생산을 증대시키고 그에 따른 소비생활의 풍요로움을 의도하는 것이다.

그러나 경제 발전의 경우에도 중요한 것이 경제 운영에의 광범위한 참여이듯이, 인간적·민주적 사회주의론은 개별 경제조직의 민주화로부터 권력으로부터의 소외 극복까지 폭넓은 민주화의 전략적 과제를 제기하고 있다. 고르바초프는 "사회주의 사회의 새로운 모습을 결정할 때 우리 사회의 모든 생활 분야에서 인간적 척도가 우선한다는 원칙을 철저하게 실현해야 한다"고 밝힌 바 있다.[99]

소련공산당과 고르바초프가 야심 차게 선언한 강령은 경제 발전에도 광범위한 참여가 중요하다는 문제의식 아래 개별 경제 조직의 민주화로부터 권력으로부터의 소외 극복까지 민주화의 전략적 과제를 폭넓게 제기했다. 고르바초프는 "사회주의 사회의 새로운 모습을 결정할 때 우리 사회의 모든 생활 분야에서 인간적 척도가 우선한다는 원칙을 철저하게 실현해야 한다"고 강조했다. 그는 강령을 설명하며 '프롤레타리아의 이름으로 당과 국가의 고위 간부들이 형성한 전반적인 사회생활의 국유화와 독재'를 비판하고, '진정한 민주정치를 향하여' 권력 만능의 관료주의적 제도로부터 민주적인 사회주의 사회로 이행할 것을 명백히 밝혔다.

고르바초프는 레닌이 만년에 걸었던 길을 따라, 페레스트로이카의 생명력이 정치적으로 민주주의의 발전에 달려 있으며 민주주의는 민중의 창조적 자발성을 자극한다고 말하고, 결국 페레스트로이카는 '민주주의적 방법에 의해, 민중에 의해, 민중을 위해 실현되는 혁명'이라고 선언했다. 심지어 그는 사회주의 사상은 '자유의 사상(идея свободы)'이라고 해석하고 민주주의와 자유는 인류 문명의 위대한 가치이며 실질적인 민주주의를 추구한다는 명분으로 민주주의의 형식적 원칙들을 포기해서는 안 된다고 말했다.

소련 사회의 재건을 위해서 개인의 인격적 자유의 근본적 확장이 필수적이라고 본 고르바초프는 사람을 책임 있는 주체로서 모든 사회적·국가적 과업에 참여시켜 '진정한 민중 권력'을 실현하려는 구상을 갖고 있었다. 사회주의적 자치와 의회 민주주의를 변증법적으로 결합해 진실로 인간적인 사회를 건설하겠다고 포부를 밝히기도 했다.

고르바초프의 뜻에 따라 강령은 모든 사회단체들이 자신의 이익을 표현하고 주장할 실질적 기회를 법적으로 보장하고, 헌법의 범위 안에서 사회, 정치단체들이 자유롭게 경쟁하도록 함으로써 소련공산당의 배타적 권력을 부정했다. '자신의 실천적 활동과 사회 발전 문제의 해결에서 건설적 태도로써 다른 정치 세력과의 자유경쟁을 통해 정치 지도자로서의 지위를 주장할 수 있는 정치단체'로 소련공산당을 규정했다.

강령은 입법과 행정 및 사법권의 분립이 권력 남용을 막기 위해 필요하다며 특히 입법 과정의 민주성과 공개성을 강조했다. 인간적·민주적 사회주의론은 '경쟁적 토대에서 형성되어 법의 테두리 안에서 대의기관과 여론에 의해 조정되는 동태적이고 현대적인 국가기관의 설립'을 지향한다. 부르주아 민주주의의 모든 형식성을 흡수하여 진정한 민주주의를 실현하려는 유토피아적 이상을 담은 셈이다.

고르바초프는 인간적·민주적 사회주의론이 현실에 대해 언제나 깨어 있는 철학 정신과 해방에의 열정을 지니고 있던 레닌의 삶에 기반을 두고 있다고 밝혔다. 레닌은 교리나 규범 권위가 아니라 삶과 실천의 관점이야말로 제1의 근본적 관점임을 강조했다.[100]

소련공산당 28차 대회가 채택한 인간적·민주적 사회주의 개념을 철학사에서 살펴보면 '인간적'이고 '민주적'인 문제의식은 마르크스 철학에서도 명확하게 나타난다. 기실 마르크스주의는 인간의 이성을 믿는 계몽사상에 뿌리를 두고 '부르주아 자유주의가 제기했으나 미완의 과제로 남겨놓은 자유·평등·우애를 실현할 수 있는 가장 구체적인' 철학이다.[101]

신에 항거한 프로메테우스를 즐겨 인용한 마르크스의 철학이 기본적으로 인류에 대한 사랑에 근거하고 있듯이, 레닌의 철학 또한 근본적으로 휴머니즘에 입각하고 있다. 레닌은 사회주의를 추상적 수준의 사상으로부터 민중이 세계를 혁명적으로 변화시키는 것을 돕는 이론적 개념체계로 발전시켰다.[102]

고르바초프와 소련공산당의 인간적·민주적 사회주의 철학에서 인류의 오랜 숙원인 휴머니즘의 완결을 기대했던 사람들은 곧 실망과 절망에 사로잡혔다. 고르바초프는 권좌에서 쫓겨났고 인간적·민주적 사회주의론도 현실의 벽에 부딪혀 둡체크의 '인간의 얼굴을 한 사회주의'처럼 역사 속에 사산아로 파묻힌 개념이 되고 말았다.

일찍이 사회주의에 대한 도스토옙스키의 우울한 예언처럼 인간적·민주적 사회주의란 또 하나의 바벨탑이나 악령에 지나지 않는 것일 수도 있다. 어쨌든 거대한 바벨탑이 무너져 내린 것은 분명하다.

고르바초프가 옐친에게 권력을 빼앗기고 몰락해 있을 때 그가 평생 동안 사랑한 아내 라이사가 숨졌다. 고르바초프는 2000년 9월 21일 일기에서 "라이사가 떠난 지 1년이 지났다"며 다음과 같이 썼다.

"아무런 양심도, 책임의식도 없는 사람들이 나라의 권력을 차지했다. 도대체 어떻게 그런 일이 일어날 수 있단 말인가? 아내는 가끔 그 일을 입에 올렸고, 그러면 나는 늘 좋은 일만 일어나지는 않는 법이라는 대답을 해주었다."

라이사가 이해할 수 없었을 만큼 실제로 옐친은 "아무런 양심도, 책임의식도 없는 사람"이었다. 옐친은 권력을 잡기 위해 미국과 손잡는 일도 서슴지 않았다. 물론 옐친에게 모든 책임을 돌리는 것은 옳지 않다.

고르바초프는 당 서기장에 취임할 때 소련의 당면 위기를 공개적으로 인정함으로써 위기에 대응하겠다며 "사물을 있는 그대로 볼 것"이라고 공언했지만, 과연 그가 "있는 그대로" 현실을 보았는지 의문이다. 고르바초프와 개혁 세력들이 '관료적 국가사회주의'의 재건에 착수했을 때 자신들이 수행해야 할 과업이 대단히 복잡하고 '엄청난 것'에 대해 충분히 생각하지 못한 이유는, 그들 스스로가 만장일치적 사고에 젖어서 소련 사회의 동질성에 대해 환상을 가지고 있었기 때문이라는 지적도 새겨볼 만하다.[103]

인간적·민주적 사회주의 철학의 파국은 '혁명 속의 혁명'이라는 실험과 함께 세계사적으로 비싼 대가를 치른 철학적 경험이 되었다. 그런 의미에서, 사회주의의 새 길을 찾으려던 인간적·민주적 사회주의론은 마르크스 철학사에서 간과할 수 없는 무게를 지니고 있다고 평가할 수 있다.

무릇 '민중 스스로의 통치'라는 민주주의의 오랜 숙원을 구현해가는 과정은 험난한 첩첩산중이다. 일찍이 마르크스가 간파했듯이 "인류는 언제나 해결 가능한 문제만 떠맡아왔다."[104]

다만 인간적·민주적 사회주의론의 대외적 표현인 '새로운 사고

(Новое мышление)'가 국제 정치에서 미국 패권주의의 강화, 전 세계적인 신자유주의 세계화로 귀결된 사실은 정확히 새겨볼 필요가 있다. 고르바초프와 소련공산당이 낙관적 전망에 사로잡혀 그들의 개혁 철학과 정책을 파탄 내려는 자본의 전략과 공세를 과소평가했다는 사실이 드러났기 때문이다.

많은 사람들, 특히 소련 전문가들조차 소련 붕괴를 내부 요인으로만 분석하고 있다. 하지만 미국의 집요한 '소련 붕괴 전략'의 결과였다는 주장이 이미 설득력 있게 제기된 만큼 내적 요인 못지않게 외적 요인을 함께 살펴야 옳다.

레이건이 집권한 8년 내내 미국 중앙정보부(CIA) 국장 케이시는 소련을 포위하고 뒤집어엎기 위한 공작을 쉴 새 없이 전개했으며, 국방장관 와인버거는 소련의 우세한 핵무기 전력을 무력화하기 위해 '전략방위구상(SDI)'을 부풀려 공개했다. CIA 국장의 증언과 관련 문서가 담긴 책은 미국이 주도하는 세계 미디어 시장에서 묻히고 말았지만, 미국은 소련의 힘을 약화하기 위해 치밀한 경제 전략과 심리 전략에 근거해 끊임없이 비밀공작을 벌였다.[105]

무엇보다 미국 대통령 레이건이 앞장섰다. 그는 틈날 때마다 공산국가와의 대결을 '선과 악의 싸움'으로 공언했다. 미국의 대내외 위기 속에 집권한 레이건은 '소련 붕괴'를 목표로 설정했다. 레이건은 폴란드 출신의 교황 요한 바오로 2세와 긴밀히 소통하면서 자유노조 운동을 지원하는 한편, 폴란드의 자유노조 운동을 탄압하는 책임자를 소련으로 규정하고 대소 압박 정책을 폈다. 당시 소련은 이미 폴란드에 무력 개입하지 않는다는 방침을 정했으나 레이건은 이를 무시하고 소련을 지속적으로 압박함으로써 동유럽의 반체제 인사들을 자극했고 공산 국가들의 내부 갈등을 한껏 조장했다.

레이건 정부는 '부자 감세' 정책으로 회복한 경제력을 바탕으로 '군비 경쟁'을 내놓고 벌였다. 소련은 레이건의 군비 확산에 대응하느라 경제 개혁에 힘을 모을 수 없었다. SDI로 군비 경쟁을 유도함으로써 소련 경제를 출혈케 한 레이건의 전략은 같은 신자유주의자 대처의 증언에서도 확인할 수 있다. 대처는 자신의 회고록에서 공산권 붕괴의 공을 레이건에게 전적으로 돌렸다. 대처는 레이건이 우직하게 밀어붙인 이른바 '별들의 전쟁 계획(SDI, Strategic Defense Initiative)'이 소련 붕괴를 가져온 결정적 전략이었다고 평가했다. SDI란 핵무기를 탑재한 미사일을 우주에서 요격할 수 있는 기술과 방어망을 가리킨다. 미국이 사람을 달에 착륙시켰던 기술력을 총동원해 '별들의 전쟁' 계획, 곧 미사일 방어망 연구를 시작하겠다고 공언하자 소련공산당 지도부는 긴장했다. 미국에 맞서 미사일 방어 기술을 개발하고 배치하려면 소련의 경제력과 과학 기술력을 집중해야 하는데 그렇게 할 때 경제 발전에 투자할 재원이 바닥날 수밖에 없었기 때문이다.

소련은 미국이 SDI를 포기케 하는 데 총력을 기울였다. 레이건은 소련이 초조하게 접근해올수록 SDI를 한층 의욕적으로 추진하는 듯 '연극'을 벌였고 그의 '연기'를 미국 언론과 세계 언론은 대대적으로 부각해 보도했다. 미국 과학자들은 완벽한 핵미사일 방어망을 만든다는 것이 불가능하다는 사실을 알고 있었지만 침묵했다.

레이건은 '신자유주의 이념의 동지'인 대처에게 "우리가 이 계획을 밀고 나간다면 소련의 경제에 큰 압박을 가하게 될 것이다. 소련은 이에 대응하기 위해서 인민들의 생활 수준을 희생시키지 않으면 안 될 것이다. 결국 소련은 미국의 도전에 굴복하고 말 것"이라고 말했다.

그뿐이 아니다. CIA 국장 케이시는 직접 중동 국가들을 들락거리며 막후 공작을 통해 세계 최대 석유 매장국인 사우디아라비아로 하여금 석유를 갑자기 증산케 했다. 사우디아라비아의 가파른 증산으로 1985년 가을에 배럴당 30달러 하던 유가는 1986년 4월에 10달러로 떨어졌다. 유가 폭락으로 경제에 가장 큰 타격을 받은 나라가 바로 소련이었다. 소련은 당시 세계 최대의 산유국이었다. 석웃값이 배럴당 1달러 떨어지면 소련은 연간 10억 달러의 손해를 보았다.

높은 유가로 1970년대엔 무역 흑자를 기록하던 소련은 석웃값 폭락으로 큰 타격을 받았다. 레이건이 시작한 군비 경쟁으로 경제는 더욱 멍들었다. 미국은 소련이 아프간 전쟁에 전쟁 비용을 최대한 쏟도록 반군에게 스팅어 미사일 같은 최신 무기를 제공했다.

레이건은 소련에 달러와 기술이 들어가는 것을 여러 방법으로 막았다. 유가 조작에 이어 유럽으로 들어가는 소련의 천연가스 송유관 건설도 폐기시켰다. 첨단기술이 소련으로 들어가지 못하게 막는가 하면 '가짜 핵심기술'을 소련 정보기관에 흘려보냈다.

소련 붕괴의 원인을 모두 미국의 전략으로 환원하는 것은 옳지 않겠지만 그것을 무시하는 분석은 더욱 옳지 않다. 고르바초프의 사회주의 개혁이 성공할 때 자본주의 체제가 위협받을 수 있다는 위기감은 미국으로 하여금 소련의 경제를 흔들고 동유럽의 동요를 일으키는 전략을 더 적극적으로 세우게 했다고 볼 수 있다.

3. 중국의 사회주의 철학과 변이

소련공산당은 1991년 무너졌지만 마르크스 철학에 근거했던 공산주의 국가들이 모두 사라진 것은 아니다. 미국 학계가 주장하는 '역사의 종말'—마르크스주의는 무너지고 자유주의가 최종적 형태라는 선언[106]—이 섣부른 판단임을 생생하게 입증해주는 대표적 나라가 바로 중화인민공화국(중국)이다. 소련이 붕괴된 직후 미국의 '공산주의 전문가'들 다수가 적어도 2010년대에는 중국도 무너지거나 분열되리라고 예측했다.

하지만 중국은 2021년 공산당 창당 100돌을 맞아 어느 때보다 마르크스 철학을 중시하며 민주주의 개념에 대해서도 미국과 유럽 중심에서 벗어나야 한다고 주장했다. 중국공산당은 마르크스와 엥겔스가 "170여 년 전에 사회주의가 필연적으로 자본주의를 대체하는 역사 법칙을 과학적으로 제시했다"며 이는 "인류 사회 발전의 불가역적인 추세"라고 강조했다. 다만 "오랜 시간의 역사 과정을 겪을 수밖에 없으며 그 과정에서 현실에 발을 딛고 각 단계마다 역사의 큰 흐름을 잘 파악함으로써 그 단계의 과업을 잘 수행해야 한다"[107]고 주장했다.

중국은 공산당의 탄생이 "바로 세계 발전의 큰 흐름에 순응한 결과"였고, 러시아에서 일어난 "10월 혁명의 승리와 사회주의의 흥기는 당시의 세계적 대세"였다고 단언했다. 중국공산당은 그 "세계의 큰 흐름 가운데 탄생되어 시대의 앞줄로 나아갔다"고 자평했다. 1978년에 이뤄진 "개혁개방의 중대한 정책 수립의 출현도 공산당이 시대 흐름에 대한 근본적인 통찰에 기초"한 것으로 정리했다. "당시 세계 경제 과학기술이 쾌속으로 발전하고 있었고, 중국의 발전은 국제 선진 수준과의 격차가 분명히 커졌"기에 "세계의 큰 흐름에 대해 과학적 판단을 내렸고, 당과 국가 과업의 중심을 전환하기로 결정했다"는 것이다.

중국공산당은 당의 역사를 3단계로 나눠 설명한다. 1921년 창당에서부터 항일 혁명을 거쳐 중화인민공화국을 건설한 1949년까지를 1단계로, 사회주의 체제를 확립하고 통치 체제를 다진 1978년까지를 2단계로 설정했다. 이어 개혁개방, 중국식 표현으로 '사회주의 시장경제' 초석을 세운 현재까지를 3단계로 규정했다.

중국의 공식 당사가 정리하고 있듯이, 덩샤오핑은 명확한 비전을 제시하며 최고 지도자에 올랐다. 러시아 혁명이 일어난 뒤에 태어난 고르바초프와 달리 덩샤오핑은 중국 혁명의 출발부터 참여했다. 1920년대에 프랑스로 유학을 가서 마르크스 철학을 공부했고 다시 소련 유학을 통해 소련 철학을 학습했다. 1949년 중화인민공화국이 선포된 뒤 5년만인 1954년에 당 총서기가 되어 국가주석 류샤오치와 함께 경제 발전을 중시하는 실용주의 노선을 펴나갔다. 하지만 권력 상실을 두려워한 마오쩌둥이 1966년 문화혁명을 통해 그를 '반모(反毛) 주자파(走資派)의 수괴'로 몰아 변방의 트랙터 공장 노동인으로 쫓아냈다.

하지만 1976년 9월 마오쩌둥이 죽으면서 상황은 바뀌었다. 1978년 사실상 중국공산당의 최고 지도자가 된 뒤 1997년 숨질 때까지 주석은 물론, 총리 자리에도 오르지 않았다. 마오쩌둥 노선으로 중국 전역에 걸쳐 가난이 보편화하고 인민들이 고통에 잠긴 현실을 직시한 덩샤오핑은 중국의 새로운 길을 간명하게 "가난은 사회주의가 아니다"로 천명했다. 당 최고 지도자로 복귀한 덩샤오핑이 중국 혁명의 현 단계를

'사회주의 초급 단계'로 설정한 이유다.

덩샤오핑은 스탈린을 비판한 흐루시초프와 달리 마오쩌둥을 끌어안았다. "지난날의 과실을 모두 마오 한 사람의 잘못이라고 볼 수는 없다"고 토로한 덩샤오핑은 "마오가 없었다면 새로운 중국도 없었다. 마오는 공이 7할이고 과가 3할"이라고 깔끔하게 정리했다. 이어 톈안먼 광장에 마오쩌둥의 초상화가 영원히 걸려 있을 것이라고 덧붙였다. 덩샤오핑의 지도력으로 중국은 전환기의 혼란을 피할 수 있었다.

덩샤오핑의 평가는 그대로 공식 당사가 되었다. "개혁개방 이전 시기의 중국공산당에 대해 외부에서는 박한 평가가 많지만 사회주의 혁명과 건설은 중국공산당의 오늘을 있게 한 풍부한 경험"이라며 "이전 60년이 최근 30년 고속 성장의 기반이 됐다"고 강조했다. 마오쩌둥이 공산주의 사회를 이루겠노라고 조급하게 추진한 대약진운동과 문화대혁명은 명백한 오류이지만, 중국공산당이 10억 명이 넘는 인구와 광대한 영토를 하나로 묶었기에 1980년대 이후 급속한 경제 성장과 국력 신장이 가능했다는 논리다.

덩샤오핑은 실질적인 최고 지도자로 20년 내내 활동하며 중국이 나아갈 길을 그때그때 제시했다. 1985년 핵심 당원들에게 "우리의 원칙은 마르크스주의를 실천하는 과정에서 중국만의 독특한 길을 가자는 것이고, 우리는 이것을 중국 특색의 사회주의 건설이라 부른다"고 천명했다.

하지만 당 내부에서 다시 비판이 나오기 시작했다. 시장경제 도입이 급물살을 이루면서 중국이 완전히 자본주의 사회로 가고 있다는 국가 정체성에 대한 우려가 그것이다. 더구나 베이징 대학생들이 서방식

정치적 자유를 요구한 '톈안먼 사태' 이후 덩샤오핑의 노선도 흔들리기 시작했다. 덩샤오핑은 '톈안먼 시위대'에 탱크를 투입해 정치체제를 확고히 지키면서 당 간부들에게 "냉정하게 관찰하고, 최전선을 튼튼히 하며, 침착하게 대응하면서도 능숙하고 우직하게 행동해야 한다"고 당부했다. 바로 그 현실 인식이 고르바초프와 덩샤오핑, 소련공산당과 중국공산당의 운명을 갈랐다.

1989년 9월 4일 덩샤오핑은 공산당 간부들에게 실용주의적인 '사회주의 초급 단계 철학'을 "도광양회(韜光養晦)"로 표현했다. 도광이란 자신의 재능, 재물, 명성을 가리고 숨기는 지혜를 말한다. 양회란 때가 올 때까지 세상에 나타나지 않고 내공을 쌓는 슬기다. 당시 개혁개방이 추진되어 경제가 빠르게 발전하고 있었지만, 마오쩌둥 시대처럼 부풀려서 단기간의 성과를 떠벌리는 대신 내실을 다지며 벅벅이 사회주의의 이상을 실현할 수 있을 때를 기다려야 한다고 강조했다. 사회주의 깃발을 견지하되 높이 쳐들기보다는 조심조심 자세를 낮추고 경제 성장의 길을 가라는 '당부'였다.

소련 안팎으로 사뭇 요란하게 페레스트로이카와 인간적·민주적 사회주의론을 내걸었던 소련공산당의 고르바초프와 달리 덩샤오핑과 중국공산당은 '도광양회'로 상징되는 '사회주의 초급 단계론'에 근거해 착실하게 경제 성장을 일궈갔다.

중국공산당 당헌도 1978년 이후의 개혁개방 정책을 '사회주의 초급 단계론'으로 정당화했다. 중국의 철학자들은 사회주의 초급 단계가 "원래부터 경제, 문화가 뒤떨어진 중국이 사회주의 현대화를 건설하는 데서 건너뛸 수 없는 역사적 단계이기에 그 기간이 100년 이상 걸릴 것"

이라고 전망한다. 당헌을 들여다보면 중국공산당이 제시한 사회주의 초급 단계론이 명쾌하게 서술되어 있다.

"현 단계에 있어서 중국 사회의 주요 모순은 인민의 아름다운 생활에 대한 날로 늘어나는 수요와 불균형적이고 불충분한 발전 간의 모순이다. 국내적 요인과 국제적 영향으로 계급투쟁은 일정한 범위에서 장기간 존재할 것이며 어떤 상황에서는 격화될 수도 있다. 하지만 그것은 이미 주요한 모순이 아니다. 중국 사회주의 건설의 근본 임무는 생산력을 한층 더 해방하고 발전시켜 사회주의 현대화를 점차 실현하며 이를 위하여 생산관계와 상부구조 중의 생산력 발전에 적응되지 않는 측면과 부분을 개혁하는 것이다. 반드시 공유제를 주체로 하고 다양한 소유제 경제를 공동으로 발전시키는 기본 경제제도를 견지하고 보완하며 노동에 따른 분배를 주체로 하고 여러 분배 방식이 병존하는 분배제도를 견지하고 보완하며 일부분 지구, 일부분 사람들이 먼저 부유해지는 것을 권장하며 점차 빈궁을 퇴치하고 다 같이 부유해지도록 하며 생산이 발전되고 사회적 부가 증대되는데 기초하여 인민의 아름다운 생활에 대한 날로 늘어나는 수요를 끊임없이 충족시키고 인간의 전면적 발전을 촉진하여야 한다."

덩샤오핑은 1990년 12월 당 간부들과의 회의에서 "자본주의와 사회주의의 구분은 계획경제이냐 시장경제이냐에 있지 않다. 사회주의에도 시장경제가 있고, 자본주의에도 계획경제가 있다. 시장경제를 도입한다고 해서 우리가 자본주의의 길을 걷는다고 여기지 마라. 우리가 자본주의의 길을 걷는 일은 없을 것이다. 그러니 두려워하지 말고 개혁개방을 추진하라"고 강조했다. 공산당 내부에서 불거지는 우려에 마지막

쐐기를 박기 위해 88세의 덩샤오핑은 중국 남부 지역으로 길을 떠났다. 그가 남부를 순회하며 개혁개방을 강조한 발언들은 중국에서 '남순강화(南巡講話)'로 불린다. 덩샤오핑은 여느 때보다 단호하게 말했다.

"개혁개방 정책을 수행할 때 우리가 우려해야 할 것은 다급함이 아니라 주저함이다. 국가는 이 정책이 필요하고 인민은 이것을 좋아한다. 누구든 개혁개방 정책에 반대하는 자는 바로 물러나야 한다."

중국공산당은 다시 하나가 되어 개혁개방에 힘을 쏟았다. 21세기로 들어서서 "경제 세계화의 발전 큰 흐름에 순응"해 세계무역기구(WTO)에 가입했다. 중국공산당은 세계무역기구 가입을 '쟁취'한 것으로 평가하며 "적극적으로 세계 경제 관리 기제 변혁을 촉진하고, 국제경제 관리기구 중에서 중국을 포함한 신흥 시장 국가와 개발도상 강국의 대표성과 발언권을 높였다"고 풀이한다.

수치로 나타난 중국공산당의 경제적 성과는 세계사에서 유례를 찾아보기 어렵다. 중국의 국내총생산은 1978년 이후 100배 넘게 커져 이미 2010년에 일본을 제치고 미국에 이어 세계 2위로 올라섰다. 세계은행을 비롯해 여러 권위 있는 기관들이 2030년에는 중국이 미국을 앞지른다는 보고서를 내놓고 있다. 덩샤오핑이 최고 지도자가 되었을 때 중국은 세계적인 '산업 불모지'였지만, 2010년대에 들어서면서 중국은 '세계의 공장'이라거나 '세계의 시장'이라는 찬사를 받고 있다.

만일 고르바초프의 소련공산당이 그들보다 앞서 개혁·개방에 나선 중국공산당의 길을 걸었다면 어떻게 되었을까. 세계사는 사뭇 달라졌을 가능성이 크다. 더구나 당시 고르바초프는 중국, 인도와 함께 '전략적 삼각관계'를 목표로 하고 있었다.

고르바초프와 소련공산당, 소련은 모두 몰락했지만 중국은 공산당의 주도 아래 세계 초강국으로 발돋움했다. 미국 언론도 인정하듯이 덩샤오핑의 개혁은 "인류 역사상 가장 대규모적인 빈곤 탈출 행위였으며, 과거 30년 동안 중국은 시장경제를 추구하여 수억 명이 빈곤에서 탈출했다."

해체된 소련공산당의 인간적·민주적 사회주의 철학과 달리 강력한 대오의 중국공산당이 자부하고 있는 '중국 특색의 사회주의'는 현 단계를 '사회주의 초급 단계'로 규정하거니와 그 논리는 마르크스가 제시한 혁명의 전제조건과 맞닿아 있다고 볼 수 있다. 마르크스는 자본주의를 넘어선 새로운 사회의 가장 기본적인 선행 조건으로 '고도로 발전한 생산력'을 제시[108]했기 때문이다.

하지만 '마오쩌둥 트라우마'를 겪은 중국이 자본주의를 너무 많이 받아들였고 그 결과 '불공정한 관료 자본주의 사회'가 되었다는 비판이 나오고 있다. 실제로 자본주의 시장경제 체제가 퍼져가면서 생활 수준이 낮은 노동인들과 농민들은 생존 경쟁에 내몰리는 살풍경이 벌어지고 있다. 이들이 거대한 '노동 예비군'이 됨으로써 소수의 관료 자본가들은 얼마든지 합법적 착취가 가능하게 되었다. 빈부 차이가 갈수록 심각해진 이유다.

중국에서 자본가와 공산당 관료들이 결탁할 때 정경유착의 부패는 대단히 심각해질 수밖에 없다. 시진핑도 그 가능성을 의식해 '부패와의 전쟁'에 나서며 "문제가 있으면 반드시 조사하고 부패를 발견하면 꼭 처벌해야 한다. 부패와 관련해서는 호랑이든 파리든 모조리 때려잡아야 한다는 것을 견지하고, 인민의 합법적인 권익을 철저히 보호하며 간부는 청렴함과 공정함을, 정부는 맑은 정치를 추구해야 한다"[109]고 강조했다.

덩샤오핑은 중국이 앞으로 100년 동안 개혁개방 정책을 계속해야 한다고 강조했다. 자못 긴 시간대다. "공산주의 혁명의 결과를 평가하기에는 아직 너무 이르다. 우리는 과도기에 있다"는 말도 남겼다. 여기서 중국이 나아갈 새로운 길을 엶으로써 미국과 맞서는 초강대국을 건설한 덩샤오핑의 긴 호흡을 짚을 필요가 있다. 그는 "쟁론의 여지가 있는 문제는 일단 제쳐두고, 난제는 우리보다 총명하여 더 나은 방법을 생각해낼 수 있는 후세들이 해결하는 것도 괜찮다"고 말했다.

덩샤오핑의 100년을 내다본 사회주의 초급 단계 철학은 30여 년이 지난 뒤 시진핑 통치 아래 중국의 자신감으로 나타나고 있다. 당 창당 100돌 기념식에서 시진핑은 "어떠한 외국 세력이 중국을 괴롭히거나 압박하는 망상을 하면 중국 인민들의 피와 살로 세운 강철 만리장성 앞에서 머리가 깨져 피를 흘릴 수 있다"고 경고했다. 시진핑은 "세계 일류의 군대를 구축하겠다"며 "중국공산당과 인민을 대립시키려는 어떠한 시도도 절대 실현되지 않도록 하겠다"고 선언했다.

2021년 11월 11일 발표된 「중국공산당 100년 분투의 중대 성취 및 역사 경험에 관한 결의」는 "마르크스주의 철학과 공산주의의 원대한 이상, 중국 특색 사회주의의 공동 이상은 중국공산당 모든 사람들의 정신적 지주이자 정치 영혼"임을 거듭 강조했다. 당의 역사적 결의는 "이상과 신념은 중국공산당 모든 사람들의 정신적 칼슘"이라며 "중국공산당 사람들이 이상과 신념이 없다면, 정신적 칼슘 부족으로 연골증을 일으켜서 반드시 정치적 변질, 경제적 탐욕, 도덕적 타락, 생활상의 부패를 초래한다"고 경고했다. 마르크스 철학에 대한 변함없는 신뢰가 나타난다. 같은 시기에 중국 정부는 사회주의 시장경제에서 힘이 커진 자본에 대해 공개적 규제에 나섰다.

중국공산당은 자신의 궁극적 목적을 '공산주의 실현'으로 천명하고 있다. 마르크스·레닌의 철학이 "인민의 정치 영혼"이라 규정한 중국공산당 선전부와 중국 교육부는 2016년 이래 베이징대학, 칭화대학을 비롯해 전국의 주요 대학마다 "전국 중점 마르크스주의 학원"을 새롭게 건립해가고 있다.

2020년대 들어 중국공산당은 마르크스 철학에 근거해 미국과 유럽의 대의제 민주주의를 정면으로 비판하고 나섰다. 시진핑 브레인으로 불리는 장진취안 중국공산당 중앙정책연구실 주임은 "서방 국가가 자랑하는 선거 민주주의는 자본이 지배하는 제도로, 부자의 민주주의지 진정한 민주주의가 아니다"라고 단언했다. 공산당 서열 3위인 전국인민대표대회 상무위원장은 "우리는 서방의 소위 입헌주의와 다당제 선거, 3부제, 양원제, 사법 독립을 단호히 반대하고 방지해야 한다"며 공산당에 대한 외부의 견제 자체를 부정했다. 시진핑 자신이 직접 "어느 국가가 민주이고 아닌지는 국제사회가 공동으로 평가하고 판단할 일이지 소수 국가가 평가하고 판단해서는 안 된다"며 미국 패권주의를 정면으로 비판했다.

중국공산당이 창당 100돌을 맞아 마르크스 철학을 강조하고 나섰지만 1997년 덩샤오핑 사후 중국의 현실을 들여다보면 과연 그 철학에 걸맞은 새로운 사회를 구현해가고 있는지 의문이 든다. 사회주의 초급 단계이기에 시장경제와 사회주의의 장점을 결합했다고 볼 수 있지만, 같은 논리로 자본주의와 사회주의의 문제점만을 결합했다는 주장도 가능하다.

중국공산당은 마르크스 철학과 '사회주의 초급 단계'를 강조하지만 현실은 자본주의화가 이미 깊숙이 진행됐다고 보는 학자들이 많다. 그들은 스스로 '중화민족'을 강조하는 중국공산당이 과연 사회주의 정당인가에 회의적이다. 잠정적으로 중국공산당의 철학을 '사회주의 변이'로 이해하는 것이 타당해 보인다. 변이(變異)는 '같은 종류의 개체 사이에서 형질이 달라짐'을 뜻한다. 중국의 경제 성장은 "비록 국가가 지휘 역할을 계속하지만, 시장경제에 기초하고 있다. 이는 마르크스주의, 스탈린주의, 마오주의 그리고 실용주의를 중국식 사회주의라는 독특한 모델로 결합시킨, 덩샤오핑이 만들어낸 살아 있는 공생체"[110]다. 덩샤오핑은 고르바초프와 달리 중국의 생산력을 부흥시켰다. 시진핑은 "우리의 개혁은 중국 특색 사회주의의 길에서 끊임없이 전진하는 개혁이며, 폐쇄되고 경직된 낡은 길을 가지 않고 깃발을 바꾸는 잘못된 길도 가지 않는 것"(「광둥 시찰 업무에서의 연설」, 2012년 12월)이라고 밝혔다.

사회주의 초급 단계에서 중국공산당이 풀어야 할 또 다른 문제는 민주주의다. 중국공산당이 미국과 유럽의 선거제도를 '자본이 지배하는 민주주의'로 얼마든지 비판할 수 있지만 문제는 중국의 민주주의 수준이다. 중국이 미국·유럽의 민주주의를 넘어서려면 비껴갈 수 없는 두 문제가 있다. 하나는 공산당 일당 독재와 1인 독재의 가능성이고, 다른 하나는 언론 통제다.

다만 중국의 사회주의 초급 단계 철학과 경제 발전은 과학적 사회주의 철학이 완전히 무너진 것은 아니라는 사실, 소련의 파국으로 '역사의 종말'을 진단해도 좋은 것은 더욱 아니라는 사실을 입증하고 있다.

일찍이 대표적인 반사회주의 사상가 미제스조차 마르크스주의는 "역사상 가장 강력한 개혁운동, 인류의 특정 분파에 한정되지 않고 온갖 인종과 국가와 종교와 문명에 속한 사람들에게 지지를 받은 최초의 이데올로기 경향"[111]이라고 인정했다. 이글턴은 더 긴 역사적 맥락에서 다음과 같이 항변한다.

"마르크스주의자는 CIA가 비밀리에 운영하는 감옥이 이슬람교도들을 고문했다고 해서 토머스 제퍼슨에서 존 스튜어트 밀에 이르는 강력한 자유주의 계보를 부정하진 않는다. 그런 감옥이 오늘날 자유주의 사회가 갖는 정치의 일부라 하더라도 말이다. 하지만 마르크스주의의 비판자들은 공개 재판과 집단 공포 정치가 마르크스주의에 대한 반박이 될 수 없다는 점을 좀처럼 인정하려 들지 않는다."[112]

지구촌에 반인간적 현실이 엄존하고 있는 한, 인간을 고통과 소외로 몰아넣는 자본의 논리와 계급사회에 물음을 던진 마르크스 철학의 생명력은 다하지 않을 것이다. 마르크스 철학이 근대 휴머니즘의 정점이기에 더 그렇다. 하지만 그 말이 마르크스 철학으로 새로운 시대를 열어가야 한다는 뜻은 아니다. 인간이 "자신의 역사를 만들어가지만, 그들이 바라는 꼭 그대로 만드는 것은 아니다. 인간은 스스로 선택한 환경 속에서가 아니라 이미 존재하는, 주어진, 물려받은 환경 속에서 역사를 만들어"나가기 때문만도 아니다.[113]

과학적 사회주의 철학이 과학 앞에 얼마나 열려 있었는지 진솔한 성찰이 필요하다. 한 세기 넘게 철학을 실천한 경험을 통해 마르크스 철학이 미처 보지 못한 '어둠'이 드러났거니와 더 거슬러 올라가 근대 유럽 철학이 추구한 주체 의식과 휴머니즘의 한계 또한 또렷이 나타났기 때문이다. 20세기 이래 우주과학의 발전으로 새로운 진실도 곰비임비 발견되면서 철학의 근본적 성찰과 새로운 인식론 정립은 시대적 과제가 되었다.

2부

현대 우주과학의 철학

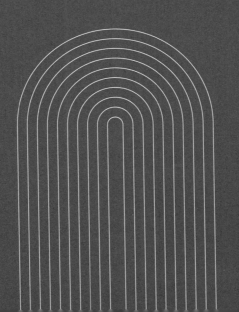

1장

공룡과 철학의 우주 망각

1. 현대 우주과학의 혁명과 망각

유럽 근대철학은 의도적 사유였든 무의식적 몸부림이었든 '코페르니쿠스 혁명'의 충격을 '흡수'하며 인간을 주체로 정립하고 휴머니즘을 선구하는 큰 흐름을 형성했다. 신이 인간을 위해 해와 달을 만들어주었다는 구약성경의 안온함이 사라진 시공간에서 자신의 존재에 자부심과 자존심을 잃은 인류는 칸트의 인식론 혁명이 상징하듯 인간 중심적 철학으로 사뭇 의연하게 지구가 해를 공전하고 있다는 사실을 받아들였다.

인류가 자신의 정당성을 확보하려는 안간힘은 주체를 도드라지게 사유하는 철학을 낳았고 휴머니즘의 흐름은 데카르트에서 칸트를 거쳐 마르크스와 레닌 철학에 이르렀다.

근대철학이 주체를 정립하고 휴머니즘이 줄기를 이루는 과정에서 우주에 전혀 무관심한 것은 아니었다. 칸트는 비판철학을 체계화하기 전에 우주를 탐구하며 뉴턴 역학의 관성 법칙과 중력 법칙을 바탕으로 우주 생성에 관한 가설을 내놓았다. 회전하는 원시 성운을 태양계의 기원으로 본 칸트의 '성운 가설'은 오늘날 우주과학에서도 유효한 착상이다.

우주에 대한 칸트의 사유는 인식 능력으로서 이성의 가능성과 한계를 분석한 비판철학에도 부분적으로 담겨 있다. 『순수이성 비판』은 선험적 분석론에서 직관의 형식과 오성을 분석하며 경험적 인식이 가능한 조건을 제시한 데 이어, 이성의 능력 너머에 있는 문제를 다룬다. 영혼, 신, "우주론적 문제"인 '세계'가 그것이다. 선험적 변증론으로 "우주론적 이념"을 장황하게 논의하고 있지만 "세계의 사건을 그 원인에서 이끌어내는 도출의 총체성"[114]이라는 규정에서 볼 수 있듯이 구체적인 우주의 실상에 근거한 논의와는 거리가 있다.[115]

칸트만이 아니다. 철학사에서 가장 과학을 중시했다는 평가를 받으며 실증철학의 문을 연 콩트는 인류가 우주와 대단히 멀리 떨어져 있고, 우주와의 상호 작용은 거의 없거나 무시할 만한 수준이라며 '우주와 전혀 무관하게 접근할 수 있고 또 접근해야 하는, 우리의 인식이 목표해야 하는 적법한 한계'를 상정했다. 콩트는 우주 개념을 '코스모스에서 하늘을 뺀 나머지(le cosmos moins le ciel)'로 정의했다.

하지만 20세기 이래 우주과학의 발전으로 인류의 우주 인식은 18세기 철학자 칸트의 선험적 이념으로서의 '세계'나 19세기 철학자 콩트가 알고 있던 '우주'에 견줄 수 없을 만큼 풍부해졌다. 과학기술이 발달하면서 대형 망원경에 이어 대기권 밖에서 우주를 관측하는 허블 망원경을 통해 인류는 밤하늘의 은하수를 면밀히 관측하고 그것이 띠 모양으로 펼쳐져 있는 숱한 별들의 무더기라는 사실, 그 은하의 변두리에 해가 자리 잡고 있어 지구와 별개의 현상처럼 보였을 뿐이라는 사실을 확인할 수 있었다.

인류가 자신이 살고 있는 지구의 위상을 '해 중심'으로 받아들이고 코페르니쿠스 혁명에 가까스로 적응할 때, 우주과학은 다시 '차가운 진실'을 일러주었다. 지구는 물론 태양마저 중심이 아닐 수 있다는 불길한 의심이 과학적 사실로 확인되었다. 무수한 별들 가운데 해는 평범하거나 어쩌면 그렇지도 못한 변방의 별에 지나지 않았다. 그것은 근대 천문학 혁명에 못지않은, 아니 그 이상의 혁명적 발견이었다. 지동설의 충격에서 겨우 다잡은 인류의 자부심과 존재감은 재차 뒤흔들렸다.

현대 우주과학의 발견 앞에서 자아나 주체를 중심에 둔 근대철학의 한계는 또렷하게 드러났다. 유럽과 동아시아를 가릴 것 없이 고대 철학 이후 중세를 거쳐 실천적 유물론에 이르기까지 20세기까지의 철학은 모두 현대 과학이 발견한 우주의 실상을 알지 못한 채 사유했다.

여기서 우리는 '지금까지 철학은 우주를 망각해왔다'는 명제를 내올 수 있다. 그 명제에 과학적 무지와 망각은 다르다는 항변이 나올 수 있다. 고대와 중세에 우주과학이 없었고 근대에도 아직 과학이 밝혀내지 못했기에 무지했을 뿐 망각이라고 단정하는 것은 지나치다는 반론도 가능하다.

하지만 '지금까지 철학은 우주를 망각해왔다'는 명제는 과학적 무지만을 겨냥하고 있지 않다. 15세기 우주과학이 등장하고 천동설이 무너진 뒤에도 우주 망각의 양상은 확연했다. 코페르니쿠스 혁명 초기에 지구가 다른 행성들과 함께 해를 돌고 있다는 과학적 사실이 알려졌을 때 사람들이 받은 충격은 오래가지 않았다. 지금은 그 '사실'에 놀랄 사람이 아무도 없겠지만, 당시로선 도무지 믿어지지 않는 진실이었음에도 그랬다.

놀랍게도 대다수 사람들은 충격적인 과학적 발견을 전혀 의식하지 않고 살아갔다. 지동설의 무게를 감당하기 어려운 사람들에게 가장 손쉬운 해결책은 그 진실을 학교에서 배우는 '교과서적 지식'의 하나로 분류해서 처리하는 방법이었다. 그렇게 지식의 창고에 던져둠으로써 일상의 삶에서는 망각할 수 있었다. 근대철학 또한 코페르니쿠스 혁명을 있는 그대로 직시하지 않았다.

현대 우주과학이 인류에 준 충격은 코페르니쿠스가 준 그것에 견주어 상대적으로 약했다. 과학적 충격은 더 클 수밖에 없음에도 실제 삶의 파장이 약한 이유는 인류가 이미 우주 앞에 심리적 '방어막'을 두껍게 형성했기 때문이라고 볼 수 있다. 망각은 실증철학의 개념을 빌리면 '사유의 경제 법칙'이다. 콩트는 인간의 인식 기관이 직접적인 방식으로 자신에게 작용하는 것만을 인식한다고 보았다. 인간의 사유는 '필연적으로 접근이 불가능한 영역에 역량을 낭비하는 대신에 허용된 부문에 집중'하도록 능력(portee, 할 수 있는 것)과 요구(besoin, 하고 싶은 것) 사이에 조화를 추구한다는 주장이다.

우주과학은 지구는 물론 태양까지 우주의 중심이 아니라는 사실을 밝혀낸 뒤에도 끊임없이 발전했다. 인터넷에 익숙한 21세기 사람들에겐 둥근 지구의 모습이 자연스럽게 다가오겠지만, 인류가 지구를 벗어나 자신들의 터전을 역사상 처음으로 한눈에 목격한 순간은 1960년대가 열리면서였다. 1961년 4월 12일 소련이 처음으로 우주선 보스토크(ВОСТÓК, 동쪽) 1호를 쏘아 올렸다. 보스토크는 무중력 상태의 우주권 돌입에 성공했다. 그곳에 타고 있던 유리 가가린은 지구 밖으로 나간 최초의 인간이다. 소련 언론은 '인류 역사상 가장 위대한 사건'이라고 보도했다. 시속 1만 8000마일 속도로 1시간 48분 동안 지구를 선회하고 예정지에 귀착한 가가린이 우주에서 처음 지구를 보았을 때의 '증언'은 우주를 철학하는 사람들이라면 귀 기울여볼 만하다.

"아! 아름답다!"

군더더기 없는 짧은 소감이다. 가가린은 무의식중에 감탄사가 터졌다고 밝혔다. 가가린은 이어 지구를 돌며 관측한 모습을 다음과 같이 서술했다.

"지구는 선명한 색조로 아름다움이 넘쳐났으며 옅은 푸른빛이었다. 그 옅은 푸른빛은 서서히 어두워졌고 터키석 같은 하늘색에서 파란색, 연보라색으로 바뀌었다가 다시 석탄 같은 칠흑이 되어 갔다. 이 변화는 정말로 아름다웠고 눈을 즐겁게 했다."[116]

소련의 우주선 발사에 세계 자본주의를 주도하던 미국은 크게 자극받았다. 천문학적 투자가 이어지면서 마침내 1969년 7월 20일 미국 우주선 아폴로 11호의 암스트롱이 달에 착륙했다. 달을 딛고 서서 캄캄한 우주에 떠 있는 지구를 바라본 그는 다음과 같이 기록했다.

"나는 갑자기 아름답고 푸른 지구가 생각났다. 엄지손가락을 대고 한쪽 눈을 감았다. 그러자 내 엄지손가락은 지구를 그대로 가려버렸다. 나는 내가 거인이 된 것처럼 느껴지지 않았다. 나는 그저 나 자신이 한없이 작고, 또 작게 느껴졌다."

암스트롱이 스스로를 한없이 작게 느낀 것은 달에 발을 딛고 둥근 지구를 실제로 보며 얻은 깨달음이지만, 그로부터 300여 년 전에 파스칼은 "무한한 공간의 영원한 침묵이 나를 두렵게 한다"고 토로했다. 그는 삶의 짧은 시간이 그 앞과 뒤의 영원 속에 스며들어 사라지고 '내가 모르고 또 나를 모르는 무한한 공간 속에 잠기는 두려움'을 느꼈다.

파스칼이 300여 년을 더 살아 우주선을 타고 달에 착륙했다고 하더라도 '무한한 공간의 영원한 침묵'이라는 서술은 달라지지 않았을 터다. 우리가 '저기 아닌 이곳, 그때 아닌 지금 존재할 이유'를 묻는 파스칼의 다음과 같은 물음은 오히려 더 절실할 수 있다. "누가 나를 여기에 갖다 놓았는가? 그 누구의 명령, 누구의 인도로 이 시간, 이 공간이 나에게 마련되었는가?"

현대 우주과학의 혁명적 발견들이 적나라하게 드러낸 인류의 우주적 위상을 망각하지 않거나 조금이라도 의식한다면 파스칼이 절감한 두려움도 증폭될 가능성이 높다. 기실 우주의 진실을 탐구해온 길은 인류가 스스로 얼마나 작은 존재인가를 사무치게 절감하는 과정이었다.

21세기 인류는 딱히 대학에서 우주과학을 공부하지 않더라도 초중고 교육과 인터넷을 통해 우리가 살고 있는 은하 바깥에 또 다른 은하가 있다는 사실을 누구나 알 수 있다. 고대와 중세, 근대의 어떤 철학자도 알지 못했던 우주의 진실이 한 겹 두 겹 벗겨졌다. 철학사의 어떤 우주론보다 현대 과학이 발견한 우주 모습은 경이롭다. 과학 교과서 지식으로 머릿속 어딘가에 가둬두거나 콩트가 말한 '사유의 경제'로 넘길 대상이 아니다. 20세기 이전까지 인류가 몰랐던 우주적 진리들은 하나하나 깊은 성찰을 요구한다.

따지고 보면 코페르니쿠스 혁명은 종래 태양신의 전통에서 이해 못할 일도 아니었다. 해를 중심으로 지구가 돌고 있다는 지동설과 '태양신 숭배'는 얼마든지 '인지 조화'를 이룰 수도 있었다.

　그런데 코페르니쿠스도 우주의 중심이라고 생각했던 바로 그 태양, 지구가 그 둘레를 끊임없이 돌고 있는 태양과 같은 별이 우리 은하에 최소 1000억 개, 그러니까 태양과 같은 성격의 별이 100,000,000,000개가 있다는 사실이 드러났다. 그 숱한 별 가운데 하나가 바로 우리의 태양이라는 사실에 모르쇠를 놓는 '경제적 사유'로 과연 인류의 존재와 그 의미를 철학할 수 있을까.

　우주의 진실은 거기서 멈추지 않는다. 우리 은하의 이웃인 안드로메다은하에도 어금버금한 '태양'이 있다는 사실이 드러났다. 우주과학자들은 1000억 개 안팎의 별을 거느린 은하(소우주)들이 우주에 100,000,000,000개가 있다는 사실을 21세기에 들어와 발견하며 경이를 느꼈다. 그런데 그로부터 10년도 안 되어 천체 망원경 성능이 발달하면서 은하의 숫자는 열 배로 늘어 1조 개가 되었다. 해를 태양신으로 섬기거나 해가 다시 길어지기 시작하는 동짓날을 예수의 탄생일로 설정했던 종교적 인류, 코페르니쿠스의 발견에 가까스로 동의한 '지적 인류'에게는 선뜻 믿어지지 않는 사실이겠지만 과학적 진리다.

　지금까지 우주과학이 발견한 성과만 보더라도 지구에 발을 딛고 살아가는 인간으로선 실감이 가능하지 않을 만큼 우주는 어마어마한 규모다. 더구나 1조 개에 이르는 은하들은 우주에 띄엄띄엄 떨어져 있다. 수십 개에서 수백 개씩 은하가 모여 있는 곳을 '은하군'이라 하고, 은하군이 다시 여러 개 몰려 있는 곳을 '은하단'이라 한다.

그렇다면 우리 인류가 존재해온 은하는 어떨까. 우주에서 비교적 은하들이 모여 있는 곳이어서 안드로메다은하, 마젤란은하들과 함께 은하군을 이루고 있다.

1000억 개의 태양(별), 다시 1조 개의 은하를 떠올리면 우주는 별들로 가득하리라 상상할 수 있겠지만, 우주는 거의 진공이다. 과학자들은 우주에 있는 별을 축구경기장만 한 공간에 좁쌀 하나 정도로 비유한다.

우리 은하가 속한 은하군의 지름은 250만 광년이다. 빛의 속도로 250만 년을 가야 하는 거리다. 인류의 별, 해에서 가장 가까운 별인 프록시마(Proxima Centauri)까지도 40조 킬로미터다. 단 1초도 쉼 없이 빛의 속도(30만km/초)로 4년 넘게 가야 할 거리다. 그 말은 해를 중심으로 한 반경 40조 킬로미터 안에는 어떤 별도 없다는 뜻이다.

밤하늘 가득 총총한 별들은 별들 사이의 거리가 생략된 채 모두 한꺼번에 우리에게 다가오기 때문에 나타나는 현상이다. 별빛의 차이가 그것을 증명한다. 노란 별, 주홍 별, 붉은 별, 초록 별, 푸른 별, 하얀 별들로 밀집해 있어 보이지만 그 별들 사이의 거리는 인간의 상상을 넘어선다. 별과 별 사이는 짙은 어둠이다. 인식 주체인 인간에게 총총한 별들로 인식될 뿐, 우주 대부분은 인류가 미처 모르는 깊은 어둠에 잠겨 있다.

2. 우주의 진실과 '과학적 존재론'

밤하늘에는 다이아몬드처럼 빛나는 잔별이 그득하다. 한국을 대표하는 노래 '아리랑'에는 "푸른 하늘엔 잔별도 많고 이내 가슴엔 수심도 많다"는 가사가 있다. 잔별은 북극성처럼 인간이 이름을 붙인 극소수의 별을 제외한 작은 별들을 이른다. 여기서도 가벼운 인식론적 물음을 던질 수 있다. 우리 눈에 작은 싸라기별처럼 보인다거나 빛이 밝지 않는다고 정말 그 별이 보잘것없는 것은 아니기 때문이다. 우리 눈에 보이는 잔별 가운데는 태양과는 견주기 어려울 만큼 큰 별들이 수두룩하다.

우주에 퍼져 있는 1000억×1조 개를 넘는 무수한 별들은 도대체 어떻게 존재할 수 있는가, 왜 없지 않고 있는가를 물을 때 우리는 우주를 사색하는 철학의 문에 들어선다. 물론, 우주를 철학하는 사유가 사변에 머물러서는 안 된다. 별무리를 철학하기에 앞서 우주과학자들이 탐구한 과학적 성과를 촘촘히 짚어야 할 이유다.

우주과학자들은 무수한 잔별들의 존재를 '빅뱅(Big Bang)'으로 설명한다. 빅뱅은 '대폭발'로 흔히 옮겨지지만 내용으로 볼 때 '대분출'의 의미를 지닌다. 빅뱅 이론은 우주의 기원을 말 그대로 '폭발'에서 찾는다. 빅뱅은 질량과 에너지가 집중되어 있던 곳에서 폭발이 일어났다는 가설을 표현한 비유적 개념이다.

138억 년 전 밀도가 몹시 높고 뜨거운 상태에서 '빅뱅'을 일으키며 탄생한 우주가 지금까지 계속 팽창하고 있다는 이론은 현대 우주과학의 정설이다. 빅뱅이론을 처음 제시한 가모프는 1946년 발표한 논문에서 우주가 고온 고밀도 상태였으며 빅뱅 1초 뒤 100억 도, 3분 뒤 10억 도, 100만 년이 지나 3000도가 되었다고 주장했다. 현재 과학자들은 빅뱅의 순간—수학적으로 표현하면 10^{-32}초라는 인간이 상상할 수 없을 만큼 짧은 찰나—에 에너지가 빠르게 퍼져나갔다고 설명한다. 우주가 계속 팽창해 나가며 공간의 밀도와 온도가 점차 낮아지는 과정에서 별들이 등장했다. 빅뱅은 공간에서 일어난 폭발이 아니라 '공간의 폭발' 이고, 시간 안에서 일어난 폭발이 아니라 '시간의 폭발'이다. "공간과 시간은 빅뱅의 순간에 창조되었다."[117]

우주가 시간도 공간도 없는 작은 점에서 탄생했고 당시 온도는 100억 도라는 마치 공상 같은 빅뱅 이론이 정설로 정착한 근거는 천체망원경을 통한 관측이다. 우주과학자 허블은 은하들이 방향에 관계없이 우리 은하로부터 계속 멀어지고 있음을 발견했다. 허블은 그 관측을 근거로 우주가 팽창하고 있다는 가설을 제시했다. 현재 우주과학자들은 우주의 팽창을 풍선에 비유한다. 아직 불지 않은 풍선에 점들을 찍고 그것을 은하라고 가정하면, 풍선에 바람을 불어넣을 때 모든 점들 사이의 거리는 멀어질 수밖에 없다.

또 다른 근거는 우주에 존재하는 헬륨의 양이다. 우주에서 우리가 알고 있는 물질들의 3/4 가까이가 수소다. 수소가 핵융합을 통해 헬륨이 되려면 적어도 1000만 도가 넘어야 한다. 과학자들은 헬륨이 수소 양의 1/3이나 우주에 존재한다는 사실에 근거해 우주 생성이 엄청난 고온에서 시작됐다고 결론 내렸다.

빅뱅 우주론이 정설이 된 '결정적 근거'는 1964년 천문학자들이 우연히 발견한 '우주 배경복사'다. 빅뱅이 사실이라면 폭발할 때의 빛이 우주 속에 고르게 퍼져 있어야 한다고 가정할 수 있다. '특정한 천체가 아니라 우주 공간의 배경을 이루며 모든 방향에서 같은 강도로 들어오는 전파'가 우주 배경복사(cosmic background radiation)다.

그렇다면 빅뱅으로 퍼져간 우주의 끝은 어떻게 될까. 끝없이 퍼져나갈까. 과학적 추론은 크게 팽창 우주설과 진동 우주설, 두 가설로 나눌 수 있다. 팽창 우주설은 빅뱅으로 우주가 끊임없이 팽창해 나간다면 언젠가는 에너지가 다 소모되어 아무런 빛도 찾아볼 수 없는 죽음의 세계로 변하리라는 가설이다. 반면에 진동 우주설은 우주가 팽창해 나가다가 언젠가 수축해 대폭발을 일으키기 전의 우주로 다시 돌아간다는 가설이다. 원점으로 돌아가서는 다시 대폭발을 일으켜 지금의 우주처럼 팽창해 나감으로써 팽창과 수축을 되풀이한다는 가설이다

기실 밀도가 대단히 높은 아주 작은 점이 대폭발을 하여 오늘날과 같은 우주로 진화하였다는 빅뱅 우주론은 누구나 처음 들을 때 선뜻 받아들일 수 없을 만큼 의문점이 많다. 처음 이론이 제시되었을 때부터 논란이 일었다. 우주 탐사를 통해 빅뱅을 입증할 여러 증거가 발견되어 현대 우주론에서 가장 보편적인 이론으로 자리 잡고 있지만, 모든 과학 이론이 그렇듯이 언제든 새로운 발견으로 수정할 수 있는 가설이다.

빅뱅의 한 점을 추론한다고 해서 우리가 우주의 중심을 찾을 수 있는 것도 아니다. 우주의 중심이 어딘지는 현재로서는 알 수가 없다. 앞서 빅뱅을 팽창하는 풍선에 비유했듯이 풍선의 표면에 붙은 한 조각에서 다른 조각을 보아도 멀어지는 조각들만 보인다. 풍선 밖에서 보지 못하는 한 풍선 중심의 위치가 어딘지 알 수 없다.

우리는 지구로부터 멀어지는 은하들만 바라볼 수 있을 뿐, 우주의 중심을 알 수 없다. 실제로 빅뱅 과학자들은 중심이 어디인지 알 수 없다고 고백한다. 다만 우주의 크기는 계산이 가능하다. 138억 년 전에 폭발했으니 빛의 속도로 뻗어나갔다면 우주의 반지름은 138억 광년이라고 추정할 수 있다.

팽창 우주론과 진동 우주론 가운데 무엇이 진실인지도 아직 과학은

모른다. 새로운 가설이 속속 나오기도 한다. 더 커다란 천체 망원경, 더 정밀한 관측 기술이 개발되어야 해결될 문제라고 과학자다운 설명이 이어지지만, 아무리 기술이 발전하더라도 우주의 진실을 정확히 인식할 수 있을까라는 철학적 물음이 제기될 수 있다.

우주과학이 밝힌 우주의 진실에서 하나 더 되새길 대목은 별 또한 죽음을 맞는다는 사실이다. 죽음에 이르는 모든 존재가 그렇듯이 별 또한 탄생한다. 별의 자궁은 우주 공간의 가스와 먼지가 뭉쳐진 성운이다. '성운(星雲)'은 우주에 있는 먼지나 가스가 구름 모양으로 이루어져 있다고 해서 붙여진 이름이다.

가스와 먼지를 이르는 '성간물질(Interstellar Medium)'들이 별을 형성하려면 조건을 갖춰야 한다. 밀도가 높고 온도는 상대적으로 낮은 조건에서 성간물질이 쉽게 결합하며 압축됨으로써 '원시별(proto star)'이 탄생한다. 원시별의 중력으로 성간물질이 계속 모여들며 압축되면 중심 온도가 더 높아가고 그만큼 주변의 물질들을 더 끌어들인다. 원시별의 내부 온도가 높아 가면 어느 단계에서 핵융합 반응이 시작되는데 그때 '안정된 주계열(main sequence)'의 별이 된다. 별의 중심부에서 수소의 핵융합 반응이 일어나며 에너지를 발산하는 단계가 별의 청장년기다. 대다수의 별들은 중심부에서 수소를 헬륨으로 전환하며 '일생'의 대부분을 보낸다. 우리의 별인 해 또한 그렇다.

하지만 언젠가 별 내부의 수소가 바닥나고 그에 따라 에너지가 시나브로 줄어들 수밖에 없다. 인간이 그렇듯이 모든 별에게 필연적으로 찾아오는 노화다. 별의 수명을 좌우하는 것은 태어날 때의 질량이다. 무거운 별들은 상대적으로 주계열에 오래 머무르지 못하고 일찍 늙어간다. 수소가 핵 융합하는 속도가 그만큼 빠르기 때문이다.

그렇다고 질량이 작아야 좋은 것은 아니다. 어느 정도의 질량을 갖추지 못하면 수소가 핵융합을 할 만큼의 온도에 이르지 못한다. 아예 별이 되지 못한다는 뜻이다. 별 주위를 돌아다니는 떠돌이별(행성)에 그친다. 바로 인류가 살고 있는 지구가 그렇다. 떠돌이별이라는 말에서 묻어나듯이 지구는 별이 아니라 우리가 '해'라고 이름 붙인 별(항성)을 돌고 있는 행성일 따름이다. 우연히 세 번째 궤도에서 돌고 있기에 첫째나 둘째 궤도의 행성—금성의 표면 온도는 섭씨 500도—과 달리 펄펄 끓고 있지 않아 우리 인류가 나타날 수 있었다.

별이 주계열의 청·장년기를 거치면, 적색거성(붉은큰별)이 되고 폭발로 일생을 마칠 때 질량에 따라 중심부가 백색왜성·중성자별·블랙홀로 변한다. 질량이 태양과 비슷한 별은 수소가 거의 바닥이 날 무렵에 적색거성으로 커진다. 부피가 늘어난 '붉은큰별'은 마지막 단계에서 바깥 부분이 날아가 버리고 중심부의 핵만 남아 작은흰별(백색왜성)을 이룬다.

그런데 질량이 해의 10배 이상으로 큰 별은 폭발하고 중심부의 무거운 물질이 남아 중성자별을 형성한다. 중성자별은 빠르게 자전하면서 전파를 방출한다. 질량이 해의 30배 이상인 별들은 초신성 폭발을 거치면서 강한 수축으로 빛조차 빠져나갈 수 없는 블랙홀을 형성한다.

인류를 살 수 있게 해주는 별인 해는 46억 년 전 "그전에 있었던 초신성의 방출물을 포함하고 있는 회전하는 기체 구름으로부터 형성된 제2세대 혹은 제3세대 항성"이다.[118] 앞으로 50~70억 년이 지나면 적색거성으로 부풀어 오른 뒤 마침내 외곽이 모두 터지고 중심만 남아 창백한 작은 별로 죽음을 맞을 '운명'을 피할 수 없다.

별도 탄생과 죽음이 있다고 하지만 인간의 삶과 견주는 것은 무리다. 인간의 수명은 아무리 건강해도 100년을 넘기기 쉽지 않지만, 밤하늘의 뭇별 가운데 지극히 평범한 별인 해의 수명은 100억 년 안팎이다. 우주과학자들은 인간이 해를 관측하는 모습이 하루살이가 인류를 관측하는 꼴이라고 비유한다. 별들의 일생에 비한다면 사람의 일생은 하루살이라고 비유한 세이건에게 "별들의 눈에 비친 인간의 삶"은 "아주 이상할 정도로 차갑고 지극히 단단한 규산염과 철로 만들어진 작은 공 모양의 땅덩어리에서 10억 분의 1도 채 안 되는 짧은 시간 동안만 반짝이다가 사라지는 매우 하찮은 존재"다.[119]

하지만 장구한 우주의 흐름에서 살핀다면 별의 일생 또한 짧다. 지금 밤하늘에 빛나는 모든 별들은 단지 '시간' 문제일 뿐 언젠가 죽음을 맞을 수밖에 없다. 그 명확한 사실을 인식할 때, 새삼 우리는 우주의 신비를, 생각하면 할수록 더 경외감을 느끼게 하는 별의 존재를, 밤하늘 총총한 무수한 별들의 존재를 직시하지 않을 수 없다.

인류가 '영원'의 상징으로 숭배하거나 경외해온 해를 포함한 모든 개개의 별들이 죽음을 맞는다는 사실, 인류의 존재는 물론 별의 존재도 드넓은 우주에서 어지럼을 느낄 정도로 미약하다는 진실을 확인한 우리에게 '철학적 위안'은 있다. 별의 부활이 그것이다.

별에게 죽음은 끝이 아니다. 별이 폭발하며 우주 공간으로 방출된 파편들은 성운을 이룬다. 바로 그 먼지와 가스에서 다시 '원시별'이 태어난다. 인류에겐 메스꺼울 정도로 현기증 나는 기나긴 시간대이지만, 아무튼 별이 태어나고 죽고 다시 태어나는 과정을 되풀이하는 것은 분명하다. 그 과정에서 우주 물질은 순환된다.

우주에 가장 풍부한 물질은 수소이고 그것이 수축되어 핵융합을 한 결과가 헬륨이다. 해를 비롯해 밤하늘의 총총한 별들 모두 수소와 헬륨이 대부분을 차지한다. 별의 중심부에서 초고온 상황의 핵융합이 일어나면 헬륨보다 더 무겁고 복잡한 원소들이 만들어진다. 탄소는 중심 온도가 수억 도 정도가 될 때 나타난다. 탄소는 다시 네온을 낳고, 10억 도가 넘어갈 때 네온에서 산소가 나타난다. 우리가 흔히 보는 철은 30억 도의 초고온에서 나타난다.

'살아 있는 별'의 내부는 온도와 압력에 한계가 있기 때문에 철보다 원자핵이 많은 원소들은 만들어지기 어렵다. 흔히 중금속이라 부르는 구리(동), 은, 금은 별의 죽음을 통해 생겨났다. 특히 크고 밝은 별들이 초신성으로 폭발할 때 엄청난 열과 압력으로 만들어진 물질들이 주변의 우주 공간으로 산산이 뿌려진다. 바로 그것이 우주의 먼지, 성운이 된다.

지구도 마찬가지다. 지구의 지각을 이루고 있는 주요 원소인 산소, 규소, 알루미늄, 철, 칼슘, 나트륨, 칼륨, 마그네슘들 모두 별이 남긴 먼지와 가스들이다. 바로 그 원소들이 지구의 '대자연'을 구성하고 있다. 지구 생명체를 이루는 6개의 주요 원소인 탄소, 수소, 질소, 산소, 인, 황 모두 별이 죽은 잔해, 우주 먼지에서 왔다. 인간의 몸을 이루는 원소들이 별로부터 왔다는 과학적 진실을 인간이 '발견'한 것은 20세기 중반에 이르러서다. 인간이 생명을 유지하는 데 꼭 필요한 산소, 지구 대기에 가장 많이 들어 있는 질소, 유기체를 구성하는 탄소들 모두 별에서 왔듯이 인간은 본디 우주적 존재이다.

인간이 죽으면 우리 몸을 구성하고 있는 원소들은 사라지지 않고 미생물이나 동식물을 거치며 생태계를 돌고 돈다. 수십억 년이 더 흘러 우리의 별, 해가 수소 연료를 모두 쓰고 죽음의 길로 들어서면서 팽창하면 지구는 가까워진 태양의 열로 모든 생물은 물론 태평양도, 히말라야산맥도 사라진다. 마침내 해로 빨려 들어가면 그동안 지구에서 순환을 거듭하던 우리 몸의 원소들도 들어간다.

하지만 모든 별이 그렇듯이 해 또한 죽음을 맞으며 담고 있던 원소들을 우주 공간에 다시 방출해 우주 먼지를 이룰 터다. 우주 먼지들은 중력 수축을 하며 가스 원반을 형성하고 회전한다. 그러면서 중심부의 온도가 올라가고 뜨거워지면 수소가 핵융합 반응을 일으키며 새로운 별이 탄생한다. 별이 다시 탄생하는 과정에서 주변 물질들은 생성되는 별의 주위를 돌며 돌과 가스 덩어리의 행성을 만든다. 딱히 지구가 아니어도 어딘가에 산과 바다가 생겨나고 지구가 생명이 발생해 인류처럼 자신의 운명을 짚어보고 우주과학을 발전시킬 존재도 나타날 수 있다.

지금까지 철학은 인간에 대한 존재론적 물음을 여러 시각에서 던져왔지만 사변적 접근으로 보편적 합의를 이루지 못했다. 우리가 철학의 관념적 욕망에서 벗어날 수 있다면, 현대 우주과학이 발견한 우주의 진실에 근거해 '인간은 우주적 존재'라는 '과학적 존재론(scientific ontology)'을 내올 수 있다. 인간에 대한 우주적 존재론은 20세기 이전에는 무지했거나 망각했던 우주를 철학의 존재론에 담아가자는 제안이다. 비단 인간만이 아니다. 존재에 대한 사유 전반을 과학적 존재론으로 접근할 때가 되었다. 과거의 철학자들이 존재를 사유할 때와 달리 현대 과학이 인류에게 존재에 대한 놀라운 발견들을 제시하고 있기 때문이다. 과학적 존재론에 기초할 때 철학적 사유도 깊어질 수 있다.

현대 우주과학의 발견들은 괄목할 성과를 이뤘지만 그 혁명적 발견들조차 우주의 실재와 견주면 아직 눈먼 수준이다. 빅뱅이론은 빅뱅으로 시간과 공간이 생겨났으므로 그 이전에는 '먼저'도 없고 '바깥'도 존재하지 않는다고 설명한다. 하지만 시간도 공간도 없는 우주는 무엇일까. 그곳에서 어떻게 빅뱅이 일어났을까. 138억 광년으로 추정된 우주 반지름 밖으로는 무엇이 있을까? 왜 별들은 탄생과 죽음을 되풀이하고 있는가와 같은 철학적 물음이 자연스럽게 이어질 수 있다.

138억 광년까지 펼쳐지기 이전의 공간도 시간도 없는 영역은 '어둠'에 가려 있다. 그 무(無)의 세계, 알 수 없는 세계를 인류는 인식할 수 있는가? 철학은 그 문제들을 사변이 아니라 우주과학과 함께 풀어가야 한다.

3. 공룡의 눈과 인류의 철학

철학사는 인간이란 무엇인가라는 물음에 답하려는 고투로 가득하다. 존재론, 인식론, 윤리학 두루 있음과 앎과 삶이라는 인간 현상을 탐구해왔다. 수많은 답들의 끝자락에서 우리는 이제 현대 우주과학이 밝혀낸 진실을 토대로 다음과 같은 철학적 물음을 제기할 수 있다.

'우주의 이 모든 것은 다 무엇일까. 우주에 인간은 왜 없지 않고 있는가.'

그 물음에 전통적인 철학이 그랬듯이 경험에 의존하지 않는 사변으로 다시 답하는 방법은 바람직하지 않다. 그렇다면 철학에 어떤 길이 있을까.

길을 찾기 전에, 아니 길을 찾기 위해서라도 여기서 살짝 물음을 바꿔보자. '우주에 공룡은 왜 없지 않고 있었는가.' 굳이 지금은 없는 공룡을 묻는 까닭은 실제 일어난 우주적 사건에 근거해 존재와 인식, 윤리의 문제를 철학할 필요가 있어서다. '만물의 영장'을 자임해온 인류는 자신의 존재 이전에 공룡의 시대가 1억 5000만 년에 걸쳐 이어졌던 사실을 충분히 사유하지 못해왔다.

인류와 공룡은 공존하지 않았지만, 인간이 살아 움직이는 공룡을 실제 풀밭에서 마주쳤다면 대지를 거니는 웅장함에 압도되었을 법하다. 가령 동아프리카와 북아메리카 서부에서 서식한 초식성 공룡인 브라키오사우루스의 몸길이는 25미터, 몸무게 50톤에 이른다. 아프리카 탄자니아에서 거의 완전한 골격이 발견되어 현재 독일 자연사박물관에 소장되어 있다. 기린처럼 긴 목과, 납작한 입, 눈앞에 크게 부풀려진 콧구멍이 인상적이다. 25미터 크기의 동물이 16미터 길이의 목을 움직이며 대지를 걷는 모습은 장관일 수 있다.

물론, 초식 공룡만 있지 않았기에 공룡들을 보며 경탄만 할 수는 없는 일이다. 대표적 육식 공룡 티라노사우루스는 두꺼운 이빨로 무장했다. 티라노사우루스가 턱으로 무는 힘은 1.3톤에 이른다. 몸길이 10~14미터, 몸무게는 무려 4.5~7톤이다.

티라노사우루스의 가장 인상적 특징은 1.5미터에 이르는 거대한 머리와 극도로 짧은 팔이다. 60개 안팎인 이빨 하나하나는 두껍고 억셌다. 가장 큰 이빨은 뿌리까지 길이가 30센티미터에 달했다. 강력한 이빨은 턱을 주요 사냥 무기로 발달시킨 결과다. 상체에 쏠리는 무게 중심을 극복하려고 팔은 짧게 퇴화했다. 크고 강력한 이빨은 사냥뿐 아니라 동족 사이의 경쟁에서도 유용한 무기였다. 오늘날 발견되는 티라노사우루스의 뼈에 남은 상흔들은 치열했던 생존 경쟁을 말해주는 중요한 단서다. 아시아에 서식했던 육식 공룡 타르보사우루스의 화석은 몽골 고비사막에서 발견되었다. 중생대에서 신생대로 넘어가는 시기에 공룡이 멸종했을 때, 바다에 살아 있던 생물종의 60~75퍼센트도 사라졌다.

1억 5000만 년이나 지구에서 군림하던 존재가 한순간에 사라진 현상은 공룡은 물론 인류를 비롯한 모든 생명체가 우주와 별개의 실체적 존재가 아님을 증언해준다. 초식 공룡 브라키오사우루스는 16미터의 높은 목에 자리한 두 눈으로 밤하늘 가득한 별들을 어떻게 바라보았을까? 160만 세기가 지나 어느 날 하늘에서 갑자기 날아온 운석 하나가 자신들이 자자손손 대대로 이어온 1억 5000만 년의 영화에 마침표를 찍으리라고 예감이라도 했을까. 공룡으로선 너무 억울했다거나 우주가 너무 잔인했다는 감상은 편견일 수 있다. 공룡에게 생명과 형상을 준 힘도 다름 아닌 우주에서 말미암은 까닭이다.

공룡의 존재를 멸종시킨 뒤에도 별들은 마치 무슨 일이라도 일어났느냐는 듯 총총 빛났다. 그 별빛 아래서 공룡에 견주어 더없이 비루해 보였던 포유류가 서서히 진화해가기 시작했다.

만일 그 운석이 우연히 지구와 충돌하지 않고 비껴갔다면 지구는 지금도 공룡 시대일 수 있다. 그렇다면 호모사피엔스는 아예 존재하지 않았을 가능성이 높다. 절멸한 공룡은 인류의 있음과 없음에 철학적 물음을 남기고 있다. '공룡의 법문' 또는 '공룡의 설교'라 해도 좋을 터다. 우리 인류가 겸손해야 할 이유를 종교 이상으로 공룡의 번성과 멸종에서 찾을 수 있다.

물론, 현대인에게 인류의 멸종은 실감하기 어렵다. 하지만 인류의 멸종은 명백한 과학적 필연이다. 다만 시기의 문제만 남았을 따름이다.

인류는 언젠가 직면할—그것이 기후 온난화로 금세기 안이든, 아니면 대략 3000만 년의 간격으로 주기적으로 발생했다는 유성체와의 충돌[120]이든, 태양의 죽음으로 인한 천문학적 시간대의 미래이지만 가장 확실한 필연이든—멸종 전까지 과연 우주의 전모를, 우주의 진실을 인식할 수 있을까. 현대 우주과학자들의 연구는 그 가능성을 높여주기도 하고 낮추기도 한다. 우주의 진실이 드러날수록 그만큼 우주의 넓이와 깊이가 커지고 있다.

우주과학자들은 우리가 살고 있는 우주 외에도 다른 우주들이 존재한다는 과학적 가설까지 내놓고 있다. 다중우주(Multiverse)론이 그것이다. 다중우주는 빅뱅이론의 난점들을 풀기 위해 고심하는 과정에서 등장했다. 빅뱅을 만들어낸 에너지가 우리 우주가 시작되기 전부터 존재했으리라 본 과학자들은 우리가 알고 있는 우주와 전혀 다른 우주의 존재 가능성을 가설로 세워 연구하고 있다.

다중우주론에서 우리 우주의 근원인 빅뱅과 급팽창은 유일무이한 사건이 아니다. 우리 우주의 빅뱅 이전에도 이미 여러 차례 빅뱅이 있었고, 앞으로도 무수히 빅뱅이 일어날 수 있다. 끊임없이 되풀이되는 팽창 과정에서 새로운 우주가 잇따라 탄생할 수 있다. 새 우주들이 형성되더라도 언제나 남은 공간이 있게 마련이고 그 공간은 방출되지 않은 에너지로 가득하기 때문에 더 많은 빅뱅으로 더 많은 우주가 탄생한다. 그 과정이 영원히 이어질 수 있다는 뜻이다. 간추리면 새로운 우주들이 끊임없이 탄생해 펼쳐진다는 이론[121]이 다중우주론이다.

다중우주론에서 별의 숫자는 상상을 초월한다. 지구에 사는 우리의 별인 해와 같은 별이 빅뱅이론으로 밝혀진 숫자만 1000억×1조 개인데, 다중우주론은 그 우주가 무수한 우주의 하나일 뿐이라고 추정한다.

다중우주론을 뒷받침할 관측이 이뤄진다면, 인류의 존재는 더욱 미미해질 수 있다. 다른 한편으로 인류에게 심각한 문제가 제기될 수 있다. 현대 과학이 밝혀낸 우주상에 근거할 때 우리가 '외계 생명체'를 상정하는 것이 차라리 자연스럽기 때문이다.

인류가 살아온 사유의 역사를 톺아보면 이미 코페르니쿠스의 전환 이전인 '천동설 시대'에도 하늘에 사는 존재를 상상했음을 발견할 수 있다. 당장 조선의 풍속은 물론 아시아 여러 나라의 설화를 짚어보아도, 달에 토끼 또는 두꺼비가 살고 있다. 서양에서도 마찬가지다. 고대 그리스인 가운데 달에 사람이 살고 있다고 믿은 기록이 남아 있다. 일찍이 철학자 에피쿠로스는 '우리가 모르는 생명체가 사는 곳이 우주에 수없이 많을 것'이라고 주장했다. 고대 로마의 시인 루크레티우스는 "우주 어딘가 우리 지구와 같은 곳에 사람이나 동물이 살고 있을 것"이라고 기록했다. 딴은 그리스·로마 신화가 하늘에 사는 존재들을 전제하고 있다.

근대에 들어와 코페르니쿠스 혁명으로 외계 생명체의 상상은 더 확산되었다. 기실 해가 지구를 도는 것이 아니라 지구가 돌고 있다면, 다른 행성에도 생명체가 존재하리라는 추정은 합리적이다. 천문학자 케플러와 철학자 칸트는 모든 행성에 생명체가 살아 있으리라 생각했다.[122]

근대를 상징하는 계몽철학자 칸트가 외계 생명체의 존재 가능성을 추정한 것은 흥미롭다. 칸트는 신의 창조 행위가 아니라 천체들이 진화한 결과 생명체가 생겨났다고 보았다. 진화론자들에 앞서 생명체가 특정한 외적인 조건들과 연계되어 있다고 인식한 셈이다.

칸트는 외계 생명체에 대해 "모든 행성들에 다 생명체가 살고 있다고 주장할 필요는 없다고 본다. 또한 이것을 굳이 부정하는 것도 불합리하다"면서 "해의 티끌에 불과할 정도로 황량해 생명체가 없는 곳도 있을 것이다. 어쩌면 모든 천체들이 미처 완전한 형태를 다 갖추지 못했을지도 모른다. 어떤 거대한 천체가 확실한 물질 상태에 도달하기까지는 수천 년에 또 수천 년이 더 걸릴지도 모른다"고 추론했다.

기독교가 중심인 유럽 사회에서 조심스러울 수밖에 없는 진단이고 과학적 근거를 제시한 것도 아니되 외계 생명체의 가능성에 무게가 쏠린 말임에 틀림없다. 칸트가 생각한 시간 단위는 겨우 "수천 년"이라는 점에서 한계가 뚜렷했지만 현대 우주과학으로 보더라도 예지가 돋보인다.

칸트 사후 천체 망원경이 더 정교해지고 그에 따라 새로운 별들이 끊임없이 발견되면서 다른 천체에도 생명체가 존재하리라는 생각이 논문과 문학 작품을 통해 폭넓게 소통됐다. 대표적으로 20세기가 열리기 직전에 웰스가 쓴 『우주전쟁』에는 '화성인'이 등장한다. 지름 1.2미터에 이르는 거대한 머리에 큰 눈과 입, 16개의 채찍 같은 촉수를 지닌 문어형의 생물로 그 뒤 외계인의 전형이 되었다. 화성인들은 인간의 신선한 피를 뽑아 자신의 혈관에 주입하는 소름 끼치는 존재였다. 웰스는 인간이 "더 이상 세상의 주인이 아니라 화성인의 발아래 있는 동물들

중 하나에 불과"한 상황을 그리면서 "다른 짐승들이 우리 때문에 그랬던 것처럼 망을 보고 뛰고 숨는 신세가 되었다. 그들에게 공포의 대상이자 지배자이던 인간은 이제 사라졌다"고 썼다.[123] 우주적 지평에서 인간 중심주의적 인식을 비판한 선구적 문학이다.

인류가 외계 지적 생명체 탐사(SETI; Search for Extra-Terrestrial Intelligence)에 본격적으로 나선 해는 1960년이다. 젊은 전파천문학자 프랭크 드레이크는 지름 25미터의 전파 망원경을 설치하고 우주에서 오는 외계인의 신호를 포착하겠다고 공언했다. 드레이크는 자신의 계획에 정당성을 부여하려고 우주에 존재하는 고등 생명체와 우리 인류가 소통할 수 있는 확률을 계산하는 방정식 '$N = R \times f_p \times n_e \times f_1 \times f_i \times f_c \times L$'을 만들었다. 외계 생명체가 지구와 소통할 수 있는 지적 문명의 수가 N이다. '우리 은하에 있는 별의 수'(R)에 '생명체가 존재할 행성의 확률'(f_p)을 곱하고 다시 '지구와 같은 수준의 행성의 수'(n_e), 그 행성에 생명이 존재할 확률(f_1), 그 생명체가 지구와 교신할 만한 기술을 발전시켰을 확률(f_i), 그들이 인류와 교신을 원할 확률(f_c), 그 문명이 지속할 시간의 비율(L)을 곱한 값이다.

'드레이크 방정식(Drake equation)'은 신선한 접근이었고 외계 생명체에 대한 상상력을 크게 높여주었다. 그는 자신의 방정식에 어림값을 적용해 우리은하에서 최소한 40개의 행성과 교신이 가능하다고 추산했다.

드레이크 이후 우주과학은 더 많은 천체들을 발견했다. 세이건은 우리 은하에서만 100만 개 행성들에 지적인 생명체가 살고 있으리라 추정했다. 세이건 이후 우주과학이 발견한 은하들은 무장 늘어났다. 은하가 1조 개에 이르니까 우주 전체로 따진다면 1조×100만 개의 행성에 외계 생명체가 존재할 수 있고, 그 행성마다 지구의 인간 개체 수보다 훨씬 적은 10억 명이 살고 있다면 우주의 외계 생명체 총 개체 수는 자그마치 1자~10양에 이른다.

물론, 우주과학이 낙관적 전망만 내놓는 것은 아니다. 외계 생명체와 만날 가능성을 따질 때 더 냉철해야 한다고 주장하는 과학자들이 적지 않다. 그들은 외계 생명체 문제에 '거리의 현실'을 강조한다. 별들 사이에 놓인 거리를 고려하지 않고 외계 생명체를 쉽게 생각한다는 주장이다.

지금까지 인류가 만들어낸 물체 가운데 가장 빠르게 지구를 탈출한 것은 피아노 크기의 작은 우주선 '뉴호라이즌스'다. 10년 동안 날아간 끝에 2015년 7월 명왕성에 도착했는데 발사될 때의 탈출 속도가 초속 16킬로미터로, 중간에 목성의 중력 도움을 받아 초속 23킬로미터까지 올렸다. 초속 23킬로미터라면 총알 속도의 23배다. 그런데 지구에서 가장 가까운 별, 프록시마는 4.2광년 거리에 있으므로 그 속도로 날아가면 옹근 5만 5000년이 걸린다. 그때까지 인류 문명이 존속할 수 있을까도 의문이다.

외계 생명체가 우리를 찾아온다면 성간 거리를 자유롭게 이동할 수 있다는 뜻인데, 그렇다면 그들은 우리가 상상할 수 없는 자원과 에너지를 지닌 셈이다. 바로 그래서 그들이 지구 따위에 눈 돌릴 이유가 없다는 결론이 나온다. 지구의 물질은 모두 우주에서 온 것이기에 외계인이 굳이 은하계 변두리의 작은 행성까지 찾아올 동기가 없다는 주장이다.

더구나 지구상에 인류가 나타난 것은 아무리 늘려 잡아도 '겨우 20

만 년 전'이고, 문명을 일구어온 것은 1만 년이 채 안 된다. 우주 138억 년의 역사에 견주면 말 그대로 '찰나'다. 다른 외계 문명이 있더라도 그 또한 찰나라면, 두 찰나가 동시에 존재할 확률은 거의 0에 수렴한다는 계산이 나온다.

다만 반론도 있다. 지난 100년 동안 인류는 비행기에서 시작해 우주 선까지 개발하며 과학기술이 빠르게 발전해왔는데 그 속도로 다시 백 년, 천년 내내 발전한다면 그 성과는 현재 우리의 상상을 넘어선다는 주장이다.

그렇다면 진실은 무엇일까. "알 수 없다"가 정답이다. 다만 우주과학 자 스티븐 호킹의 말에 귀 기울여 볼 필요는 있다. 2015년 호킹은 외계 생명체의 존재는 의심할 여지가 없으며 수학적으로 볼 때 외계인에 대 한 자신의 생각은 이성적이라고 밝혔다. 문제는 그들이 있다거나 없다 가 아니라 어떤 존재인지 알아내는 것이다. 호킹은 외계 생명체와 만날 때 인류의 위험성에 대해 경고했다. 진화된 외계 생명체가 그들이 다다 르는 행성을 정복하고 식민지로 만드는 유목민(nomad)과 같을 수 있 다는 것이다. "지능이 높은 생명체는 절대로 접촉하고 싶지 않은 생명 체로 진화할 것이라는 점은 우리 자신을 보면 잘 알 수 있다"는 호킹의 경고는 새겨볼 만하다. 과거 유럽의 백인들이 아메리카에 침입해왔을 때 선주민들은 우월한 무기에 학살당했고 아무런 면역력이 없던 전염 병까지 창궐해 대부분 목숨을 잃었다. 아프리카의 선주민들 또한 줄줄 이 노예로 팔려갔다.

이미 웰스는『우주전쟁』에서 사람의 피를 모두 뽑아가는 "화성인들 을 잔악한 종족이라고 판단 내리기 전에, 우리는 사라진 아메리카들소나 도도새와 같은 동물뿐 아니라 같은 인간이지만 (…) 우리가 가했던 잔악하고 무자비한 폭력을 기억해야 한다"고 역설했다. 이어 "만약 화성인들이 똑같은 생각으로 전쟁을 벌인다면, 우리가 그에 대해 불평을 늘어놓으며 자비의 전도사라도 되는 양 행동할 수 있을까?"[124] 반문했다.

호킹은 재해로 지구가 파괴될 위험이 점점 증가하고 있기 때문에 인류를 위한 최상의 생존 전략은 새로운 행성에서 삶의 터전을 찾는 것이라고 강조했다. 그는 외계 생명체의 침략과 인류 생존 위기에 대한 자신의 경고가 우주 연구의 중요성에 대해 대중적 인식을 높이려는 의도라고 솔직히 밝혔다.

우주에서 지구에만 생명체가 존재한다면, 세이건의 말을 인용할 필요도 없이 공간의 엄청난 낭비가 아닐 수 없다. '낭비' 여부를 떠나 지구에만 존재하리라는 생각이 오히려 비과학적이다. 21세기 들어와 우주생물학자들은 지구와 외계의 경계선에 흩어져 있는 유성의 잔재들로부터 유기체인 아미노산을 발견했다면서 '생명의 씨앗이 외계에서 왔다'는 주장을 펴기도 했다. 근거가 약하지만 그 경우에 외계 생명체의 가능성은 훨씬 높아진다. 우주생물학자 가운데는 우주에 생명체가 가득하리라는 전망도 내놓고 있다. 물론, 인류가 앞으로도 외계 생명체를 만날 가능성은 없을 수 있다. 하지만 만날 수 없다고 해서 존재하지 않는다고 결론 내릴 수는 없다. 어느 순간 갑자기 인류와 외계 존재가 만날 가능성도 있다는 뜻이다.

외계 생명체가 존재할 가능성이 높다는 과학적 사실을 온전히 인식한다면, 우리 인류가 삶을 바라보는 지평은 크게 넓어질 수 있다. 외계 생명체가 확인될 때, 우주에서 인류의 위치는 달라질 수밖에 없기 때문이다. 인간 중심주의—베이컨의 '종족의 우상'—에서 온전히 벗어난다면 새로운 철학의 지평이 열릴 수 있다.

공룡을 묻는 까닭도 인류의 자기중심성을 벗어나 사유하는 철학사적 전환의 정당성과 타당성을 옹호하기 위함이다. 기실 인간의 지독한 자기중심성은 '만물의 영장'을 자임해온 역사적 관습이나 세태에서만 찾을 수 있는 것이 아니다. 사뭇 경건한 철학자로 불리는 파스칼은 인간을 '생각하는 갈대'로 은유했지만 내용을 짚어보면 인간 중심주의를 벗어나지 못하고 있다.

"인간은 자연에서 가장 연약한 한 줄기 갈대일 뿐이다. 그러나 그는 생각하는 갈대이다. 그를 박살 내기 위해 전 우주가 무장할 필요가 없다. 한 번 뿜은 증기, 한 방울의 물이면 그를 죽이기에 충분하다. 그러나 우주가 그를 박살 낸다 해도 인간은 그를 죽이는 것보다 더 고귀할 것이다. 인간은 자기가 죽는다는 것을 알기 때문이다. 우주는 아무것도 모른다. 그러므로 우리의 모든 존엄성은 사유로 이루어져 있다. 우리가 스스로를 높여야 하는 것은 여기부터이지, 우리가 채울 수 없는 공간과 시간에서가 아니다. 그러나 올바르게 사용하도록 힘쓰자. 이것이 곧 도덕의 원리이다."[125]

하지만 과연 인간은 우주보다 더 고귀할까. 경건한 파스칼의 『팡세』에서 애처로운 자위가 묻어난다는 느낌이 반드시 지나친 감상만은 아닐 터다.

톺아보면 인류가 '지구를 정복'해온 역사시대는 5000년 남짓이다. 반면에 공룡이 지구를 지배한 '역사'는 1억 5000만 년이나 지속됐다.

'지속 가능한 발전'을 위기가 닥쳐서야 뒤늦게 탐구하고 있는 인류가 100년 단위로 구분하는 '세기' 기준법으로 치면, 21세기를 맞은 우리와 달리 공룡은 1세기부터 150만 세기를 맞은 셈이다. 과연 인류의 문명이 앞으로 1억 년, 아니 500년이라도 더 이어갈 수 있을까? 홀로세가 아니라 '인류세'이어야 옳다는 담론이 나오듯이 인류는 겨우 5000년 남짓 지배한 뒤 스스로 종말을 자초하고 있다는 분석마저 나오는 상황이다.

공룡의 눈과 외계 생명체의 눈을 상정해 사유하면 우주에서 인간의 위치와 인식 주체로서 인간의 능력에 물음을 던질 수밖에 없다. 인간을 우주적 존재로 파악하는 과학적 존재론—정확하게는 '우주과학적 존재론'이지만 문맥에 따라 과학적 존재론 또는 우주적 존재론으로 표기—에 기반을 두고 철학의 우주 망각을 성찰할 때 '공룡의 눈'이 과거라면 '미래의 눈'은 외계 생명체다.

2장

우주적 존재론의 인식론 혁명

1. 과학 발전과 유물론 비판

인간의 불행을 운명으로 돌리는 철학을 전투적으로 비판한 레닌의 유
물론은 20세기 사회주의 혁명의 철학적 기반이었다. 레닌은—그리고
마르크스·레닌주의자들은—불가지론을 비롯한 관념론과의 어떠한
사소한 융합 시도도 객관적 진리를 부정한다[126]는 이유로 '절충주의'나
'기회주의'로 비판했다.

그런데 『유물론과 경험비판론』의 모스크바 영역판 서문이 강조했
듯이 레닌은 엥겔스 사후 진행된 자연과학 발전의 성과를 인식론 정립
에 녹여냈다.[127] 레닌은 「전투적 유물론의 의의에 대하여」에서도 "현대
자연과학이 겪는 급격한 변동은 반동적인 철학 학파들을 자주 불러일
으킨다는 사실을 기억해야 한다"면서 "만일 최근 자연과학 혁명에 의
해 제기된 문제들을 따라가지 않는다면 그리고 자연과학자들이 철학

적 간행물의 활동에 참여하지 않는다면 전투적 유물론은 전투적일 수도 유물론적일 수도 없다"고 단언했다.[128]

자연과학의 '급격한 변동'이 "반동적인 철학 학파들을 자주 불러일으킨다"는 레닌의 경고는 자본주의에 비판적인 수많은 철학자들로 하여금 '자기 검열'에 들게 했다. 자신이 반동적인 철학에 기울고 있는 것이 아닌가라는 자기 경계가 그것이다.

하지만 레닌이 그 말을 한 뒤 100년이 더 흘렀다. '최신 과학의 발전'을 모두 반영했다고 과시하지만 엥겔스 사후 레닌의 인식론이 나오기까지의 기간은 겨우 13년이었다. 『유물론과 경험비판론』이 나온 20세기 초부터 21세기에 이르기까지 우주과학을 비롯한 과학은 마르크스와 레닌이 예상할 수 없었을 만큼 발전해왔다. 그렇다면 지난 100년 동안 전투적 유물론은 어떻게 전개되었을까.

스탈린 이후 소련공산당의 철학은 교조적으로 변했고, 1980년대에 급격한 전환을 시도하다가 존재조차 사라졌다. 전투적 유물론 이후 100년의 자연과학 성과를 담아 인식론의 새로운 지평을 여는 철학은 쉬운 일이 아니고 강단 철학의 눈길을 끌 연구는 더욱 아니지만 자본주의 체제가 지구촌을 사실상 전일적으로 지배하고 있는 현실에서 중요한 과제이다.

무엇보다 레닌의 전투적 유물론에서 새로운 인식론을 모색할 '틈'을 발견할 수 있다. 레닌은 『유물론과 경험비판론』에서 유물론과 관념론으로 나누며 '중간'이 없음을 강조하고 그것을 시도하는 이들을 곳곳에서 경멸조로 비판했다.

"정신과 육체의 이원론의 유물론적 제거(곧 유물론적 일원론)는, 정신은 육체와 독립하여 존재하지 않으며, 또한 정신은 제2차적인 것, 뇌의 기능, 외적 세계의 반영이라는 것을 주장하는 데 있는 것이다. 그리고 정신과 육체의 이원론의 관념론적 제거(곧 관념론적 일원론)는, 정신이 육체의 기능이 아니라는 것, 따라서 정신이 제1차적이라는 것, '환경'과 '자아'는 동일한 '요소 복합'의 불가분적 결합 내에서만 존재한다는 것을 주장하는 데 있는 것이다. 정신과 육체의 이원론을 제거하는 이러한 두 개의 대립된 방법 이외에는, 절충주의, 곧 유물론과 관념론을 억지로 뒤섞어놓은 잡탕을 제외한 다른 제3의 방법이란 없는 것이다."[129]

절충주의와 기회주의에 대한 레닌의 철저한 비판은 그의 사후 스탈린 체제가 자리 잡아가면서 '반영론'으로 고착되어 갔다. 하지만 『유물론과 경험비판론』을 좀 더 꼼꼼하게 들여다보면 레닌의 인식론이 인간의 의식에 물질세계가 실재 그대로 직접 반영된다는 반영론과 거리가 있다는 사실을 발견할 수 있다.

레닌은 객관적 실재, 곧 물질이 존재하고 그 물질의 변화는 무한하기 때문에 우리는 진리에 점진적으로 근사하게 접근해 나갈 수 있다고 보았다.[130] 폴란드 철학자 아담 샤프가 잘 요약했듯이, 인식에 의한 현실의 반영이라는 명제는 '현실은 언제나 단 한 번의 인식 작용에 의해 궁극적으로 인식될 수는 없으며 또 결코 그렇게 인식되어 오지도 않았다'는 명제와, '절대적 진리에 대한 인식은 단지 무한한 수의 개인들 속에서 일어나는 무한한 과정으로만 이해될 수 있다'는 명제와 연결되어 있다.[131]

더욱이 『유물론과 경험비판론』은 곳곳에서 절대적 진리를 독점할 수 있다는 생각을 비판했다. 레닌에게 유물론은 독단론이 아니었다. 자연과학이 발전하더라도 오히려 그 내용이 풍부해진다고 보았다. 물질의 유일한 성질은 '우리의 인식 밖에 존재하는 성질, 즉 객관적 실재라는 성질'이기에, 사물의 불변적 본질 따위를 인정하지 않았기 때문이다. 불변의 무엇을 찾거나 추구하는 것은 레닌에게 유물론이 아니라 형이상학이다.

그러므로 『유물론과 경험비판론』을 도식적으로 이해하는 반영론은 레닌의 철학이 아니라 레닌의 '불행한 숭배자들'[132]이 견지하는 '철학'이다. 엥겔스 또한 최종적인 절대적 진리를 파악했다는 듀링에 대해 '과대망상으로 인한 정신이상'을 꼬집고 있다.[133]

인식은 결코 끝이 발견될 수 없는 과정이며 총체적 현실에 대한 완전한 인식으로서의 절대적 진리는 인간이 끊임없이 접근해 나가야 할 이상이라는 판단이 엥겔스를 이은 레닌 인식론에 깔려 있다. 바로 그 지점에서 우리는 『유물론과 경험비판론』에 담긴 모순을 발견할 수 있다.

레닌은 과학적 명제의 진리성의 한계는 상대적이며, 인식의 성장에 따라 늘어나기도 하고 줄어들기도 한다[134]면서, 그 판단의 기준을 실천으로 제시했다. 마르크스와 엥겔스도 '인간의 실천이야말로 유물론적 인식론의 올바름을 증명한다'면서 인식론의 근본 문제를 실천의 도움 없이 해결하려는 모든 시도를 '스콜라철학'이며 '철학적 변덕'이라 불렀다고 레닌은 강조했다.[135] 그런데 바로 이어 다음과 같이 단언했다.

"실천이라는 기준, 즉 최근 수십 년 동안의 모든 자본주의 나라의 발전 과정은 마르크스의 사회 경제 이론 일반의 그 어느 부분, 그 어느 정식뿐만 아니라 그 이론 전체의 객관적 진리성을 증명하고 있다. 그러므로 여기서 마르크스주의자를 '독단론'이라고 말하는 것은 부르주아 경제학에 대한 용서할 수 없는 양보를 하는 것임이 명백하다. 마르크스의 이론을 하나의 객관적 진리라고 하는 마르크스주의자의 견해로부터 도출되는 유일한 결론은 다음과 같다. 즉 마르크스의 이론의 길을 따를 때 우리는 객관적 진리에(비록 그것에 완전히 도달할 수는 없겠지만) 점점 더 가까이 접근할 수 있지만, 그 외의 다른 어떤 길을 따를 때 우리는 혼란과 허위에 빠질 수밖에 없다는 사실이다."[136]

객관적 진리에 '완전히 도달할 수는 없겠지만'이라고 단서를 달았으나, 레닌이 "마르크스 이론"을 객관적 진리, 사실상 절대적 진리로 삼고 있다는 사실을 발견할 수 있다. 자본주의 발전 과정은 마르크스 철학의 "그 어느 부분, 그 어느 정식뿐만 아니라 그 이론 전체의 객관적 진리성을 증명하고 있다"고 확신할 뿐만 아니라, "그(마르크스주의) 외의 다른 어떤 길을 따를 때 우리는 혼란과 허위에 빠질 수밖에 없다는 사실"을 "유일한 결론"으로 단정하고 있다. 이는 『유물론과 경험비판론』에서 강조되는 '무한한 접근과정'의 인식론과 모순되는 서술이다. 더구나 '마르크스의 이론'이 무엇인지를 누가 결정하느냐의 문제도 남아 있다. 결국 스탈린주의에 이르러서는 '무한한 접근 과정의 인식론'이 시나브로 잊혔을 뿐만 아니라 정반대로 '철의 규율'을 강조하기에 이르렀다.

레닌 인식론의 모순은 「전투적 유물론의 의의에 대하여」에서도 드러난다. "공산주의자들이 저지르는 가장 크고 위험한 오류"를 "혁명은 혁명가들에 의해서만 이루어질 수 있다는 생각"이라며 전위는 '민중으로부터 고립되지 않고 진정으로 전체 대중을 이끌어나갈 수 있을 때 그의 임무를 다하는 것'이라고 옳게 지적했으면서도, 또 "다양한 활동 영역에서 비공산주의자와의 동맹 없이는 성공적인 공산주의의 건설도 있을 수 없다"고 말했으면서도, 레닌은 "학위 받은 아첨꾼들"을 전투의 표적으로 삼을 뿐만 아니라, 심지어 자연과학자들에게도 '마르크스의 틀'을 강조하는 모습을 보이고 있다. "자연과학과 유물론이 만일 견고한 철학적 지반 위에서 서지 않는다면, 부르주아 관념의 맹습과 부르주아 세계관의 복원에 대항하는 투쟁에서 자신의 입장을 고수할 수 없다"거나 "이 투쟁에서 끝까지 버티고 승리로 결말짓기 위해서 자연과학자는 현대의 유물론자, 마르크스에 의해 대표되는 유물론의 의식적 지지자, 즉 변증법적 유물론자가 되어야 한다"는 주장이 그것이다. 전투적 유물론이 자연과학의 발전을 가로막을 근거가 될 수 있는 주장이거니와 실제로 스탈린 체제에서 적잖은 과학자들이 자신의 연구 결과 때문에 탄압받는 사건들이 일어났다.

다만 『유물론과 경험비판론』이나 「전투적 유물론의 의의에 대하여」에 모순이 나타난다고 해서 레닌의 인식론을 모두 부정적으로 바라볼 필요는 없다. 자본의 무한 증식 본능에 맞서 불가지론과 신비주의를 비판하는 레닌의 철학 정신인 전투적 인식론은 우리가 자본주의 사회에 살고 있는 한 여전히 유효한 인식론적 덕목이자 무기일 수 있다.

레닌 인식론의 모순 또한 폐기가 아니라 지양해가는 적극적 탐색이 필요하다. 레닌 철학은 본디 '대립적인 것의 모순적 결합'을 중시한다. 그 "모순을 생산적으로 가동시켜 그의 이론을 끊임없이 '새로운 이론'으로 전화"시키는 것이 레닌으로의 올바른 회귀다.[137] 마르크스 철학이 '실천적 유물론'이듯이, 레닌의 철학 또한 생생한 현실 속에서 이론의 혁신을 탐색했다.

레닌은 "유물론자에게 세계는 그것이 보이는 것보다 더 풍부하고 생생하며 다양하다"면서 "과학의 발전이 진일보할 때마다 새로운 측면이 발견되기"[138] 때문이라고 강조했다. 그는 실천이야말로 유물론적 인식론의 올바름을 증명한다는 마르크스와 엥겔스의 말에 적극 동의했다.

그런데 "정신은 제2차적인 것, 뇌의 기능, 외적 세계의 반영"이라는 유물론의 명제, "사물은 우리의 의식과 독립하여, 우리의 감각과 독립하여 우리의 외부에 존재한다"는 명제에 모두 동의하더라도 문제는 남는다. 그 동의가 반드시 레닌의 인식론으로 귀착되는 것은 아니기 때문이다.

인간으로부터 독립된 객체의 진리를 과연 우리의 인식 기관이 얼마나 정확히 파악할 수 있는가라는 철학적 물음을 레닌 철학에 제기할 수 있다. 『유물론과 경험비판론』 어디에서도 인식 주체의 능력이나 인식 기관에 대한 성찰은 보이지 않기에 더 그렇다. 외부의 객체에 대한 접근성을 거론하지만 그것도 주된 흐름은 아니다. 그 이유를 당시 혁명운동에 나선 레닌이 관념론과 전투할 수밖에 없었던 상황 때문으로 이해할 수 있다.

하지만 인간으로부터 독립된 객체의 진리를 우리의 인식 기관이 얼마나 정확히 인식할 수 있는가의 문제는 레닌이 비판한 불가지론이니 회의론과는 결이 다르다. 불가지론과 회의론은 인간 외부에 독립된 객체가 있다는 명제까지 인정하지 않거나, 아예 알 수 없다고 단정 또는 포기하기 때문이다.

우리는 "정신이 제2차적인 것, 뇌의 기능, 외적 세계의 반영"이라는 유물론의 명제를 받아들임으로써 불가지론이나 회의론과 명확하게 선을 긋지만, 외적 세계를 정확히 '반영'하며 이해할 수 있는가에 물음을 던질 수 있다. 비록 객체를 온새미로 파악하지는 못하더라도, 불가지론이나 창백한 회의론에 매몰되어 알 수 없다고 포기하지 않고 끊임없이 근사치로 접근해가려는 인식의 고투와 주체적 자기 성찰을 마다하지 않기 때문이다. 이는 자연과학의 성과를 '반영'해가야 한다는 마르크스·엥겔스·레닌의 철학 정신과 이어질 수 있다.

레닌은 물질을 '인간의 감각에 의해 주어지지만, 그것과 독립하여 존재하는 객관적 실재를 표현하기 위한 철학적 범주'라고 정의했지만, 그 객관적 실재에 대해 20세기 우주과학을 비롯한 과학의 발전은 레닌이 살던 시대의 인류가 미처 모르고 있던 진실을 드러냈다.

상대성이론과 양자역학[139]만이 아니다. 1960년대 들어서서 무수한 별과 별 사이의 먹빛 우주에 우리가 모르는 물질이 있다는 가설이 등장했다. 우리은하에 있는 나선 팔의 회전 속도를 측정하던 과학자 베라 루빈은 우리가 아는 물질로는 설명할 수 없는 질량, 미지의 무엇이 있다고 추론했다. 이후 그 알려지지 않은 물질이 모든 우주에 퍼져 있다는 사실이 드러났다.

실제로 우리가 알고 있는 물질들의 인력만으로는 은하들을 함께 묶어 두기에 부족하다. 은하들 사이에 접착 기능을 하는 무엇인가가 있어야만 한다는 뜻이다. 그것이 바로 '암흑물질(dark matter)'이다. 현재까지 우주과학의 연구 결과로 우주 물질의 23% 이상을 차지하는 암흑물질은 어떤 전자기파(전파·적외선·가시광선·자외선·X-선·감마선)로도 관측되지 않지만, 질량을 가지고 있기 때문에 그 물질이 작용하고 있는 중력으로 존재를 확인할 수 있다.

그런데 우주의 팽창 속도가 느려지거나 그대로가 아니라 되레 더 빨라졌다는 사실이 1998년에 확인됐다. 관측 결과에 따르면 오늘날 우주는 70억 년 전에 비해 15%나 빨리 팽창하고 있다. 그 또렷한 사실이 뜻하는 것은 분명했다. 어떤 힘이 밀어내고 있는 것이다. 우주가 품고 있는 그 힘의 정체를 우주과학은 아직 밝혀내지 못하고 있다. 틀림없이 존재하고 있지만 모르고 있는 것이다. 과학자들은 그 에너지를 '암흑에너지(dark energy)'로 명명했다.

놀랍게도 암흑에너지는 우리가 관측할 수 있는 질량과 관측할 수 없는 암흑물질을 합한 것보다 훨씬 많은 것으로 추정된다. 현재까지 과학 연구에 따르면 우리가 관측할 수 있는 물질은 4%에 지나지 않는다. 73%가 암흑에너지, 23%가 암흑물질이다. 더구나 4%의 대부분은 우주 공간에 흩어져 있는 성간 먼지나 기체를 이루는 물질이다. 지구와 태양을 비롯한 별들을 구성하고 있는 물질은 우주의 0.4%에 지나지 않는다.

우주과학이 눈부시게 발전했다고 서술했지만, 지금도 인류는 고작 0.4~4%에 지나지 않은 희미한 불빛에 의존하여 칠흑처럼 어두운 우주를 탐사하는 수준에 머물고 있다. '암흑(dark)'이라 붙인 이유는 말 그대로 무엇인지 인식하지 못해 깜깜해서다.

21세기에 들어오면서 이론물리학자들이 우주를 바라보는 방식도 크게 바뀌고 있다. 하버드대 우주과학자 리사 랜들은 서슴없이 "우주는 비밀을 감추고 있다"고 단언한다. 우주가 "숨기고, 보호하고, 눈에 띄지 않게 감싸온 것"을 랜들은 '여분 차원(extra dimensions)'으로 명명했다.[140] 랜들은 우리가 인식하는 물체들을 이루고 있는 원자나 쿼크 같은 가장 근본적인 구성 요소들이 우리가 알고 있는 물리 법칙과는 완전히 다른 법칙의 지배를 받고 있다고 주장한다.

우리가 인식하지 못하는 차원이 있다는 이론물리학의 연구에 동의하지 않더라도 현재 인류가 고작 0.4~4%의 물질에 근거해 우주를 해석하고 있다는 사실이 분명해진 지금 인식론의 철학적 물음이 제기될 수밖에 없다. 사회주의 혁명운동의 인식론인 레닌의 유물론처럼 우리가 현실에 대한 정확한 인식을 과연 낙관할 수 있는가라는 문제가 그것이다.

물질은 '객관적 실재라는 철학적 범주'라는 개념만으로 설명할 수 없는 문제다. 원자에서 원자핵과 전자를 빼면 99.9999%가 텅 빈 공간이라는 과학적 사실도 레닌은 알 수 없었다. 현대 우주과학이 제시하는 세계에선 관계가 아니고는 그 어떤 실재도 없고 "사물이 있어서 관계를 맺게 되는 것이 아니라, 오히려 관계가 '사물'의 개념을 낳는"[141]다.

더욱이 우리가 모르는 무엇인가가 인류와 태양계를 틀 짓고 있거니와 인식 주체 또한 그 틀에서 자유롭지 못하다. 양자물리학에 따르면 인식 주체인 나는 어떤 실체가 아니라 "과정이자, 사건이며, 구성물이고, 공간과 시간에 제한된다."[142]

2. 비판철학의 선험론 비판

인간으로부터 독립된 객체의 진리를 우리가 얼마나 정확히 알 수 있는가의 문제는 인식 기관에 대한 철학적 성찰을 요구한다. 물질의 1차성, 정신의 2차성을 주장하는 유물론 철학에 동의하더라도 마찬가지다. 객관적 실재를 인식하는 인간의 인식 기관 문제가 남아 있기 때문이다.

레닌은 인간의 감각기관 또한 물질이라고 언급했지만 거기서 더 나아가지 못했다. 불가지론을 비롯한 관념론과의 '전투'에 몰입해서일까. '인간의 감각기관 또한 물질'이라는 언급과 물질을 '인간의 감각과 독립하여 존재하는 객관적 실재'로 정의한 명제 사이에 철학적 사유가 필요함에도 그랬다. 더구나 인간의 감각기관이나 인식 기관을 만든 물질을 아직 우리는 온전히 파악하지 못하고 있다.

우주를 바라보는 인류의 인식에 전환점을 마련한 과학적 발견은 새로운 철학을 추동했다. 1부에서 살펴보았듯이 15세기 코페르니쿠스 혁명은 칸트 혁명을 낳았다. 20세기 이래 우주과학을 비롯한 과학—우주물리학에 이어 우주생물학과 우주화학이 연구되면서 우주과학의 영역은 확장되었다—의 발전에 근거해 인간으로부터 독립된 객체의 진리를 우리가 얼마나 정확히 알 수 있는가의 문제를 사유할 때 선험론에 대한 철학적 탐구가 요청된다. 선험론을 선구적으로 사유한 칸트의 철학을 되짚어 보아야 할 이유다.

대상이 인식을 구성하는 것이 아니라, 우리의 인식이 대상을 구성한다는 칸트 인식론의 혁명적 의미는 <그림 1>과 <그림 2>로 나타낼 수 있다. 근대 이전 유럽 철학의 인식론—일상생활에서 대부분의 사람들이 지닌 상식—은 <그림 1>처럼 대상이나 사물이 우리 앞에 있어 인식한다고 설명한다.

하지만 칸트의 혁명적 사유인 '선험철학'은 <그림 2>처럼 어떤 대상에 관한 경험적 인식 이전에 '대상을 인식하는 방법에 관한 인식'을 기반으로 한다. <그림 2>의 오른쪽 그림에서 주체가 대상을 인식하는 앞부분에 두껍게 표시한 지점이 바로 '선험성'이다. 칸트가 제시한 선험적

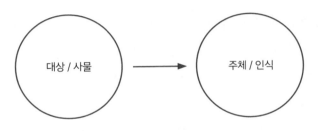

<그림 1> 유럽 철학의 근대 이전 인식론

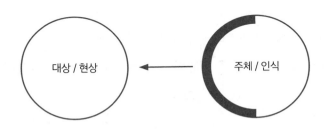

<그림 2> 철학의 코페르니쿠스 혁명: 칸트 인식론

방법, 곧 우리 인간이 '대상을 경험하는 방식에 대해 칸트의 설명은 사뭇 정밀하다.

칸트는 "인간의 인식에는 두 개의 근간이 있다"며 감성과 오성을 꼽았다.[143] 감성에 의해서 우리에게 대상이 주어지며, '오성'에 의해서 사고 된다. 대상이 우리의 감관(感官)을 자극함으로써 한편으로는 표상을 낳고, 다른 한편으로는 오성을 활동하도록 한다고 설명한다. 감성적 인상이라는 원재료에 '손질'을 해서 그것을 '대상의 인식'이게 한다는 것이다. 인식이 대상에 준거를 두고 있다는 통상의 생각과 반대로 대상이 인식에 준거를 두고 있다고 본 이유다.

칸트는 인간이 대상을 경험하는 주관적 조건들을 살펴 인식을 가능하게 하는 보편적이고 필연적인 조건들을 밝혀냄으로써 대상에 대해 확실한 학적 인식에 이를 수 있다고 주장했다. 그가 말한 '학적 인식'은 경험적·우연적 인식이나 사변적·초월적 인식이 아닌 '선험적 종합판단'이다.

칸트는 인간이 대상을 인식하는 형식적 조건을 탐색한 '선험적 원리론'을 선험적 감성론과 선험적 논리학으로 나누어 설명했다.

먼저 감성(Sinnlichkeit)은 대상과 직접 관계 맺는 능력 또는 기능이다. 칸트에게 "인식이 대상에 직접 관계하고 또 모든 사고가 그 수단으로서 구하고 있는 것"은 직관이다. 모든 인식은 경험과 더불어 시작한다는 경험론의 명제에 동의한 칸트는 우리의 인식 주관이 감각기관으로 외부의 어떤 것들을 경험하려면 외부에 그 무엇이 있어야 한다고 설명한다. 인식으로 성립될 감각적 소재들(질료, material)은 아직 무엇이라 할 수도 없고 인식 주관에 의해 감각되어질 '잡다한 것들'이다. 그 외부의 무질서한 질료에 질서를 부여해서 정돈하는 과정이 인간의 감각적 표상이다. 따라서 감성은 수동적인 것이 아니다. 감성이 능동적으로 질서를 부여하고 정리하는 형식을 칸트는 '감성 형식'으로 개념화했다.[144]

감성 형식은 경험적으로 주어지는 잡다한 질료들을 능동적으로 직관할 수 있게 한다. 경험으로부터 독립해 있다는 뜻이다. 감각적 경험에 앞서서 미리 감성에 구비되어 있다는 뜻에서 감성 형식을 '아프리오리(a priori, 과거 번역어로는 선천적)'라고 규정했다. 무질서한 감각적 소재들을 능동적으로 정돈함으로써 실질적인 감각적 직관을 가능케한다는 뜻에서 "선험적(transcendental)"이라는 개념을 제시했다. 감성

형식은 외부로부터 경험적으로 주어지는 것이 아니기에 '아프리오리'
하고, 경험적으로 주어진 질료를 직관 표상으로 정리해주기에 '선험적'
이다.

인간의 감성이 경험에 앞서 잡다한 질료들을 질서 있게 정리하는 선
험적 감성 형식을 칸트는 시간과 공간으로 정리했다. 시간과 공간은 우
리가 통상 생각하듯이 우리의 주관적인 의식과 독립적으로 실재하는
것이 아니다. 우리의 인식 주관 내부에 시간과 공간이 감성의 형식으로
있기 때문에, 이를 통해 감성적 표상을 얻어 낼 수 있다. 칸트에게 시간
과 공간은 객관적인 실재가 아니라 인식 주관의 선험적 형식이다.

우리의 감성적 직관에 필수적인 형식으로서의 공간은 외적 감각에
제약을 가하고 시간은 내적 감각에 제약을 가한다. 선험적 외감 형식인
공간과 선험적 내감 형식인 시간은 직관 형식으로서 관념적이다. 시간
과 공간이 먼저 밖에 존재하고 인식 주관이 이것을 받아들여 관념으로
형성한 것이 아니라는 것이다. 칸트는 우리 감성에 선험적인 관념 형식
이 없다면, 주관 밖의 대상들을 순서적이고 일정한 모양의 것으로 직관
할 수 없게 된다고 주장한다.

시간과 공간의 감성 형식이 감각으로 들어오는 대상을 정리해주지
만 그렇다고 인식 주관에 들어온 감각적인 내용들이 체계적으로 정리
되어 있는 것은 아니다. 확실한 인식이 되려면 개념이 필요하다.

감각적 직관들을 받아들이는 능력이 감성이라면, 대상을 보편적이
고 필연적 개념으로 구성해 인식하는 능력이 오성이다. 오성(Verstand,
이해력·분별력)[145]은 감각적인 직관 내용을 개념으로 종합하고 통일하
는 능동적인 사유 능력이다.

칸트에게 직관은 언제나 감성적이다. 대상과 직접 관계 맺으면서 즉각적인 지적 직관은 가능하지 않다. 알기 위해서는 개념 작용이 개입되어야 하고 개념은 추론적이고 간접적인 지적 활동이다.

칸트 철학에서 인식은 감성과 오성의 결합으로 성립한다. 오성은 실질적인 감각적 직관 내용을 필연적이고 보편타당한 개념적 진리로 산출한다. 감성과 오성의 협력으로 자연 세계에 대한 감각적 경험으로부터 나온 지식은 확실하고 객관적이며 보편타당한 인식임을 보증받을 수 있게 된다는 것이 칸트의 주장이다.

오성에도 감성의 시간·공간처럼 경험에 앞선 형식이 있다. 범주가 그것이다. 범주 형식이 인식 주관에 주어져 있기에 감성과 오성의 두 기능이 결합해서 경험적 대상들에 종합판단을 할 수 있다. 오성의 형식인 범주가 다양한 감성적 직관들을 종합 정리해서 인식을 산출한다는 주장이다. 칸트에게 범주는 "직관의 다양함이 그 아래에서만 하나의 의식에 총괄될 수 있는 조건 내지 기준"[146]이다.

선험적 오성의 형식을 칸트는 12가지 범주로 제시한다. 오성의 사유 형식인 12범주는 양·질·관계·양상을 기본으로 한다. 사고의 4가지 판단(양의 판단, 질의 판단, 관계의 판단, 양상의 판단)을 각각 3종류로 확대해서 12범주로 정돈했다. 모든 사유는 판단에 의해 표현되지 않을 수 없기에 판단표로부터 도출하면 범주표가 포괄적이고 체계적이 된다고 생각했다.

양(量)의 범주는 대상이 하나인가(단일성), 총체적인가(총체성), 몇 개인가(다수성)에 따라서 셋으로 확대된다. 질(質)의 범주는 대상의 성질이 실제로 존재하는가(실재성), 성질이 실제로 없는가(부정성), 성질이 제한적으로 있는가(제한성)에 따라서 확대된다. 관계 범주는 실체 또는 속성으로 존재하는가(실체성), 원인과 결과의 관계인가(인과성), 실체들 사이에 서로 어떤 관계인가(상호성)에 따라 확대된다. 양상 범주는 어떤 것이 가능한가 아니면 불가능한가(가능성·불가능), 실재하는가 아니면 실재하지 않는가(현존성·비존재성), 필연적으로 있는가 아니면 우연적으로 있는가(필연성·우연성)에 따라 확대된다. 오성은 12범주 형식에 따라 감성적으로 주어진 다양한 직관 표상들에 자발적·능동적으로 관계해서 개념의 인식에로 종합 통일할 수 있다. 범주는 "모든 현상의 총괄로서의 자연(질료의 면에서 본 자연)에 선험적 법칙을 규정하는 개념"[147]이다.

칸트는 감성과 오성에 이어 경험의 대상이 아닌, 초감각적인 대상을 사유할 수 있는 능력을 이성(Vernunft)이라고 개념화했다. 일반적으로 감성과 이성을 나누지만 칸트는 이성을 오성과 이성으로 나눈 셈이다. 물론 칸트 철학에서 이성 또한 선험적이다. 그러니까 칸트의 선험철학에서 인식 주체가 지닌 능력은 감성·오성·이성이다.

문제는 칸트가 제시한 선험적 감성 형식과 오성 형식이 얼마나 과학적 근거가 있는지에 있다. 가령 오성 형식이 왜 12범주인가는 얼마든지 제기할 수 있는 의문이다. 이를테면 아리스토텔레스는 범주를 존재의 보편적 형식으로 보고 실체·양·질·관계·장소·시간·위치·상태·능동·수동 10개로 나눴다. 스콜라철학에서는 존재·질·양·운동·관계·천성 6개의 범주, 데카르트는 실체·상태·관계 3개의 범주를 제시했다.

칸트는 아리스토텔레스의 범주가 '불완전'하다며 12범주를 제시했다. 하지만 칸트의 범주가 '완전'하다는 근거는 없다. 칸트 자신은 이에 대해 "범주의 객관적 타당성은, 그것에 의해서만 경험이 가능하다는 것에 의거한다"고 밝혔다. 자신이 제시한 범주 개념의 '객관적 타당성'의 근거를 '그 개념 없이 경험이 가능하지 않다'는 자신의 주장으로 제시하는 모습은 확연한 '순환논법' 또는 '동어반복'이다.

유물론은 칸트의 인식론이 결국 인간의 인식은 현상에 그칠 뿐 '물자체'는 볼 수 없다는 결론으로 불가지론과 다를 바 없다고 비판했다. 하지만 그 못지않게, 아니 그 이상으로 중요한 것은 비판철학의 선험성이 지닌 관념성이다.

칸트의 선험철학에서 선험 개념의 구체적 내용, 곧 시간·공간의 표상과 12범주는 경험 또는 과학에서 비롯된 개념이나 표상이 아니다. 경험에 앞서 있다는 주장만으로 정당성을 확보할 수 없다. 따라서 칸트가 제시한 감성과 오성의 선험적 형식은 과학적 근거가 없는 자의적이고 주관적 주장이기에 그의 인식론 자체가 또 하나의 형이상학이자 관념론 철학이라는 비판을 모면하기 어렵다.

칸트는 "이성이 그 모든 임무 중 가장 어려운 일, 즉 자기 인식의 과업을 떠맡음으로써, 정당한 주장의 이성은 옹호하고, 반대로 근거 없는 요구에 대해서는 강압적인 명령이 아닌 이성 자체의 영구불변한 법칙에 따라서 거절할 수 있게 하는 법정을 설치할 것을 요구"했고 그 법정이 "다름 아닌 순수이성 비판"[148]이라고 자부했지만, 그 또한 법정에 서는 운명을 피할 수 없게 된 셈이다. 그것은 칸트 철학의 폄훼가 아니다. 그의 철학이 시대적 소명에 충실했지만 현대는 새로운 철학이 요구된다는 뜻이다. 물론 철학의 가장 어려운 임무가 "자기 인식의 과업"이라는 칸트의 언명은 지금은 물론 앞으로도 유효할 터다.

칸트의 주관적 관념론은 일찌감치 헤겔과 쇼펜하우어의 비판을 받았다. 헤겔은 물자체와 현상으로 이원화된 철학을 비판하고 선험성을 아예 배제하며 '웅장한 개념의 전당'을 세웠다. 반면에 쇼펜하우어는 물자체와 현상의 논리를 '의지'와 '표상'으로 사유했다. 쇼펜하우어는 칸트가 제시한 '물자체'에 대해 "살려는 의지"야말로 "세계의 가장 깊숙한 본질에 대한 유일한 참된 표현"이며, "동물적 자연, 곧 '동물성'의 본질을 나타내는" 불변의 무제약적 성질이라고 주장했다. 그런데 쇼펜하우어가 주장한 '맹목적 의지' 또한 주관적 관념이라는 비판에서 자유롭지 못하다. 인간의 동물성을 부각한 그의 관념론은 결국 역사에는 진보가 없고 "현자는 어느 시대에나 같은 말을 했고 우자(愚者)는 같은 짓을, 즉 현자와는 반대되는 짓을 되풀이해왔다"[149]는 민중 조롱으로 이어졌다. 쇼펜하우어의 영향을 받은 니체는 '힘에의 의지'라는 인식 주체의 본성이 '선험적 성격'을 지닌다며 관점을 중시했다. 하지만 그가 말한 '힘에의 의지' 또한 과학적으로 규명될 수 없는 사변이다.

선험성의 철학은 '엄밀학'으로서의 현상학을 제시한 후설에 의해 다르게 구성된다. 과학과 철학의 위기를 진단한 후설은 자연과학이 없어도 의식에 대해 사유할 수 있는 현상으로 인간의 내적 지각을 주시했다. 그는 의식의 본질을 지향성—대상을 의식할 때 그것을 향하는 작용—에서 찾았다. 후설은 의식이 '사태 자체로의 귀환을 통해 얻은 개념'을 중시하며 그것을 '선험적 현상학의 엄밀함'이라고 불렀다. 모든 선입견에 대해 일단 '판단 중지'하고 '태도 변경'을 위해 '현상학적 환원'을 수행하자는 제안이다.

후설 철학에서 선험적 태도의 주관은 '세속적 주관'과 달리 의미로서의 세계와 대상을 구성하는 근거다. 주관의 구성 작용 없이 세계는 경험될 수 없다는 것인데 후설의 '선험적 주관' 또한 과학적 근거가 없기는 마찬가지다. 후설은 과학의 위기를 넘어서기 위해 선험적 현상학을 제시하지만 '자연적 태도에서 선험적 태도로 넘어가는 현상학적 환원'은 그의 철학 체계 안에서만—현상학을 자신의 철학이나 연구 방법론으로 받아들일 때만—빛날 수 있다. 우리가 선험성을 과학에 근거해 사유해야 할 이유다.

현대 신경과학(neuroscience)이 밝힌 인간의 인식 과정은 칸트의 주관적 생각과 차이가 크다. "외부 세계에 대한 정보는 감각 시스템을 통해 들어와 신피질로 전달되는데, 여기서 해당 사물이나 사건에 대한 감각 표상(sensory representation)이 만들어진다. 신피질의 감각 시스템에서 나온 정보는 다시 부해마(parahippocampus) 영역이라 불리는 비피질(rhinal cortex) 영역으로 수렴된다. 이 영역은 해마로 정보를 전하기 전에 여러 감각 정보들을 통합하는 역할을 한다. (…) 해마와 부해마(비피질) 영역은 내측두엽 기억 시스템이라 불리는 구조물을 구성하며, 이 시스템은 서술기억, 즉 외현기억에 관여한다."[150]

해마 안에서 많은 복잡한 회로들이 몸으로 들어오는 신호들을 처리하는 데 참여한다. 특히 중요한 회로가 '삼중시냅스 회로(trisynaptic circuit)'라 불리는 주선회로(main-line circuit)이다. 인식 과정에 대한 과학적 규명에서 칸트의 선험적 감성 형식은 찾을 수 없다.

칸트가 살았던 시대는 물론 20세기 초까지 인류는 공간과 시간을 그 안에서 사건들이 일어나는 고정된 무대로 여겼다. 하지만 상대성이론은 공간과 시간에 대한 우리의 개념을 근본적으로 바꿨다. "시간은 공간으로부터 완전히 분리되어 있지 않거나 공간으로부터 독립적이지 않으며, 공간과 결합하여 시공(時空, space-time)이라는 대상을 이룬다."[151] 일반 상대성이론은 공간이 단단하고 고정된 상자 같은 것이 아니라 전자기장처럼 역동적인 것임[152]을, 시간 또한 흐름이 "국지적인 중력장에 의해 결정된다는 것"[153]을 알려주었다. "사물들을 담고 있는 연속적 공간이라는 생각이 사라지듯이, 현상들이 발생하는 흐르고 있는 연속적인 '시간'이라는 생각도 사라지는 것"[154]이다. 시간과 공간은 우주에서 일어나는 모든 일들로부터 영향을 받고 그것에 영향을 끼치기도 한다.[155]

칸트의 선험적 오성 개념에 대해서도 현대 신경과학은 '수렴지대(convergence zone)'로 설명한다. 비피질 영역의 수렴지대는 "여러 감각 정보들을 종합하여 애초의 정보와는 별개인 표상을 만들어낸다. 그 결과 광경, 소리, 냄새 등이 한 상황에 대한 하나의 전반적 기억의 형태로 결합된다." 신경과학자 조지프 르두는 "그런 능력이 없다면 기억들은 산산조각으로 흩어지고 말 것"이라며 수렴지대 덕분에 마음의 표상들은 "지각의 차원을 넘어 개념으로 발전한다"[156]고 규명했다. 신경과학의 설명은 칸트는 물론 쇼펜하우어, 후설의 주장에 견주어 과학에 근거하고 있기에—근본적으로 새로운 발견 앞에 언제나 열려 있는 과학을 맹신할 이유도 필요도 없지만—적어도 인식 과정에 대한 논의에서 더 견실한 기반이 될 수 있다.

선험성에 대한 관념론적 사유를 벗어나 '인간은 대상을 삼중시냅스 회로와 수렴지대를 통해 파악한다'는 과학적 발견과 앞으로 이어질 과학적 성과에 인식의 선험성 논의를 열어두어야 한다. '대상을 경

험할 수 있게 하는 인간의 인식 구조'를 탐색한 칸트의 선험철학 사유
는 선구적이지만, 선험성은 현대 과학을 기반으로 새롭게 짚을 필요
가 있다.

3. 과학적 선험철학의 문제의식

과학사를 돌아보면 17세기에 뉴턴이 만유인력의 법칙을 발견했을 때
과학자들은 우주의 가장 중요한 비밀이 풀렸다고 생각했다. 그러나 20
세기에 들어와 아인슈타인의 상대성이론이 발표되면서 중력에 의해
시공간이 휘어져 있음이 밝혀졌다. 하지만 만유인력의 법칙이나 상대
성이론은 암흑물질과 암흑에너지의 존재를 몰랐을 때 나온 이론이다.

자연과학의 성과와 관련해 인간이 우주 속에 존재한다는 사실을 직
시해야 한다고 이미 강조했지만 우리는 20세기 과학이 발견한 인간의
조건을 촘촘히 들여다보아야 한다. 지구에서 인간의 조건이 '과학적 선
험성'의 문제와 이어지기에 그렇다.

미국의 저명한 물리학자조차 "스스로 연구를 수행하고 다른 사람들
의 연구를 읽으면서, 최근 발견들 중 새롭고 혁명적인 것이 얼마나 많
은지 깨닫고 끊임없이 놀랐다"고 고백했다.[157] 실제로 고생물학자들과
지질학자들이 공룡의 멸종 원인을 설득력 있게 규명한 것은 1980년대
들어서였다. 물질의 표준모형—기본 구성 요소들을 오늘날 과학 교과
서를 통해 이해하는 대로 묘사한 모형—은 최근 50년 동안 입자 물리
학과 우주론의 중요한 발전들에 근거한 결과물이다.

우리는 20세기 이래 과학의 눈부신 성과들을 교과서적 상식으로 넘

기기보다 되새김질하면서 철학적 사유의 대상으로 삼을 필요가 있다. '낯설게 바라보기'라도 좋다. 인류가 여태 살아왔고 살고 있으며 앞으로도 살아갈 지구가 138억 년 전에 전개된 광대한 우주의 부분이라는 사실, 그것도 무수한 별들 가운데 한낱 평범하고 작은 별인 태양을 공전하는 세 번째 행성이라는 과학적 사실은 언제나 철학적 되새김질을 요구한다.

더구나 지구가 그 둘레를 돌고 있는 태양도 우리 은하의 중심을 공전한다. 해의 공전 속도는 시속 82만 8000킬로미터다. 그렇게 질주해도 은하 둘레를 한 바퀴 도는데 지구 시간으로 2억 3000만 년이 걸린다.[158] 우리의 상상을 뛰어넘을 만큼 빠르고 드넓은 운동에 인류의 시공간 관념은 무력하다.

지구 생성 과정도 철학적 사유의 대상이다. 과학적 선험철학은 인간이 인식 주체로서 지닌 인식 기관이 다름 아닌 지구의 산물이라는 사실, 더 넓게는 우주의 산물이라는 사실에 주목한다. 우리가 외계 생명체를 상정할 때, 인류 또한 여러 우주 생명체 가운데 하나일 수 있다. 그때 인류의 특성은 지구에서 비롯한 것으로 판단할 수 있다. 칸트의 감성이나 이성이든, 후설의 지향적 의식이든, 선험성을 구상하는 인간의 사유든, 가장 중요한 인식 기관 또는 사유기관인 뇌 자체가 지구의 생성에 뒤이은 생명체 출현과 진화의 산물이다.

지구의 생성과 변화 과정은 인류 역사의 기원이자 개개인의 인식 기관인 뇌가 나타나기까지의 기나긴 과거다. 지구는 수많은 떠돌이별들이 충돌하며 생겨난 행성이기에 초기엔 어떤 생명체도 존재할 수 없었다. 우주에서 날아온 물질이 끊임없이 지구를 때리며 폭발했다. 가까스로 자기 자리를 찾은 지구의 위치는 금성이나 화성과 달리 생명체가 서식할 조건을 마련했다. 외행성들은 안으로 날아오는 소행성들과 혜성들의 방향을 꺾어 지구와의 충돌을 줄여주었다. 지구와 달의 거리가 궤도를 안정시켜줌으로써 극심한 온도 변화도 막아주었다.

행성 지구가 서서히 식으며 지각이 굳어지고 물과 대기가 형성되면서 비로소 생물이 나타날 수 있었다. 그러니까 인류는 우주 폭발에서 시작해 해의 생성, 지구의 생성, 생명체의 출현이라는 까마득한 시간대의 끝자락에 있는 존재다.

<표 1>의 '우주 빅뱅 이후 인류 출현과 철학의 탄생까지 기나긴 여정'에서 각각의 칸에 적은 전환적 징표들은 현대 과학의 성과 이전에는 알 수 없었던 사실들이다. 우주에서 철학의 탄생을 살피면 우리는 곧바로 "지금까지의 철학은 이른바 도시혁명을 거친 고대 문명과 함께 일어나 기껏 5000년, 6000년의 경험과 사색을 통과하며 세련한 결과물"임을, "인류는 모든 다른 생명의 존재들과 함께 수십만 년, 더 거슬러 올라가 수십억 년을 거치며 연마해온 기억과 상상을 다만 순간의 현재로서만 재현해가고 있는 것"[159]임을 간파할 수 있다.

20세기 이후 우주의 기원에 이어 지구와 생명체의 탄생까지 과학적 발견이 잇따랐다. 특히 지난 50년에 걸친 과학 발전에서 가장 근본적인 최대 교훈은 우주의 물리학, 기본 입자들의 물리학, 생명을 탐구하는 생물학이 모두 연관되었다는 사실이다.[160]

기실 생명의 기원은 인간의 오랜 관심사였다. 고대 이래 종교적, 문학적, 철학적 설명들이 곰비임비 등장했다. 현재 생물과학계에선 지구 역사의 일정 시기에 무생물로부터 생물이 생겨났다는 학설이 보편적

<표 1> 우주 빅뱅 이후 인류 출현과 철학의 탄생까지 기나긴 여정

시간	사건
138억 년 전	우주 대폭발
46억 년 전	**지구 탄생**
35억~38억 년 전	최초의 생명 출현
10억 년 전	바다에 최초의 동물 출현
5억 년 전	바다에 척추동물, 육지에 식물 출현
4억 5000만 년 전	식물과 동물이 육지 대부분으로 확산
2억 800~6500만 년 전	공룡 시대
1억 4000만 년 전	태반 있는 포유류 출현
8500만 년 전	최초의 영장류 출현
6500만 년 전	공룡 멸종, 포유류의 크기와 다양성 증가
3500만 년 전	최초의 유인원 출현
700만 년 전	인류와 침팬지의 공통 조상에서 진화 시작
440만 년 전	직립 보행하는 영장류 출현
260만 년 전	**인류의 뇌 원숭이 2배로 확장:** 돌로 만든 도구 등장,
200만~150만 년 전	말 혁명(언어혁명)
150만 년 전	아프리카에서 불 흔적 발견, 50만 년 전부터 불 사용 보편화
20~3만 년 전	네안데르탈인, 유럽과 서아시아에서 번성
3만~4만 년 전	호모사피엔스 사피엔스 출현
3만 년 전	네안데르탈인 멸종
2만 7000년 전~현재	현생인류 지구 전체로 퍼져 정착
1만 년 전	신석기혁명과 농업혁명
B.C. 3000년	문자 탄생(문자 혁명)
B.C. 500년 전후	**철학의 탄생:** 붓다, 노자, 공자, 소크라테스
15세기 전후	코페르니쿠스 혁명, 우주과학과 근대철학 등장
20세기 이후	우주과학을 비롯한 과학의 획기적 발전

으로 인정되고 있다. 화산 폭발과 운석 충돌로 온통 불덩이였던 지구의 표면 온도가 점차 내려가면서 지각과 바다, 대기가 생성되었다. 원시 대기는 수소(H_2), 수증기(H_2O), 암모니아(NH_3), 메탄(CH_4) 들로 구성되어 있었다. 원시 지구는 오존층이 없었기에 해의 자외선이 그대로 지구에 도달했다. 과학자들은 46억 년 전의 원시 지구와 비슷한 상태를 재현한 실험 장치를 고안해 기체에 전기 방전을 함으로써 무기물로부터 아미노산과 같은 간단한 유기물이 합성될 수 있음을 입증했다. 번개가 수없이 내려치는 초기 지구에서 유기물이 나타날 수 있었다는 뜻이다.

단순한 유기물에서 자기 복제를 할 수 있는 생명체가 되려면 생체 고분자 화합 물질들이 외부와 격리될 수 있는 막이 필요했다. 원시 바다의 탄수화물, 단백질 및 핵산의 혼합체로 만들어진 코아세르베이트—'모여 조립하다' 또는 '군생하다' 뜻의 라틴어 'coacervare'가 어원으로 막으로 둘러싸인 액상의 유기물 복합체—가 무수히 생겨났고 이들이 점점 복잡해지면서 효소와 DNA가 만나 자기 복제를 할 수 있었다. 그들이 증식과 물질대사 능력을 가짐에 따라 생명체의 진화가 시작되었다. 그 최초의 테두리, 막을 우리는 '주체의 기원'으로 볼 수 있을 것이다. 막이 생기면서 안팎이 나타났기 때문이다.

요컨대 원시 지구 환경에서 화학 반응으로 유기물이 만들어지고, 이 유기물로부터 자기 복제 기능을 가진 최초의 생명체가 탄생했다는 것이 현재 과학계의 보편적 합의다. 이윽고 원핵생물에서 출발해 진핵생물로 진화해갔다. 여기서 '이윽고'라는 표현을 썼지만, 원핵생물에서 진핵생물로 진화하는 데 15억 년이 걸렸다.

진핵생물이 언제 어떻게 출현했는가의 문제는 고생물학자들이 풀고 싶어 하는 연구 주제다. 현재까지 가장 많은 지지를 받고 있는 가설은 공생설이다. 독립적으로 살고 있던 원핵생물들이 먹고 먹히는 과정에서 서로에게 도움이 되는 공생 관계로 발전했고, 그 과정에서 진핵생물이 탄생했다는 이론이다.

이어 원시바다에서 처음 유성생식이 나타났다. 세포 분열로 늘어나는 무성생식의 지구에서 유성생식은 새로운 현상이었다. 신경생물학자들이 "최초의 생명체에게 불멸은 자신의 본질적 특징이었다. 개별적 죽음은 훨씬 뒤에 등장했다"고 말했듯이 유성생식을 통해 개체의 죽음이 등장한 셈이다.[161] 진화가 거듭된 뒤의 현상이지만 죽음은 생명체에게 '나'라는 의식을 심어주었다.

더구나 유성생식을 통해 비로소 생물 세계가 다채롭게 전개될 수 있었다. 종의 다양성은 물론, 같은 종 아래서도 다양성이 발현된 것은 유성생식이 아니면 불가능했다. 21세기 지구에는 3000만 종의 동물과 식물이 살고 있다.

지구 탄생 이후 40억 년 내내 육지에 생물이 살았다는 기록은 없다. 지구에 생명이 출현하고 5억 년 전까지 기나긴 시간대에 모든 생물은 바다에서 살았다. 5억 년 전부터 시작된 고생대가 3억 년 가까이 이어지던 시기에 삼엽충과 어류를 비롯해 많은 생물이 나타났다. 물고기가 바다에서 강물을 거슬러 올라와 머물다가 이윽고 육지로 진출하며 진화의 새 국면이 열렸다.

중생대는 2억 4500만 년 전부터 6500만 년 전까지의 시대로 기후가 따뜻했을 것으로 추정된다. 암모나이트, 겉씨식물, 곤충들이 퍼져간 그 시대를 지배한 동물은 단연 공룡이다. 6500만 년 전에 신생대가 열렸다. 지구의 지질 시대 가운데 가장 짧은 시기이지만 현재 살고 있는 생물 종의 대다수가 이때 나타났다. 공룡이 멸종하면서 그들에게 짓눌려 살았던 작은 포유류가 번성했다.

지구에 최초의 생명체가 출현하고 오랜 시간이 지나며 새로운 생물이 줄이어 나타나고 더러 멸종을 맞다가 마침내 인류가 출현했다. 인류의 조상은 직립 보행이라는 혁명적 자세를 습득했다. 골반과 다리 구조가 그에 걸맞게 변형되었고, 나무에서 내려와 풀밭에서 몸을 일으켜 세울 수 있었다.

과학자들은 뇌의 발달을 인간 진화의 결정적 요인으로 보고 있다. 인류가 직립해 두 발로 보행함으로써 자유로워진 손을 적극 활용해 노동을 하고, 육식으로 단백질 섭취를 늘리면서 뇌가 커지며 발달했다. 호모사피엔스 사피엔스(Homo sapiens sapiens)로 불리는 현생 인류는 4만 년 전 지구 표면에 등장했다.

우주에 사람의 출현은 결코 가볍지 않은 사건이다. 인식 주체로서 우주를 인식할 수 있는 뇌의 발달만 두고 하는 말이 아니다. 인식의 주요 감각기관인 몸도 '작은 우주'다. 인간의 몸은 100조 남짓의 세포로 구성되어 있다. 100조 개라면 현재 지구에 살고 있는 인구의 1만 2000배가 넘는 규모다. 과학이 발전하고 있지만 세포는 여전히 신비로운 대상이다. 세포 가운데 가장 단순한 것도 인간의 독창력을 벗어난다. 예를 들어서 가장 간단한 효모 세포를 만들려면 보잉777 여객기에 필요한 부품의 수 만큼에 해당하는 성분들을 초소형으로 만들어 지름 5마이크론 정도 되는 공 속에 넣어야 한다. 그것으로 끝나지 않는다. 그렇

게 만든 공이 스스로 번식할 수 있어야 한다.[162]

　인간은 세포로 몸을 이루어 조직이나 기관과 같은 여러 구성 단계를 거치면서 개체를 형성하는 생물의 특성을 공유한다. 생물은 살아가는 데 필요한 물질을 스스로 만들거나 혹은 먹이를 섭취해서 에너지를 이용하는 존재다. 숨 쉬고, 움직이고, 음식물을 소화하는 생명 활동은 대단히 정교하고 복잡한 화학 반응으로 이루어진다. 생물체는 자신의 생명을 지키기 위해 어떤 자극에도 적절히 반응하면서 '항상성'을 유지하며 점점 성장하다가 노화하며 죽는다. 자신의 유전자를 남기는 번식을 통해 다음 세대를 이어간다. 다양한 유전자의 만남을 통해 진화하고 환경에 적응해간다. 소화계, 순환계, 호흡계, 배설계는 생명 활동에 필요한 에너지를 얻는 과정으로 서로 이어져 있다.

　우리 몸은 외부와 내부를 한순간도 빠트림 없이 이어주는 감각기관을 지니고 있다. 몸은 주변에서 일어나는 환경의 변화를 받아들이고, 그 변화에 적절한 반응을 나타낸다. 감각기관으로 눈, 귀, 코, 혀, 살갗(피부)이 있다.

　인간이 외부의 대상을 인식하는 감각의 80%를 점유할 만큼 주요 인식 기관인 눈은 얼굴 살갗이 부분적으로 가리고 있지만 탁구공 크기이다. 바깥쪽을 싸고 있는 각막과 공막으로 된 섬유막, 중간 맥락막, 안쪽 망막의 세 겹이다. 눈으로 대상을 바라보면 그 물체에서 나오거나 반사된 빛이 각막과 수정체를 통과하며 굴절되어 망막에 상이 맺힌다. 이때 망막에 있는 시각 세포가 빛을 자극으로 받아들이고, 이 자극은 시각 신경을 통해 대뇌로 전달된다.

　그런데 대뇌는 시각의 자극을 단순히 반영만 하지 않는다. 심리학의

'동전 실험'이 대표적 보기다. 어린아이들을 두 모둠으로 나누어 한 모둠에는 밥을 충분히 먹이고 다른 모둠은 밥을 주지 않고 동전을 그리게 했다. 배부른 모둠의 아이들은 동전을 실제와 거의 동일한 크기로 그린 반면 배고픈 아이들이 그린 동전의 크기는 실제의 크기보다 더 컸다. 배고픈 아이들에게 동전은 음식을 사 먹을 수 있고 배고픔을 해소할 수 있는 매우 소중한 것이었다. 동전이 절실했던 아이들에게 동전의 의미는 클 수밖에 없다. 뇌는 시각 정보를 비롯한 여러 정보를 있는 그대로 받아들이는 단순한 기관이 아니다.

눈을 비롯한 감각기관이 받아들인 자극을 전달하고, 이 자극을 판단해 적절한 반응이 나타나도록 신호를 보내는 체계가 신경계다. 몸에 인터넷 통신망과 같이 정보를 전달하는 체계가 있는 셈이다. 마치 전깃줄처럼 전기화학적인 방법으로 정보를 전달하고 의사소통한다.

신경계는 중추 신경계와 말초 신경계로 구성된다. 자극은 말초 신경계를 통해 중추 신경계로 전해지며, 중추 신경계는 자극을 판단하여 적절한 명령을 내린다. 이 명령은 다시 말초 신경계를 통해 각 기관에 전달되어 반응이 나타난다.

신경계의 자극 전달은 신경세포를 통해 일어난다. 뉴런이다. 뉴런은 인체의 세포 중에서 가장 독특한 모양을 지녔다. 가지 돌기, 신경세포체, 축삭 돌기로 구성되어 있어 자극을 전달하기에 적합한 구조이다. 가지 돌기를 통해 다른 뉴런이나 감각기관으로부터 자극을 전달받고, 축삭 돌기를 통해 다른 뉴런이나 기관으로 자극을 전달한다.

뇌는 기능에 따라 감각 뉴런, 연합 뉴런, 운동 뉴런으로 구분된다. 감각 뉴런은 감각기관에서 받아들인 자극을 연합 뉴런에 전달한다. 연합 뉴런은 뇌와 척수를 구성하는 중추 신경계이며, 감각을 느끼고 정보를 판단해 적절한 명령을 내린다. 운동 뉴런은 연합 뉴런의 명령을 운동 기관에 전달한다.

중추 신경계는 자극을 판단해 적절한 명령을 내리며, 뇌와 척수로 이루어져 있다. 뇌는 기능에 따라 대뇌, 소뇌, 간뇌, 중간뇌, 연수로 구분한다. 대뇌는 감각기관에서 받아들인 자극을 종합하고 판단하여 필요한 명령을 내리며 기억, 추리, 판단 등 다양한 정신 활동을 담당한다. 소뇌는 몸의 균형을 유지하고, 간뇌는 몸속의 상태를 일정하게 유지하는 기능을 한다. 중간뇌는 눈의 움직임을 조절하고, 연수는 심장 박동과 호흡 운동을 조절한다.

척수는 등뼈(척추) 속에 들어 있는 신경이다. 감각 신경과 운동 신경이 연결되어 있어 감각기관과 뇌 사이에 정보를 전달하는 통로 역할을 하며 무의식적 반응의 중추 기능도 한다. 몸 신경계는 대뇌의 지배를 받으며 운동 기관의 근육에 분포하고 감각 신경과 운동 신경으로 구성되어 있다.

뇌는 눈, 귀, 코 등의 감각기관으로부터 받은 정보를 기억하고 판단해 적절한 명령을 내린다. 우리가 보고 듣고 느끼는 모든 것은 물론, 몸속에서 일어나는 모든 일은 신경의 전기 신호를 통해 최고 초속 120미터의 엄청 빠른 속도로 뇌에 전달된다.

20세기 후반 이후 뇌 과학, 신경 과학은 발전을 거듭하고 있다. 사람의 뇌는 몸속에 있는 또 하나의 작은 우주다. 뇌에는 1000억 개의 세포가 있다. 뇌세포들 사이에 시냅스가 있는데 단순한 세포 간격이 아니다. 뇌세포들 사이의 통신 채널로 뇌가 하는 대부분의 일을 수행하는 수단이다. 사람마다 뇌 안에 존재하는 시냅스 연결의 특정한 패턴과 그 연결들이 암호화된 정보가 다름 아닌 한 인간의 정체성으로 "그를 그로 만드는 열쇠다."[163]

인간의 시냅스는 무려 100조 개에 이른다. 시냅스는 머리를 쓰면 쓸수록, 구체적으로는 오감을 통해 자극을 적극적으로 받아들일수록 발달한다. 뇌의 왼쪽(좌뇌)은 이성, 오른쪽(우뇌)은 정서를 담당한다. 좌뇌와 우뇌는 뇌량(뇌 다리)으로 이어져 소통한다.

뇌 과학은 뉴런이 활성화되는 과정, 전기적 충격의 형성 과정, 전기적 충격이 신경섬유를 타고 내려오는 과정, 신경 전달 물질의 분비 과정, 신경 전달 물질이 시냅스 사이의 공간을 건너가는 과정, 그것이 수상돌기에 결합하는 과정, 시냅스 작동이 이루어지는 과정을 해명하기 위해 뇌를 관찰하고 필요한 경우 실험을 하며 그를 위해 다양한 관찰장비와 실험 장비들을 동원해왔다.

물론 신경과학자들의 연구 결과로도 인간의 의식 활동이 다 규명된 것은 아니다. 인간의 뇌는 "매우 독특한 사물이자 체계"이고 "뇌의 연결성, 역동성, 기능 양식, 신체 또는 외부 세계와의 관계는 다른 그 어떤 것에서도 찾아볼 수 없다."[164] 신경과학 스스로 "현재 우리에게 주어진 뇌에 대한 지식은 전체 그림 가운데 극히 일부에 불과"하다고 인정한다. 하지만 신경과학은 현재까지의 연구 성과를 바탕으로 "의식이 출현하고 나면, 사회적·감정적 관계가 자아를 구성한다. 자아는 자의식을 지닌 행위자인 '주체'를 만들어낸다. 자아의 개인성은 일차 의식을 가진 동물의 생물학적 개인성과는 질적으로 다르다. 자아는 현상학적 경험을 더욱 정교하게 다듬어, 감각적 느낌을 생각, 문화, 믿음과 연결 짓

는다”는 수준까지 논의하고 있다.[165]

다만 신경과학자들과 생리학자들은 “뇌 속에 있는 1000억 개나 되는 신경세포 각각이 어떻게 기능하느냐에 대한 정확한 정보를 모두 모았더라도, 뇌가 어떻게 의식을 만들어내는지에 대해서는 과학적으로 적절한 설명이 불가능”하다고 토로한다.[166] 그럼에도 의식과 관련해 철학사의 오래된 ‘심신 문제(Mind-Body Problem)’까지 과학적으로 접근하고 있다는 사실, 아직 모르는 지점을 파악하기 위해 지구촌 곳곳의 과학자들이 지금도 그렇듯이 앞으로도 지며리 탐구해갈 것이라는 판단은 철학함에 큰 도움을 준다.

무엇보다 마음은 뇌를 비롯해 우리 몸에 대한 과학적 연구가 첨단 과학 도구로 큰 성과를 거두었음에도 여전히 미지의 세계로 어둠에 잠겨 있다. 우리 몸속에서 마음은 생명 활동의 하나로 살아 있다.

과학자들은 마음이 뇌 속의 특정 장소에 있지 않다고 본다. 마음 또는 의식은 우리 안에서 일어나는 뭔가가 아니라 우리가 주변의 세계와 역동적으로 상호 작용하는 동안 능동적으로 생겨나는 것이라고 풀이한다. 그것은 물질적 뇌의 중요성을 부정하는 주장이 아니다. 마음—의식과 정신이라는 일상의 개념들을 모두 아울러—은 뇌의 산물이 아니고 뇌를 포함한 몸 전체와 몸 바깥이 주고받는 상호 작용이라는 뜻이다.

철학함이 뇌가 뇌를 생각하는 과정이라면, 그 뇌가 다른 동물과 똑같이 발생해 진화한 것이라면, 인류가 그 뇌로 우주를 있는 그대로 ‘반영’한다는 추정은 말 그대로 ‘믿음’에 지나지 않는다. 새로운 철학은 철학하는 인간의 인식 기관이 지닌 과학적 한계를 인정하는 데서 출발해야 한다.

따라서 과학적 선험철학의 문제의식을 유물론과 비교하면 <그림 3>과 <그림 4>와 같다. 칸트의 인식론을 불가지론으로 비판한 유물론의 인식론은 기본적으로 <그림 1>의 연장이지만, 주체의 실천과 그것을 통한 검증 또한 강조하기 때문에 <그림 3>처럼 차이가 크다. 선험성을 배제한다는 점에서 <그림 2>와도 다르다.

<그림 4>에 나타나듯이 과학적 선험철학의 인식론적 문제의식은 칸트의 인식론처럼 주체가 대상을 일방적으로 규정하지 않고, 유물론의 인식론처럼 인식 주체와 대상의 상호작용을 낙관하지도 않는다.

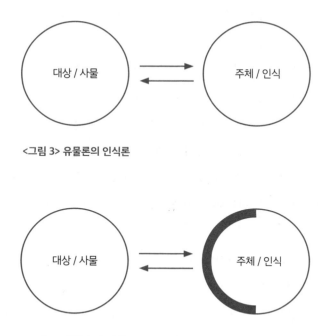

<그림 3> 유물론의 인식론

<그림 4> 과학적 선험철학의 인식론적 문제의식

일찍이 베이컨은 인간의 주관적 성향으로 인간성 자체, 인간이라는 종족 자체에 뿌리박고 있는 종족의 우상을 경계했다. 인간의 모든 지각—감각이든 정신이든—이 인간 자신을 준거로 삼기 쉽다는 '신기관'의 인식론적 문제의식은 지금도 유효하다. 베이컨은 표면이 고르지 못한 거울은 사물을 본디 모습대로 비추지 않고 사물에서 나오는 반사광선을 왜곡하거나 굴절하는데, 인간의 지성이 꼭 그와 같다고 경계했다. 21세기를 살고 있는 우리는 인간의 지각과 지성이 왜 '표면이 고르지 못한 거울'인가를 과학적으로 파악할 수 있게 되었다. 우주 대폭발에서 생명체의 진화를 거쳐 출현한 존재로서 지닌 물질성이 인간의 본성이기 때문이다.

중추적 인식 기관인 뇌는 현대 신경과학이 밝혀냈듯이 "대부분 시스템들이 위험 감지하기, 먹이와 배우자 찾기, 소리 듣기, 원하는 물체를 향해 손발 움직이기"를 수행하기 위해 만들어졌다.[167]

현대철학에 큰 영향을 끼친 니체가 철학을 단지 몸에 대한 해석, 혹은 몸에 대한 오해에 불과한 것이 아닌지 자문할 정도로 몸을 중시했던 사실도 새삼 되새겨볼 필요가 있다. 니체에게 몸은 인식 기관이었다.

니체는 몸을 경멸해온 철학을 경멸하며 "깨어난 자, 깨우친 자"의 말을 빌려 "나는 전적으로 신체일 뿐, 그 밖의 아무것도 아니며, 영혼이란 것도 신체 속에 있는 그 어떤 것에 붙인 말에 불과하다"고 강조한다.[168] 인간의 인식 기관이 몸에 속해 있는 엄연한 사실을, 과학적 선험론의 개념으로 몸의 선험성을 거듭 강조한 셈이다.

20세기 이래 우주과학은 인류가—인간의 몸이—138억 년의 시간과 공간을 가로질러 발생한 기나긴 우연들의 결과물임을 밝혀냈다. 분자생물학자 자크 모노가 지적했듯이 "생명이 출현할 선험적인 확률"은 "거의 제로였다."[169] 이론물리학자 카를로 로벨리의 생각도 같다. 우리는 "다른 동물들처럼 무궁한 시간에 걸친 무작위의 우연한 선택의 산물"[170]이다. 우리가 "일체의 인간 중심주의에 빠지지 않아야 할 이유"다.[171]

4. 인식론 혁명과 '어둠'의 인식론

20세기 이후 우주의 별들과 지구의 생명체, 인간의 뇌에 대한 과학의 혁명적인 발견들은 새로운 인식론을 요구한다. 철학자들은 15세기 이후 과학의 성과에 민감하게 반응했다. 과학 앞에 철학의 위기를 사유한 대표적 철학자가 바로 칸트와 후설이다. 두 철학자 모두 선험성을 강조하며 철학을 전개했다. 하지만 앞선 논의에서 간략하나마 그들의 선험성에 과학적 근거가 없다는 사실을 확인할 수 있었다.

과학적 선험철학은 과학과 다른 '철학의 고유성'을 굳이 설정하지 않는다. 오히려 과학적 발전을 자신의 철학 안으로 담아낸다. 칸트는 철학이 '학술적 개념'에 그치지 않는다고 보았다. "철학이라는 명칭의 밑바탕에는 언제나 존재해온 또 하나의 개념, 즉 세계 개념(우주적 개념)이 있다"는 것이다.[172] 그 관점에서 "철학은 모든 인식이 인간 이성의 본질적 목적에 대해 가지는 관계의 학문이며 또 철학자는 이성 기술자가 아니라 인간 이성을 위한 입법자"임을 자부했다.[173] 하지만 과학적 선험론은 철학이 '인간 이성을 위한 입법자'라고 자부하지 않는다.

우주(과학)적 선험철학의 존재론은 인식 주체인 인간의 존재가 빅뱅 이래 태양계와 지구 생명의 진화를 거쳐 인류에 이르는 우주적 사건임을 중시한다. 우주에 존재하는 모든 것은 같은 기원에서 출발하기에 우주과학의 연구 성과를 바탕으로 차분하게 사유한다. 인간을 구성하는 물질은 "원자적 수준에서 볼 때 아주 오래전에 은하 어딘가에 있던 적색거성들에서 만들어진 것"으로 "우리의 DNA를 이루는 질소, 치아를 구성하는 칼슘, 혈액의 주요 성분인 철, 애플파이에 들어 있는 탄소 등의 원자 알갱이 하나하나가 모조리 별의 내부에서 합성됐다."[174]

과학이 밝힌 대로 우주의 별들과 지구의 생명은 뿌리부터 깊은 연관을 맺고 있다. 인간의 존재 자체가 무수한 우주적 사건 가운데 미미한 일부라는 사실을 중시할 때 우리는 인류의 인식 능력에 대한 낙관이 근거 없다는 사실을 새삼 깨닫게 된다. 아무리 우주과학이 발전해도 인간이 천체망원경으로 관측할 수 있는 영역은 한계가 있으리라고 전망하는 과학자들이 많다.

우주(과학)적 선험철학의 인식론은 인식 주체는 물론 인식 과정 또한 우주적 사건임을 중시하고 과학의 성과에 귀 기울인다. 이때 생물과학과 신경과학의 연구가 큰 도움을 준다. 인간의 존재가 생명체의 진화이듯이 인식 기관인 눈을 비롯한 감각기관과 뇌 또한 진화의 산물임을 새겨본다면 인간의 인식 과정을 낙관할 수 없다는 결론에 이르게 된다. 인간의 대상 지각은 "단지 형태, 모습, 즉 기타 시각적인 사물의 특징들만을 통합하여 이뤄지는 것이 아니라, 이런 특징들을 그 사물, 그리고 그 사물과 관련된 경험에 대한 기억으로 저장된 정보들"과 그 사물의 중요성을 모두 통합하여 이뤄진다.[175] 더욱이 그 기억은 실제로 일어난 대로가 아니라 저장되는 방식을 토대로 한 사실과 경험의 재구성이다.

심지어 기억은 그 기억을 형성시켰던 당시의 뇌와는 다른 현재의 뇌에 의한 재구성이다.[176]

인식론에서 인간의 본성을 논의하면 곧장 회의론이나 불가지론으로 이어진다고 보는 유물론은 옳지 않거니와 과학적 탐구 앞에 열려 있지 못한 자세다. 인간의 본성이라는 말에서 '본성'은 다름 아닌 'nature' 곧 '자연'이다. 문제는 그 자연이 아직 인류에게 온전히 열려 있지 않다는 점이다. 앞서 우리가 살핀 암흑물질과 암흑에너지가 대표적 사례다.

우주물리학이 밝혀냈듯이 "우주의 구성 요소들은 이론적으로 모두 상호 작용한다."[177] 다만, 대부분의 상호작용이 약해서 우리가 쉽게 알아차릴 수 없을 따름이다. 인류는 자신이 감지할 수 있는 방식으로 자신에게 영향을 끼치는 것만을 관찰할 수 있다. 과학자들은 암흑물질이 중력과 다른 상호 작용도 하고 있다면 그 관계는 우리가 이미 아는 관계들보다 더 깊은 차원일 것으로 추정한다. 개별 암흑물질 입자들이 우리 주변 어디에나 존재함에도 아직 발견되지 않았을 수도 있다는 뜻이다.[178]

현재 우주과학은 우리 삶에 3차원이 아닌 '숨은 차원'이 있을 가능성을 탐구하고 있다. 인류는 가로·세로·높이로 이루어진 3차원의 공간에서 시간과 함께 살아왔지만, 4차원은 물론 9차원, 11차원의 우주가 있다는 가설도 나왔다. 4차원 이상의 추가 차원들은 우리에게 익숙한 차원들과 전혀 다르다. "추가 차원들은 1센티미터의 100만 분의 1의 100만 분의 1의 100만 분의 1의 100만 분의 1이라는 작은 공간 속으로 감겨 들어가 있다.[179] 너무나 작아 인간에게 전혀 감지되지 않기에 우리는 한 개의 시간차원과 세 개의 공간차원을 보며 '평평한 시공'에서 살고 있을 뿐이다.

숨겨진 차원을 설명하는 대표적 가설이 끈 이론이다. 물리학의 표준 모형에 따르면 우주를 구성하는 최소 단위는 '점'처럼 생긴 입자들이다. 입자들은 더 이상의 내부 구조가 없어야 하지만 초미세 공간에선 '양자적 요동'이 일어나고 있어 과학자들을 당혹케 했다. 그 현상을 '끈'으로 풀이하려는 가설이 끈 이론이다. 우주를 구성하는 최소 단위를 입자로 보지 않는다. 끊임없이 진동하는 매우 가느다란 끈이 모든 만물의 최소 단위를 이루고 있다는 것이다. 물질을 이루는 궁극의 단위인 끈은 최첨단의 관측 장비로도 입자처럼 보인다. 물리학자 브라이언 그린은 끈 이론의 의미를 간결하게 압축했다.

"과거의 물리학자들은 개개의 소립자들이 '서로 다른 구조'를 갖고 있기 때문에 각기 다른 성질을 갖는다고 생각했다. 그들이 상상했던 소립자는 물질의 최소 단위이긴 했지만 그 내부에는 각자의 개성을 나타내는 모종의 '물성(stuff)'이 내재되어 있었다. 예를 들어, 전자의 '물성'은 음전하이며, 뉴트리노(neutrino, 양성자가 붕괴될 때 방출되는 입자)의 물성은 무(無)전하라는 식이었다. 그러나 끈 이론은 이런 추상적인 관념을 완전히 뒤집어엎었다. '모든 물질과 힘의 물성은 단 하나의 근원, 즉 끈의 진동으로부터 비롯된다'는 것이 끈 이론의 핵심이다. 모든 소립자들은 진동하는 끈의 현현(顯現)이며, 모든 끈들은 완전하게 동일한 존재다. 입자들이 서로 다른 성질을 갖는 듯이 보이는 이유는 끈의 진동 패턴이 서로 다르기 때문이다."[180]

끈 이론은 무수히 다양한 우주가 존재하는 다중우주론과 이어진다. 물론 끈 이론은 가설 단계이기에 더 많은 연구가 축적되어야 한다. 분명한 것은 암흑물질과 암흑에너지가 일러주듯 '물질의 세계'가 지금까지 인간이 알아낸 과학적 지식보다 훨씬 더 깊다는 사실이다. 우리가 우주의 광대함을 떠올릴 때마다 엄습하는 값싼 허무감에 빠질 수 없는 이유도 거기에 있다. "허무는 우주 속에서 인간 지성의 편견"[181]일 수 있기 때문이다. 아직 알려지지 않은 우주의 진실을 탐색하는 방법 또한 '전투적 유물론'보다 깊어야 한다.

인간의 내면까지 과학적으로 탐구하고 몸에 담긴 '인식 장애'를 인정하는 인식론, 그 장애를 의식하고 최대한 벗어나려는 인식론, 인간에 앞서 자연 또는 우주가 존재한다는 사실을 인정함으로써 유물론에 동의하되 인간의 인식 기관 또한 자연의 부분이자 진화의 산물임을 의식하는 인식론이 과학적 선험철학이다. 그 장애는 아직 알려지지 않았지만 인간이 자신을 포함한 우주의 실재를 인식하려면 밝혀내야 할 선험성이다. 과학적 선험철학은 인간의 인식에 '어둠(the dark)'—우리가 아직 모르는 영역—이 있음을 언제나 염두에 두는 '어둠의 인식론'이다.

유물론적 인식론은 "세계는 영원히 운동하고 발전하는 물질이며, 이러한 물질이 발전하는 인간 의식에 반영된다"[182]고 보았다. 하지만 그 운동과 발전을 '반영'하는 '인간의 의식' 또한 물질임을 성찰할 필요가 있다. 다만 그 물질이 '운동'은 하지만 '발전'한다고 단언할 수 있는가는 의문이다. '운동'의 개념 또한 달라졌고 앞으로 더 달라질 수 있다. 그 지점에서 과학적 선험철학은 <그림 4>의 문제의식을 넘어선다.

과학적 선험철학은 주체와 대상을 분리해서 생각하지 않는다. <그림 4>처럼 인식 주체와 인식 대상이 서로 분리된 채로 상호작용을 통해 인식하는 것이 아니다.

인식하는 주체인 인간과 인식하는 대상 모두 우주의 부분이다. <그림 1>과 <그림 2>에서 나타난 인식론의 혁명적 전환에 이어 <그림 5>에서 볼 수 있듯이 우주적 선험철학의 인식론은 <그림 2>와 비교해 새로운 혁명적 전환, 인식론의 혁명이다.

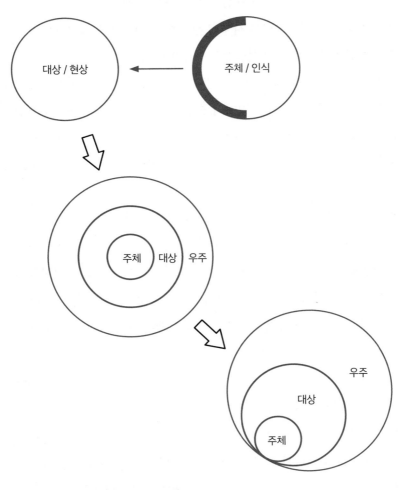

<그림 5> 우주적 선험철학의 인식론 혁명

인간 외부의 '객관적 실재'로서 물질을 상정할 수 있지만 인간 주체 또한 그 일부임을, 더욱이 인식하는 주체는 실체적 존재가 아니라 관계적 존재임을 우주적 선험론은 중시한다. 모든 인간은 실체가 아니라 우주와의 관계, 좁혀서 우리가 흔히 자연으로 부르는 지구와의 관계, 더 좁혀서 사회와의 관계로 존재한다. 인식하는 주체인 인간과 인식하는 대상 모두 우주의 일부라는 사실에 주목할 때 과학적 선험철학은 우주과학적 선험철학, 우주적 선험철학'으로 명명할 수 있다.

<그림 5>에서 맨 위의 그림은 칸트의 인식론 혁명을 나타낸 <그림 2>에서 가져왔다. 맨 위 그림에서 중간 그림으로 전환이 과학적 선험론의 인식론 혁명이다. 인식 주체와 인식 대상을 나눠서 생각한 칸트의 사유와 다른 인식론적 혁명의 의미를 한눈에 파악할 수 있다. 중간 그림이 우주(과학)적 선험철학의 인식론 혁명 1단계라면, 아래 그림은 주체·대상·우주 관계의 실상을 담은 2단계 인식론적 혁명을 나타낸다.

인식하는 주체로서 인간은 우주(자연)의 일부이지만 중심적 존재라고 단언할 수 없다. 인간이 자신을 우주의 중심으로 상정하는 인식론은 근거 없는 '인간 중심주의'의 연장선이다. 유럽의 근대철학에 기반을 둔 휴머니즘의 인간 중심주의가 보편적 인간이 아닌 백인 남성 중심주의로 나타나며 비인간적인 야만을 저지른 역사를 톺아보아야 한다.

인식 주체인 인간이 우주와 자연의 일부로서 이어져 있음을 과학적으로 확인할 때 우리는 인간 중심주의적 사유에서 자유로울 수 있다. <그림 5>의 위에서 중간으로 다시 아래로 내려가는 단계적 전개는 혁명적 변화와 동시에 인식이 깊어가는 심화 과정을 나타낸다. 인식이 깊어가며 우주적 실재에 더 가까이 다가간다는 뜻이다. 인간의 인식이

'종족의 우상'을 넘어서려면 자신의 관점을 벗어나 우주의 관점을 지녀야 한다.

우주적 선험철학은 20세기 이래 과학의 발전에 기반을 두고 있다. 우주과학은 18세기 철학자 칸트의 선험적 이념으로서의 '세계'나 19세기 철학자 콩트의 '세계'를 넘어섰다. 우주과학이 상대성이론과 양자역학, 빅뱅, 1조 개의 은하, 암흑물질 들을 발견하며 눈부시게 발전했듯이 우주를 사유하는 철학은 물론 현대인의 우주 인식에도 전환이 필요하다.

다만 칸트와 콩트에게도 경청할 대목은 있다. 우주론적 물음은 오직 이념에서만 해결될 수 있기에 경험을 최대한 확대하기 위한 원칙을 중시하는 칸트의 선험적 변증론은 우주 인식에서 경험의 한계를 새삼 상기시켜준다. 콩트가 '코스모스에서 하늘을 뺀 나머지'를 우주로 정의한 이유도 인류는 우주가 얼마나 큰지 알 수 없다고 판단해서였다. 콩트는 우주가 필연적으로 규정되지 않기에 "언젠가 우주에 대한 인식이 최대한으로 확장된다고 하더라도, 모든 천체를 포함하는 진정한 의미에서의 우주 개념에는 이르지 못할 것"이라고 전망했다.

물론 우리가 칸트와 콩트의 우주관에서 철학적 사유를 멈출 필요는 없다. 우주과학은 관측과 경험의 영역을 끊임없이 확장해오고 있기 때문이다. 같은 이유에서 과학적 선험철학은 칸트와 콩트의 철학을 불가지론으로 비판하며 인간이 인식 가능성에 근거 없는 낙관을 전개하는 유물론 철학에도 동의할 수 없다.

우주적 선험철학은 불가지론과 유물론의 사이에 있다고 볼 수도 있고 불가지론과 유물론을 종합했다고 볼 수도 있다. 비유하자면 칸트와 콩트처럼 미리 한계를 설정하지 않는다. 그렇다고 레닌처럼 '만용' 또는 과신에 기대지도 않는다. 우주적 선험철학은 과학의 발달과 함께 사유의 새로운 지평을 끊임없이 열어가는 진정한 용기를 자부한다. 주관적 선험철학이나 과학적 실증철학과 달리 자신의 한계를 인정하지만 그렇다고 진실에 다가갈 수 있음을 포기하거나 무의미하다고 속단하지 않는다.

현대 이론물리학은 "우리가 속해 있는 세상의 일부와 나머지 세상 사이의 물리적 상호 작용이 수많은 변수들에 대해 여전히 깜깜하다"[183]고 고백한다. 우주과학자 최무영은 '인간이 우주를 이해하는 게 과연 가능할까'를 묻고 다음과 같이 알기 쉽게 비유했다. "1000층짜리 건물이 있는데 그 지하 10층 바닥에 개미가 한 마리 있다. 물론 지하실이라서 빛은 전혀 없다. 개미가 거기서, 과연 이 건물이 어떻게 생겼을까 하고 추측하는 것보다 인간이 우주의 모습을 알아내는 것이 더 어렵다고 할 수도 있다."[184] 비단 큰 우주만이 아니다. 우주 안의 가장 '작은 우주'인 세포에 대해서도 과학적 지식은 한계가 또렷하다. 분자생물학자도 고백하듯이 "우리가 연구할 수 있는 가장 간단한 세포조차도 원시적인 데는 전혀 없다. (⋯) 그러나 더욱 중요한 문제는 유전 암호와 그 번역 기구의 기원이다. 실제로 이것은 문제라고 해서는 불충분하며, 오히려 완전한 수수께끼라고 해야 할 것이다."[185]

거시 우주와 미시 우주 모두 어둠에 잠겨 있지만 과학자들은 인간이 우주를 이해할 수 있는 가능성을 비관하지 않는다. 아인슈타인의 말처럼 우주에 대해 가장 이해할 수 없는 점은 우주가 인간에게 이해되어진다는 사실이다. 아인슈타인의 '우주 이해'도 한계가 있음을 21세기 우주과학은 밝혀냈다. 앞으로도 지머리 발전해갈 과학에 철학의 눈은 늘 열려 있어야 한다. 현대 우주과학은 '숨은 차원'의 가능성이 높다고 주장하고 있기에 더욱 그렇다.

과학의 발전을 위해서도 인간의 인식에서 선험성에 대한 성찰은 철학의 과제가 아닐 수 없다. 우리의 인식 기관과 인식 주체 모두 우주의 '물질'로 구성되어 있지만 우리가 그 물질을 아직 다 알고 있지 못하다는 사실을 기초로 선험성에 대한 성찰의 과제를 세 가지로 간추릴 수 있다.

첫째, 인간의 인식 기관은 우주에서 지구로 이어져 생물체들의 기나긴 진화 과정의 산물이라는 성찰이다. 주요 인식 기관인 눈과 뇌가 생물의 보편적 목적인 자기 유지와 번식을 위해 진화되었을 가능성이 높다. '먹이'와 '성'을 둘러싼 무수한 갈등과 폭력, 전쟁을 떠올리면 그 두 가지에 우리의 인식 기관이 종속될 수 있다는 사실을, 최소한 그것을 위해 만들어졌다는 사실을 성찰해야 한다. "눈과 뇌, 의식이 단지 생명 유지 장치의 유익한 보조 장치로서 진화된 것"[186]임을 직시할 필요가 있다.

둘째, 개개인의 유전자가 어떻게 조합되느냐에 따라 인식 능력이 달라질 수 있다는 성찰이다. 그것은 우열의 문제가 아니라 다름의 문제다. 인식 능력은 사람마다 다를뿐더러 무엇보다 현대 심리학의 '다중지능(multiple intelligence)' 이론이 제시하듯이 사람마다 지닌 지능이 다르다. 획일적 지능지수(IQ)와 달리 지능은 "주어진 정보를 특정한 방법으로 처리하는 인간의 생물 심리학적 잠재력"[187]을 말한다. 다중지능 이론은 언어 지능, 논리 수학 지능, 공간적 지능, 신체 운동 지능, 음악

지능, 대인관계 지능, 자기 이해 지능, 자연 친화 지능, 실존 지능을 제시한다. 사람들이 지닌 지능에 따라 삶과 세상을 다르게 인식할 수 있다면 우리가 현실 또는 상황을 정확히 인식할 수 있는가에 물음을 던질 수 있다.

셋째, 개개인의 뇌에서 시냅스가 어떻게 연결되느냐에 따라 인식에 차이가 나타날 수 있다는 성찰이다. 이는 태어난 뒤 '사회화'의 과정과 이어진 문제다. 현대 과학은 인식 주체를 "여러 관계들에 의해서 조합된 매듭"으로 이해[188]할 뿐만 아니라 스스로를 주체라고 생각한 경험 또한 일차적인 경험이 아니라 수많은 생각들에 기초한 복합적인 문화의 산물로 본다.[189] 우리는 모두 특정한 역사 단계의 특정한 사회에서 출생해 그 사회의 틀을 익힌다. 선험성에 사회적 요인이 있다는 성찰은 분자생물학의 다음과 같은 과학적 설명으로 뒷받침된다.

"수십만 년 동안에 걸쳐 인간은 그가 속해 있는 집단이나 부족의 운명과 동일한 운명 속에서 살아왔으며 거기에서 벗어나면 살아남을 수가 없었다. 또 부족은 전원의 단결이 없이는 생존할 수도 자위할 수도 없었다. 이 단결을 조직하며 보증하는 규율이 주관적으로 보아 극도로 강력한 것이었음에도 그 때문이다. 그러한 사회구조가 그토록 오랫동안 필연적으로 절대적인 도태의 힘을 발휘하여 온 만큼, 이 구조들이 선천적 카테고리에 드는 인간 뇌의 유전적 진화에 아무런 영향을 미치지 않았으리라고 생각하긴 지극히 어려운 일이다. 이 진화는 단지 부족의 규율이 받아들여지는 것을 용이하게 할 뿐만 아니라, 나아가서 규율에 대한 신화적 설명의 필요까지도 만들어내기에 이르렀다. 우리는 이러한 인간의 자손인 것이다."[190]

인간의 선험성을 논의하며 세 가지 성찰에서 각각 "생물의 보편적 목적인 자기 유지와 번식을 위해 진화되었을 가능성"과 "먹이와 성에 인식 기관이 종속될 가능성"을 제기하고, 유전자와 시냅스가 어떻게 조합되고 어떻게 연결되느냐에 따라 인식이 달라질 "가능성"을 내내 언급했듯이, 우리는 그 '가능성'에서 다름 아닌 선험성을 넘어설 근거를 마련할 수 있다. 뇌가 생물의 보편적 목적인 자기 유지와 번식을 위해 진화되었을 가능성은 다른 가능성, 그러니까 뇌가 그 차원을 넘어설 가능성도 있다는 뜻이다. 인간은 그 선험성에서 벗어날 수 없다고 단언한다면 그 자체가 과학적 선험론의 논리와 어긋난다.

현대 신경과학은 뇌가 시냅스의 연결에 따라 인식 능력이 달라질 수 있다고 강조한다. 바로 뇌의 가소성이다. 이미 인간의 뇌는 언어를 첨가함으로써 "기능의 진화라기보다는 혁명"을 이뤘거니와[191] "뇌의 대부분 시스템들은 가소적(plastic)이다. 말하자면 경험에 의해 변형될 수 있다. 이 말은 여기에 가담된 시냅스들이 경험에 의해 변화된다는 것을 의미"[192]한다.

그러니까 과학적 선험철학이 인간 인식의 한계를 설정하는 것은 선험성 안에 머물자는 뜻이 아니라 그 한계를 끊임없이 넘어서겠다는 뜻이다. 그 점에서 과학적 선험철학은 인식론의 영구혁명, 영구혁명의 인식론이다.

기실 우주 어딘가에서 어느 순간 갑자기 날아와 지구의 뒤통수를 사정없이 때린 운석으로 1억 5000만 년의 영화에 마침표를 찍은 공룡, 1000층 건물 지하 10층을 부지런히 기어 다니는 개미의 인식 능력만 문제일 수는 없다. 사람들이 사뭇 무심히 칼질해 밥상에 올려놓는 물고기나 '인류의 가장 가까운 혈족'인 침팬지가 우주를 사유한다면, 우리는 생게망게한 우스개로 넘길 터다. 하지만 물고기도 간단한 '계산능력(numerical abilities)'을 지녔다는 독일 대학의 실험 결과가 과학저널('Scientific Reports', April 2022)에 발표되었다. 침팬지가 도구를 이용해 '흰개미 낚시'를 한다는 사실은 두루 알려져 있다.

물론 인류가 보기에 물고기와 침팬지의 뇌는 한계가 또렷하다. 하지만 물고기와 침팬지는 그 한계를 알고 있을까. 동물들이 지닌 '뇌의 어둠'으로부터 과연 인간은 얼마나 자유로울까. 인간의 인식 기관과 인식 과정에도 아직 모르는 '어둠'이 있음을 과학적 선험철학은 강조한다. 과학적 선험론, 어둠의 인식론은 유물론보다 더 과학적이다.

우주에는 여전히 알려지지 않은 진실이 넘쳐나고 인간의 인식은 한계가 있기에 차라리 인식론이 '어둠'을 선험성으로 전제할 때 오히려 실재에 더 가까이 다가갈 가능성이 높다. '우주의 어둠'이 인식 주체와 인식 대상 모두를 관통하고 있기에 더 그렇다.

어둠의 인식론은 '인간은 우주적 존재'라는 과학적 존재론을 기반으로 한다. 과학적 선험론의 은유적 개념인 어둠의 인식론은 과학적 탐구를 자극하고 추동할 뿐만 아니라 암흑물질이나 암흑에너지처럼 앞으로 새로운 과학적 발견이 나타날 때도 그것을 자신의 철학으로 온전히 담아낼 수 있다.

우주과학적 선험철학에서 철학은 과학과 다른 고유성을 굳이 주장하지 않는다. 과학에 기대며 궁극적 실재로 쉼 없이 나아가는 열린 인식론이다. 과학적 선험론은 인식론의 혁명을 선언하는 혁명적 인식론이자 어둠을 밝히는 촛불의 인식론이고 진실 앞에 열린 인식론이다.

3장

과학적 선험철학의 사회인식론

1. 하버마스의 마르크스 비판

우주적 선험철학의 인식론은 인간이 우주의 작은 일부라는 과학적 사실, 인식 주체인 인간과 대상이 이어져 있다는 과학적 진실을 기반으로 한다. 여기서 인간과 이어진 대상은 우주나 자연만이 아니다. 우주적 선험철학이 인식 주체인 인간을 실체로 파악하지 않고 관계적 존재로 인식할 때, 그 관계는 우주와 동시에 사회와의 관계를 함축하고 있다. 유물론의 낙관적 인식론과 달리 인식 주체인 인간의 우주적 위치는 물론 인간의 인식 기관에 대한 과학적 인식도 아직은 크게 부족하다는 사실을 망각하지 않는 과학적 선험철학은 사회를 어떻게 인식할까.

　새로운 사회를 이루겠노라고 선언하며 러시아 혁명이 세계사적 전환임을 확신했던 레닌이 만년에 경고한 '괴물의 출현'을 상기해보자. '괴물'은 소련의 중앙집권체제에서 고위직 관료들의 적극적 지지를 받았기에 자리 잡을 수 있었다. 관료들은 자신들의 안정적 삶과 권익을 위해 '일국 사회주의론'을 제시한 스탈린을 기꺼이 선택했다. 그 과정에서 일국 사회주의론을 비판한 트로츠키는 물론 스탈린의 지위를 조금이라도 위협할 만한 공산당 고위 간부들은 모두 사형선고를 받고 죽음을 맞았다. 제2차 세계대전 이후 동유럽과 동아시아에 들어선 공산주의 국가들은 스탈린 체제를 그대로 받아들였다. 유고슬라비아 공산당의 질라스는 1957년 공산당 고위 관료들을 '새로운 계급'으로 비판했다.[193] 그가 부통령에서 밀려나고 미국에 원고를 보냈다는 점에서 신뢰성에 의문이 들었지만 '새로운 계급'이라는 문제의식은 파장을 일으켰다. 1991년 소련공산당이 해체될 때 재빠르게 옐친에 줄을 서며 국유재산의 사유화 과정에서 이권을 챙긴 엘리트들도 바로 관료들이었다.

소련과 동유럽의 공산당은 자신들이 '인민을 대변한다'며 집권해왔으나 1989년에서 1991년에 걸쳐 민중들은 "우리가 인민이다(Wir sind das Volk)"라는 구호 아래 거리로 나왔다. 노동계급과 인민의 전위를 자임해온 공산당 일당 체제에 민중의 비판이 분출되는 역사적 사건 앞에서 아래로부터의 정치 공간이 지닌 중요성이 새삼 부각되었다. 그때 주목받은 사회철학 개념이 하버마스의 '공론장(Öffentlichkeit)'이다. 1962년 그가 출간한 『공론장의 구조 변동』에서 처음 선보인 그 개념은 '우리가 인민'이라는 구호와 함께 몰락한 소련·동유럽 체제를 분석할 수 있는 이론으로 다가왔다. 하버마스의 공론장 개념이 처음 영어 'public sphere'로 소개되고, 독일어 저작이 번역된 것도 그 시점(1989년)이다.

흔히 하버마스의 공론장을 '사적 영역과 구별되는 영역'으로 정의하고, 공론장이라는 말 자체가 그런 추정을 불러오기도 하지만, 그것은 오독이다. 하버마스는 공론장이 무엇보다 "공중으로 결집한 사적 개인들의 영역"임을 명확히 밝히고 논의를 시작했다. 여기서 '사적 개인들의 영역'이란 말에 담긴 뜻은 깊다. 국가와 사회가 분리되지 못했던 중세 시대와 달리, 그리고 공산주의 국가들의 공산당 일당 체제와도 달리, 국가 영역에 맞서 '사적 개인들의 영역'이 형성됐음을 의미하기 때문이다.

하버마스는 공론장 형성의 초기 단계에서 사유재산은 "합리적이고 비판적인 토론을 위한 전제조건"이라고 강조했다.[194] 농업 중심의 대가족제도를 유지했던 중세 유럽에서 상공업이 발달하자 서서히 개인이 중시되고 핵가족이 퍼져갔다. 그 틈으로 나타난 사적 개인들의 영역이 바로 공론장의 기원이다. 자유로운 개개인들이 사적인 인간관계를 맺으며 대화 나누는 공간도 생겨났다. 영국에서는 커피하우스, 프랑스에서는 살롱, 독일에서는 다과회가 그것이다. 마침 예술가들도 왕이나 귀족의 '후견 체제'로부터 자유로워지고 인쇄술도 발달하면서 지적 활동이 풍성해지기 시작했다. 개개인들이 서로 만나 자신들이 읽은 문학 작품을 놓고 토론을 벌인 시공간이 '문예 공론장'이다.

이윽고 서로 소식(뉴스)을 주고받다가 그것이 신문으로 발전하면서 공론장의 의미는 더 커졌다. 개개인이 공중으로 결집하면서 권력은 자신을 정당화하기 위해 여론(public opinion)을 의식할 수밖에 없었다. 여론이 '자신의 의견(opinion)을 표현하길 갈망하는 공중(public)의 비판적 담론'으로 자리매김하면서, 전제군주가 마음 내키는 대로 지배해 온 정치체제를 넘어 여론에 의한 정치, 민주주의 시대가 열렸다. 하버마스는 공적 토론이 자유롭게 이루어짐으로써 '더 나은 논증의 힘'으로 참된 '합의'에 이를 가능성이 보장된다고 보았다.

그런데 철학자들이 모두 여론을 긍정적으로 평가한 것은 아니다. 가령 헤겔에게 여론이란 "다수의 주관적인 개인 의견"에 지나지 않았다. 따라서 "현실이나 학문에서 여론으로부터의 독립"이 필요하다고 강조했다. 여론에 대한 헤겔의 부정적 견해는 결국 국가를 시민사회가 아닌 '절대정신'의 구현체로 상정함으로써 민주주의 가치와 멀어지는 결과를 낳았다.

헤겔 철학의 현실적 귀결은 역설적으로 공론장의 철학적 의미를 돋을새김해주었다. 하버마스는 과거 철학자들만이 아니라 하이데거, 데리다, 푸코와 같은 현대철학자들에 대해서도 과감히 비판했다. 그들이 '차이'와 상대성을 옹호한다는 명분을 내세워 "사회질서의 억압적인 객관성" 앞에서 언어적 불확정성, 광기, 억압된 욕망을 두남둔다는 비판이다.[195] 그래서 하버마스는 "일종의 무질서를 야기하는 비이성"에 맞서 '상호행위'의 의사소통을 통한 이성의 가능성을 강조한다.

역사적으로 영국에서 17세기 후반, 프랑스에서 18세기, 독일에서 19세기에 들어와 본격적으로 형성된 공론장은 근대 민주주의 정치 질서의 확립과 궤를 같이한다. 공중으로 결합한 사적 개인들은 문예 공론장을 거쳐 신문과 정당을 만들고 근대 국가의 헌법과 '헌정 국가'의 이념을 세웠다. 공론장을 바탕으로 개개인의 자연권은 물론, 보통 선거권이나 언론·출판·집회·결사의 자유, 그를 보장하는 입법이 이뤄졌다는 것이다.

따라서 하버마스에게 공론장은 민주주의의 핵심 개념이다. 공론장에서 모든 사람은 원칙적으로 동등한 기회를 가지고 각자의 개인적 성향, 희망, 신조, 의견을 제시할 수 있다. 법을 제정하거나 개정하는 과정도 그 연장선이기에 공론장은 근대 법치국가의 조직 원리다.

하버마스가 서유럽의 역사에서 이념형(ideal type)[196]으로 추출한 공론장 개념은 여론 정치의 조건이다. 근대 사회 이전, 곧 공론장이 형성되기 이전까지 정치권력은 '장대한 행렬과 행사, 여러 문양과 의식'들이 상징하듯이 민중 앞에 자신의 힘을 과시해왔다. 권위의 전시나 복종만이 있던 근대 이전의 '밀실 정치'에서 벗어나 민중 스스로 문제를 토론하고 결정하는 새로운 정치 공간이 공론장이다.

절대군주의 말과 행동을 중시한 중세 정치와 달리 입헌정치는 이성에 기반을 둔 공공성·공개성을 중시한다. 기존의 권위에 대항해 공개성의 원리를 구현함으로써 공론장은 절대왕정의 지배 체제를 벗어나는 과정에서 밑절미가 되었다.

하버마스는 공론장을 통해 자유와 평등, 인간성의 이념이 진리와 법의 정신으로 뿌리내려갔다고 주장했다. 이성을 지닌 사람들의 평등하고 자유로운 삶이 공론장의 이념이 되었고, 이성적 사람들의 토론을 통한 합의로 국가를 통치해야 한다는 정치철학이 퍼져갔다. 공중이 국가와 사회 사이에 공론장이라는 정치 공간을 만들어내면서 근대 이전의 '민중 배제 정치'를 벗어나 민중이 참여하는 정치로 바뀐 것이다.

하버마스의 공론장은 마르크스주의 철학이 자본주의에 대한 과학적 분석에 집중하느라 미처 보지 못했거나 중시하지 않았던 지점을 포착한 주요 개념이다. 공산 국가들의 붕괴 뒤에 공론장 이론이 높은 설명력을 지닌 이유이기도 하다.

자본주의 사회를 인식하는 마르크스와 하버마스의 차이는 더 근본적인 철학적 문제에서 비롯했다. 인간의 유적 본질이 그것이다. 기실 사회와 관계하는 존재, 사회적 존재로서 인간에 대한 근대철학의 사유는 인간의 '유적 본질'이 무엇인가라는 물음에서 시작했다.

사회인식론의 기초가 되는 인간의 '유적 존재(Gattungswesen)' 개념이 철학사에 나타난 것은 슈트라우스를 통해서였다. 그는 인간들이 다양하고 성격도 서로 다르며 '더불어 있을 때 비로소 온전한 인간일 수 있다'는 맥락에서 '유적 존재'라는 말을 썼다. 이후 포이어바흐와 마르크스가 유적 본질 개념을 새롭게 해석했다.

포이어바흐는 "신이 인간을 창조한 것이 아니라 인간이 자신의 형상대로 신을 창조했다"며 기독교를 비판하고, 인간을 '사랑과 연대감으로 완성되는 유적 존재'로 정의했다. 마르크스는 자본주의 사회에서 소유욕과 경쟁에 사로잡혀 사적 이익을 좇는 개별적 인간을 넘어 유적 존재로서 인간 종족 전체의 특성을 지닌 보편적 인간을 논의의 대상으로 삼았다. 마르크스는 인류라는 '종의 전체적 성격, 곧 종의 유적 성격은 삶의 자유롭고 의식적인 활동"이라고 보았다. 마르크스 철학에서 그 '자유롭고 의식적인 활동'이 바로 노동이다.

마르크스에게 인간은 사회적 존재로서 자유롭고 의식적인 활동인 노동을 통해서 자신의 전면적인 능력을 발휘하고 이를 통해 자신을 확인하는 존재다. 그런데 자본주의 사회에서는 노동 소외로 인해서 인간의 본질적 측면이 제대로 발휘되지 못한다.

반면에 공산주의 사회에서는 사적 소유의 철폐를 통해서 노동 소외가 극복된다고 주장한다. 그때 '유적 존재'로서 인간의 본질이 실제적으로 회복되어 사람이 사람답게 된다. 마르크스 철학은 인간의 감각과 속성을 비롯한 모든 능력의 완전한 해방을 지향한다.

여기서 중요한 것은 그가 특정 계급의 해방만 목적으로 삼지 않았다는 점이다. 마르크스 철학은 궁극적으로 보편적인 인간 해방을 전망한다. 모든 인간이 유적 본질, 곧 인간의 고유한 능력과 개성을 전면적으로 발휘할 수 있는 사회가 그것이다. 휴머니즘을 자임하는 마르크스 철학은 인간의 자연적 본질을 되찾는다는 의미에서 '인간의 자연화'와 '자연의 인간화'를 주장한다.

그런데 인간의 유적 본질 또는 '자유롭고 의식적인 활동'을 과연 '노동'으로만 볼 수 있는가에 많은 철학자들이 이의를 제기했다. 한나 아렌트는 마르크스의 '노동' 개념과 달리 '활동적 삶'이라는 개념으로 인간의 세 가지 근본 활동을 노동(labor), 작업(work), 행위(action)로 나눴다.[197] 아렌트에게 '노동'은 생물로서 인간에게 불가피한 활동이다. 모든 동물처럼 인간도 생명을 유지하려면 주기적으로 먹어야 하는데 그 생명 유지의 필수 조건을 충족하는 활동이 아렌트의 노동 개념이다.

하지만 인간은 그때그때 먹어 치우는 생물적 차원의 삶에 그치지 않고 그 이상을 추구한다. 작업은 "자연적 환경과 전적으로 구별되는 '인공적 세계'의 사물들을 제공하며 그 인간 조건은 "세속성, 다시 말해 대상성과 객관성에 대한 인간 실존의 의존성"[198]이다. 인간이 충족하면서 소비되어 사라지는 '노동'과 달리, '작업'은 지속될 수 있는 세계를 형성하는 활동이다. 작업을 통해 인간은 먹고 배설하는 생물학적 순환을 벗어나 영속적이고 안정된 세상을 만든다.

노동과 작업이 개개인의 지평에 머문다면, '행위'는 다른 사람들과 더불어 살아가는 활동을 의미한다. "사물이나 물질의 매개 없이 인간 사이에 직접적으로 수행되는 유일한 활동"이다. 자본주의 사회에서 노동계약을 맺고 취업을 한 사람들이라면 아렌트의 분류가 더 설득력 있게 다가올 수 있다. 자신과 가족의 생계를 위해 일터에서 긴 시간 끝없이 반복되는 일을 하며 퇴근 이후에 자유를 느끼는 숱한 '회사원'이라는 이름의 노동인들에게 노동은 인류의 유적 본질도, 내면의 외화일 수도 없기 때문이다.

아렌트는 산업혁명 이후 근·현대인들이 자신의 활동을 주로 자신과 자기 가족의 생계유지를 위한 한낱 수단으로 파악하는 현실에 문제의식을 가졌다. 아렌트가 보기에 생계를 걱정하는 활동은 동물들도 하고 있기에 그것을 해결하려는 노동에 몰두하는 활동은 인간적이지 않다. 아렌트는 자본주의 사회의 인간들이 긴 시간 노동의 굴레에 갇혀 삶에서 '작업'과 '행위'가 사라진 것이야말로 현대인들이 앓고 있는 병이라고 진단했다. 사람답게 살려면 작업과 행위를 통해 자신의 개성과 능력을 발현해 나가야 한다는 것이다.

하지만 아렌트가 인간이 동물적 차원의 생계유지에 매몰되는 현실이 안타까워 노동과 작업과 행위로 인간의 활동을 나눈 사실에 동의하더라도 문제가 남는다. 노동·작업·행위가 엄밀하게 나눠지지 않을뿐더러, 설령 그렇다고 하더라도 그때 노동은 그저 '동물적 활동'으로 폄훼될 위험성이 높다. 이는 의도와 무관하게 자본주의 체제에서 소외된 노동을 긍정하는 이데올로기가 될 수 있다. 한 사회의 절대다수인 민중에게 노동은 삶의 기반이라는 점에서 그것을 '동물적 수준의 활동'으로 인식하는 철학은 비현실적이라는 비판을 비껴갈 수 없다. 인간의 노동이 생계유지에 매몰되는 현실에 대해서도 이미 마르크스 철학은 '소외'로 분석했다.

인간의 유적 본질이 노동이라는 명제를 한층 체계적으로 비판한 철학자가 하버마스다. 그는 플라톤과 아리스토텔레스 이후 '제1철학'을 자임해왔던 형이상학은 과학적 근거가 없으며, 데카르트와 칸트에 이르러 제1철학의 위치를 차지한 인식론 또한 독단적인 '의식철학'이라고 비판했다. '비판으로서의 철학'을 내건 하버마스에게 철학은 '학문의 완성'일 수 없고 그래서도 안 된다.

형이상학과 의식철학을 부정한 하버마스는 마르크스 철학의 자본주의 사회 비판에도 공감했다. 하지만 마르크스 철학에 한계가 또렷하다고 판단했다. 사회경제적 분석과 계급투쟁의 실천적 개념으로 인류 역사를 통일적으로 파악한 탐구는 긍정적으로 평가했지만, 인류의 유적 본질을 오직 노동의 개념을 통해서만 해석했다고 비판했다.

하버마스는 마르크스의 노동을 세계에 대한 가능한 경험의 조건이라는 "인식론적 범주"로 분석한다. 노동의 "대상적 행위"가 "사회적 삶의 가능한 객관성의 선험적인 조건을 형성한다"[199]는 것이다. 역사에 관한 유물론이 범주화한 사회가 "실제의 삶의 과정과 아울러 삶의 세계에 대한 제도의 선험적 조건을 규정"[200]하기 때문이다.

하버마스는 마르크스의 노동 개념이 자연에 대한 통제력으로 생산력의 확장에만 기여한다고 주장했다. 마르크스의 노동 개념을 아렌트처럼 좁은 의미로 해석하는 한계를 드러냈지만, 노동을 통한 인간의 세계 경험은 자연의 기술적 효율성이라는 관점에서만 파악된다고 비판한 지점은 새겨볼 만하다. 하버마스는 노동의 주체로서만 세계 인식과 경험을 환원하면 인식 주체의 또 다른 실천 행위를 놓친다고 보았다.

하버마스에게 인류의 유적 본질은 노동(arbeit)과 상호행위(interaktion)
다. 노동과 상호행위는 인류의 형성 과정을 결정하는 두 가지 실천 요
소이다. 노동은 자연 세계를 대상으로 한 활동이며, 상호행위는 인간들
사이에서 이루어지는 활동이다. 인간은 자신과 주변을 설명하려고 언
어적 의사소통 구조를 만든다.

하버마스 철학에서 인간과 인간, 인간과 집단을 매개하는 것은 단순
한 생산이 아니다. 언어와 의사소통의 중요성과 맞물린 개념이 바로 공
론장이다. 중세의 신분제에 바탕을 둔 폐쇄적 정치구조를 벗어나 모든
사람이 자유롭고 평등하게 참여해서 여론을 형성하는 마당으로서 공
론장은 근대 사회만이 아니라 새로운 사회를 구상할 때도 중요한 개념
이다.

공론장과 의사소통 이론을 기반으로 하버마스는 '숙의 민주주의'를
제안했다. 말 그대로 의사 결정 과정에서 숙의가 중심이 되는 민주주의
다. '숙의(熟議)'란 여러 사람이 특정 문제를 놓고 깊이 생각하고 충분히
의논하는 과정을 이른다. 숙의 민주주의는 사회 구성원들이 공공 의제
에 관한 토론에 직접 참여하여 합의를 이뤄가는 민주주의이다.

하버마스의 숙의 민주주의는 공론장 개념이 그렇듯이 자본주의 현
실을 지나치게 안이하게 보는 문제점이 있다. 근본적으로 자본과 노동
사이에 불평등이 존재하는 사회에서 '숙의'를 통한 합의는 합리적 합의
가 아니라 헤게모니의 임시적 결과이거나 잠정적이라는 비판이 제기
된 이유다.[201] 숙의 민주주의는 공론장의 정의처럼 자유롭고 평등한 사
람들을 가정하지만 자본주의 체제에서 대다수 민중은 자유롭지도 평

등하지도 않기 때문에 하버마스가 칸트로 이어받은 '이성의 공적 사용'
이 가능한 조건부터 마련해야 한다.

2. 자본주의와 민주주의 접합

인간의 유적 본질을 마르크스처럼 노동으로 인식하느냐, 하버마스처
럼 노동과 상호행위로 인식하느냐는 중요한 문제다. 그에 따라 사회인
식론[202]에 큰 차이가 나타나고 사회적 실천의 방향도 달라지기 때문이
다. 마르크스처럼 유적 본질을 노동으로 인식할 때 근대 사회는 자본주
의 체제로 보이고, 하버마스처럼 노동과 상호행위로 인식할 때 근대 사
회는 자본주의 경제와 민주주의 체제로 보인다. 과학적 선험철학은 인
간의 유적 본질을 마르크스처럼 노동만으로도, 하버마스처럼 노동과
상호행위로도 보지 않는다. 왜 그런가를 현대인이 살고 있는 사회에 대
한 인식을 중심으로 논의해보자.

소련의 붕괴 이후 자본주의와 민주주의 관계는 딱히 하버마스의 사
회철학이 아니어도 규명해야 할 철학적 과제가 되었다. 자본주의가 마
르크스 철학과 노동계급의 혁명적 실천, 두 차례의 세계대전 영향으로
'수동혁명'을 전개했기 때문만은 아니다. 21세기에 들어서서는 지구촌
의 모든 나라가 민주주의 국가임을 자임하고 있듯이 실제로 '민주주의'
가 자본주의와 함께 인류의 삶을 틀 지우고 있다.

실존했던 공산주의 국가들의 경험은 '인민의 전위'라는 명분 아래 형
식적·절차적 민주주의를 경시하는 체제가 결코 대안이 될 수 없다는
교훈을 가르쳐주었다. 민중 스스로의 통치라는 민주주의의 본질로 판

단할 때, 형식적·절차적 민주주의와 실질적 민주주의를 전혀 별개의 차원처럼 구분하는 것은 논리적 근거가 약할 수밖에 없다. 마르크스 철학의 실천에 평생을 바친 로자 룩셈부르크는 일찌감치 다음과 같이 강조했다.

"우리는 형식적 민주주의에 대한 우상 숭배자였던 적이 한 번도 없다. 이는 우리가 항상 부르주아 민주주의의 정치적 형태와 사회적 핵심을 구분한다는 것, 항상 형식적 평등과 자유의 달콤한 껍데기 아래 감춰져 있는 사회적 불평등과 부자유의 씁쓸한 핵심을 드러내 보여준다는 것을 의미한다. 이는 이 형식적 평등과 자유를 배척하기 위해서가 아니라 노동계급으로 하여금 껍데기에 만족하지 말고 정치권력을 장악하여 그것을 새로운 사회적 내용으로 채우도록 자극을 주기 위해서이다. 프롤레타리아 계급이 권력을 장악하면 모든 민주주의를 철폐하는 게 아니라 부르주아 민주주의를 대신해 사회주의적 민주주의를 창출하는 게 그것의 역사적 과제이다."[203]

룩셈부르크의 말은 새삼 형식적·절차적 민주주의에 담긴 의미를 확인시켜준다. 일반적으로 정치학에선 '민중이 최고 정부 공직자에게 반대할 수 있으며, 나아가 투표로 그의 권력을 박탈할 수 있는 체제'를 민주주의라고 정의한다. 문제는 룩셈부르크의 민주주의론이 소련과 동유럽 체제에서 구현되지 못한 데 있다.

따라서 최고 의사결정권자를 민중이 투표로 직접 선출하고 바꿀 수 있는 정치제도가 민주주의의 최소 강령임을 인식할 필요가 있다. 다만 최소 강령에 대한 지나친 강조는 '초보적 민주주의'를 마치 '완성된 민주주의'처럼 인식게 함으로써 더 나은 민주주의로의 진전을 가로막을 수 있기에 경계해야 한다. 근대 사회에서 자본주의가 민주주의와 동시적으로 전개되어왔기에 더 그렇다.

역사적 과정에서 자본주의와 민주주의가 접합하는 구체적 형태에 가장 큰 변수는 언제나 지배 세력과 민중 사이의 힘겨루기였다. 시민혁명으로 지배 세력이 된 상공인 세력과 민중 사이에 힘의 관계가 고스란히 그 나라의 민주주의 수준을 결정했다.

상공인 세력의 힘이 커질 때 사회경제적 불평등이 커지면서 민주주의는 약해졌고, 반대로 민중의 힘이 커질 때 사회경제적 불평등을 줄여감으로써 민주주의는 한 단계 더 진전됐다. 역사적 전개 과정을 볼 때 민중, 특히 노동계급은 가장 일관되게 민주주의를 발전시켜온 세력이다. 민주주의를 '살아 있는 정치 생명체'로 보는 이유다.

자본은 튼튼한 경제력을 동원해 민중들의 힘이 자신들의 지배체제를 위협하는 상황에 이르지 않도록 여러 물리적·이데올로기적 장치를 만들어놓았다. 민중의 투쟁으로 제도화된 보통선거권도 이미 민주주의가 완성되었다는 이데올로기로 작동하고 있다. 마치 누구나 평등을 누리고 있는 것처럼 교육하고 '여론'화함으로써 민중이 경제적 불평등을 정치적 문제로 인식하는 것을 가로막는다.

여기서 중요한 것은 서로 상반되는 힘이 겨루는 무대다. 형식이나 기껏해야 절차에 지나지 않는다고 하더라도 어쨌든 다툼이 일어나는 그곳은 민주주의가 열어놓은 정치 공간, 곧 공론장이다. 민중은 적어도 형식적으로나마 지배 세력과 평등한 정치적 권리를 확보함으로써 정치운동을 합법적이고 공개적으로 전개할 수 있는 소중한 '마당'을 확보했다. 공론장은 민중이 민주주의를 진전시켜 나갈 수 있는 밑절미이기도 하다.

하지만 공론장을 기초로 숙의 민주주의를 제안한 하버마스의 철학
또한 실천에서 검증받아야 한다. 마르크스 철학과 소련·동유럽 공산
체제의 '거리'만큼 하버마스 철학과 자본주의 현실 사이에도 균열이
있다.

하버마스 자신도 공론장 초기 단계에서 "합리적이고 비판적인 토론
을 위한 전제조건"이었던 사유재산의 성격이 20세기에 들어와 바뀐 사
실을 인식했다. 사적인 미디어가 대규모 사업의 일부가 되면서 공적 커
뮤니케이션의 수단들이 자본주의 사회의 새로운 권력구조로 통합되
어갔다. 하버마스는 이를 '공론장의 재봉건화'로 규정했다. 공론장이
개인의 이익을 추구하는 사적 권력의 표현 수단으로 전락했다는 것이
다.[204]

더욱이 공산주의 체제의 몰락을 계기로 숙의 민주주의 아닌 신자유
주의적 세계화가 지구촌을 압도했다. 미국 싱크탱크에서 출현해 빠르
게 퍼져간 '역사의 종말'론에 딱히 동의하지 않는 사람들 사이에서도
자본주의에 대안이 없다는 '티나(TINA, There is no alternative)식 사고'
가 퍼져간 것 또한 사실이다. 자본주의 대안으로 등장한 공산주의 체제
가 무너지면서 더는 다른 선택이 없다는 대안 부재론은 신자유주의로
귀착되었다.

자본주의에 더는 대안이 없다는 사유의 가장 큰 문제는 자본주의를
마치 '고정된 실체'처럼 가정하는 데 있다. 하지만 자본주의는 고정불
변의 실체가 아니다. 실제로 자본주의 체제를 하나의 단일한 모델로 이
해할 수 없다는 사실에 주목한 담론이 자본주의 다양성 이론(Varieties

of Capitalism, VOC)[205]이다.

자본주의 경제체제의 다양성을 부각하는 이론적 갈래는 다채롭다. 여러 분류가 있지만, 간명하게 '자유 시장경제'와 '사회적 시장경제 (social market economy)'로 나눌 수 있다. 자유 시장경제 모델은 신자유주의를 지구촌으로 퍼트린 미국과 영국 자본주의가 대표적이다. 하지만 신자유주의가 세계적으로 확산될 때도 사회적 시장경제는 자신들의 틀을 방어하고 유지했다. 사회적 시장경제는 독일(네덜란드·벨기에·오스트리아·스위스) 모델과 스웨덴(노르웨이·핀란드·덴마크) 모델로 나눠진다. 가장 많이 알려진 이론은 '주주 자본주의'와 '이해관계자 자본주의'의 구분이다. 자유 시장경제(주주 자본주의)와 사회적 시장경제(참여 자본주의 또는 이해관계자 자본주의)를 구체적으로 민중의 삶에서 볼 때 전자가 약육강식의 우려가 높다면 후자는 억강부약의 가능성이 짙다.

미국식 자유 시장경제와 달리 사회적 시장경제로 자본주의 개혁에 가장 앞장선 나라들이 북유럽이다. 스웨덴, 노르웨이, 핀란드, 덴마크는 일찌감치 사회적 복지국가를 목표로 내세웠다. 2차 세계대전 직후부터 사회적 복지국가를 체계적으로 주창한 유럽의 정치 세력은 1951년 독일에서 '사회주의 인터내셔널'을 결성하며 민주사회주의 선언 또는 프랑크푸르트 선언이라고도 불리는 '민주사회주의의 목적과 임무'를 발표했다. 이어 1962년에는 제2선언인 '오슬로 선언'을 노르웨이에서 공표했다. 두 선언은 민주주의를 인간 생활의 정치적·경제적·사회적 및 국제적 영역, 한 마디로 인간 생활의 모든 영역으로 확대하자고 제안한다.

사회주의 인터내셔널이 내세운 민주사회주의는 공산주의와 다르다. 그들은 공산주의가 사회주의의 전통을 알아볼 수 없을 만큼 왜곡시켜 버렸다고 비판한다. 특히 공산당원의 특권을 지적하며 새로운 계급 사회를 만들어냈다고 선을 그었다. 오슬로 선언은 "미래는 공산주의의 것도 자본주의의 것도 아니다"라며 '최고 형태의 민주주의'라는 새로운 미래상을 제시했다.

민주사회주의는 종래의 사회주의와 공산주의가 자유민주주의를 부정하거나 또는 단순한 수단으로 보는 것과 달리 "자유 속에서 민주주의적인 수단에 의하여 새로운 사회를 건설하려고 노력"한다며 자신들의 정치적 목표를 '최고의 형태로서의 민주주의'라고 강조했다. 생산수단의 공유도 그 자체를 목적으로 삼지 않고, 사회의 경제생활과 복지를 받쳐주는 기초산업과 공공사업을 관리하는 수단, 비능률적인 산업이나 독점을 막는 수단으로 생각한다. 그들이 주장한 사회민주주의 복지국가를 가장 잘 구현한 나라들이 북유럽이다.

민주사회주의 또는 사회민주주의 체제에서 인간의 삶은 사뭇 다를 수 있다. 북유럽 국가에서 실제로 살고 있는 비판적 지식인은 "인생의 의미를 이야기하는 것은 현대 사회에서 사회주의·공산주의 사상이 존재할 수 있는 유일한 방식일 수 있다"고 주장했다. 현대인이 인생에 의미를 이야기할 때 가장 적절한 사상이 사회주의라는 박노자의 경험은 철학자들이 가볍게 넘길 문제가 아니다. 철학이 인생의 의미에 대한 논의를 접을 수 없다면 더욱 그렇다.

그가 주장하듯이 인간의 삶에는 세 가지 층위가 있고 가장 기본적 층위는 생물적 생존이다.[206] 기실 자본주의 체제가 형성될 때는 기본적 생존마저도 노동인과 민중들에게는 꿈같은 이야기였다. 충분히 먹지 못했고 아파도 병원에서 치료받지 못했다.

삶의 두 번째 층위는 기본적인 사회적 역할의 수행 가능성이다. "아이로서 정상적으로 성장하고, 젊은이로서 연애를 할 만큼 해보고, 어른으로서 부모에게 제대로 해드리면서 아이를 잘 키우고, 노후 생활을 조용하고 안정되게, 그리고 창조적으로 보내"는 층위의 삶이다. 여기까지가 사회적 시장경제 자본주의 또는 사회민주주의 국가에서 추진하고 구현해온 성과이다. 자본주의를 가장 민주주의적으로 경영하는 사회라고 할 수 있다.

세 번째 층위는 "대인관계를 통한, 창조적 노동을 통한, 그 어떤 애타적 실천을 통한 진정한 자아 실천"의 삶이다.[207] 그 층위는 북유럽 국가에서도 찾기 어렵다. 박노자가 사회주의 사상을 부각하는 이유다.

삶의 철학을 사유할 때 자본주의 다양성 이론이 의미 있는 이유이다. 인간의 삶에 첫째와 둘째 층위의 엄연한 차이를 두고 놔두고 사회를 논의하는 사회철학은 관념론의 병폐. 북유럽 자본주의에서 태어난 사람들과 동아시아 한국에서 태어난 사람들에게 삶에 대한 철학이나 인생관의 차이는 개개인의 선택이라고만 볼 수 없다. 대학까지 모든 학비가 없고 병원비 무료에 실업자가 되어도 평균임금의 70~80% 보장을 받는 사회의 삶은 각자도생의 자본주의에서 사회화된 삶과 다를 수밖에 없다. 모든 사람이 '진정한 자아'를 실현해가는 삶은 그다음 단계의 문제다.

따라서 소련이 무너지자 미국의 학계에서 자유주의의 최종 승리를 단언하며 '역사의 종말'을 선언한 것은 섣부른 판단이었거니와 "영원한 평화의 시대가 도래"했다는 자본주의 주도 세력의 호언장담은 이데올로기에 지나지 않는다. 2001년 미국의 세계무역센터(WTC) 건물에 대한 이슬람 근본주의 세력의 테러는 평화의 환상에 젖어 있던 지구촌을 흔들었다. 9·11테러를 일으킨 알카에다 지도자 빈 라덴은 미국이 주도하는 자본주의가 무슬림들을 착취해왔다며 다음과 같이 근거를 제시했다.

"미국은 아랍 석유의 판매를 대행함으로써 노골적으로 그 수익을 도둑질하고 있다. 지난 25년 동안 석유 1배럴이 팔릴 때마다 미국은 135달러를 챙겼다. 이렇게 해서 중동이 도둑맞은 금액은 하루에 40억 5000만 달러로 추산된다. 이것은 역사상 최대 규모의 도둑질이다. 이런 대규모 사기에 대해 세계의 12억 무슬림은 1인당 3000만 달러를 보상해 달라고 미국에 요구할 권리가 있다."[208]

알카에다만이 아니라 무슬림들은 신(알라)이 아랍에 준 선물인 석유로 미국과 유럽의 자본주의 국가들이 부를 축적했다는 인식을 대체로 공유하고 있다. 사회인식론을 짚어야 할 중요한 이유다.

아무리 자본주의가 수동혁명을 거쳤더라도 신자유주의적 세계화가 입증하듯이 불균등 발전과 착취로 인한 갈등은 해소되기 어려워 보인다. 더욱이 2008년 미국의 금융 위기 이후 세계 자본주의는 장기 침체 국면을 맞았고 지구촌 민중의 삶—인류의 대부분—은 각자도생의 무한 경쟁 체제로 내몰렸다. 민중의 무한 경쟁은 자본의 무한 증식 논리가 지배하는 사회에서 필연이다.

3. 새로운 사회와 새로운 인간의 조건

새로운 사회를 전망하는 철학적 모색은 유럽의 복지국가, 사회적 시장 경제의 삶도 이상적이진 않다는 인식에서 출발한다. 소련이 무너지고 신자유주의가 퍼져가면서 민주주의가 부자들만의 그것으로 노골화하는 살풍경이 나타나고 있지만 자본의 논리가 지배하는 사회를 넘어선 세상을 이루는 길은 탄탄대로가 아니다.

20세기 내내 지구 곳곳에서 수백만, 아니 수천만 명의 사람들이 자본주의를 넘어서기 위해 기꺼이 자신의 목숨과 열정을 바쳤음에도 실패했다. 소련을 비롯해 중국, 동유럽, 조선민주주의인민공화국, 베트남, 쿠바, 칠레, 리비아, 베네수엘라에서 자본주의를 넘어선 사회를 이루려던 경험은 우리에게 새로운 정치경제 체제를 구현하기가 얼마나 힘겨운가를 절실하게 깨우쳐주었다.

대안으로 논의되어온 사회민주주의가 자본의 경쟁 논리에 취약하다는 사실도 이미 오래전에 비판받았다. 사회민주주의자들이 세계를 더 나은 곳으로 만들고자 했고 그런 주장을 바탕으로 수많은 노동인들의 지지를 받았지만 "사회민주주의자들과 19세기의 공상적 사회주의자들은 본질적 공통점이 하나 있다. 그것은 바로 사회주의 변혁의 주체가 누구인지를 알지 못한다는 점"이라는 지적[209]도 있듯이 역사적 전환점을 이루지는 못했다.

바로 그래서 마르크스가 제시한 새로운 사회의 전제조건을 다시 되새겨보아야 한다. 자본주의의 성숙이라는 물질적 조건과 함께 제시한 사회 구성원 의식의 성숙이라는 주체적 조건이 그것이다.

어떠한 사회적 질서도 모든 생산력이 그 안에서 발전할 여지가 있는 한 붕괴되지 않는다―1883년 마르크스는 눈을 감았고 자본주의의 생산력은 20세기 내내 놀라운 발전을 거듭했다―고 간파한 마르크스는 동시에 단순히 생산력의 발전만으로 사회주의가 가능하다고 판단하지도 않았다.

엥겔스가 증언했듯이 "마르크스는 선언에서 제시된 사상의 궁극적 승리를 위하여, 단결된 행동과 토론의 결과로서 필연적으로 이뤄질 노동계급의 지적 발전에 전적으로 의존했다." 엥겔스 또한 노동계급이 자신들에게 주어진 "역사적 위업의 전제조건을 철저하게 인식"하고 "그 의미에 대해 완전한 지식"을 갖춰야 한다고 보았다. 엥겔스는 특히 '노동계급의 지적 발전'에 마르크스가 전적으로 희망을 걸었다는 증언 바로 다음에 어떤 사상을 '만병통치약'으로 삼지 말고 언제나 '노동해방의 진정한 조건을 철저히 이해'하려는 자세를 강조했다.

21세기 새로운 문명을 단순히 경제적 틀로만 이해할 게 아니라면, 민주주의의 중요성을 우리가 경시하지 않는다면, 실존했던 공산주의가 실패한 경험을 우리가 외면하지 않는다면, 새로운 사회의 주체에 대해 깊은 성찰이 필요하다.

그 점에서 새로운 사회철학을 구상할 때 중요한 젖줄은 마르크스 못지않게 니체의 철학이다. 흔히 마르크스와 니체는 정반대의 철학자로 이해하기 쉽다. 니체의 철학이 포스트모더니즘의 원천이기에 그렇게 이해할 수도 있다. 하지만 두 철학자 사이에는 공통점이 많다. 그 공통점은 근대 사회를 넘어선 탈근대의 새로운 사회, 21세기의 민주주의를 열어가는 데 중요한 디딤돌이 될 수 있다.

마르크스의 근대 자본주의 사회 비판은 새삼 설명이 필요 없을 만큼 잘 알려져 있다. 그런데 니체 철학 또한 자본주의 사회를 비판한다. 다만 비판의 시선이 마르크스와 사뭇 다르다. 자본의 무한 증식 논리가 지배하는 사회를 넘어 새로운 사회를 구상할 때 마르크스와 니체 사이에 소통이 필요한 이유가 여기 있다.

니체는 자본주의 사회를 '정치 영역이 위축된 시대'로 분석한다. 마르크스와 달리 니체의 개념은 다분히 문학적이다. 니체는 정치 위축을 사회 구성원들의 '군주적 본능'이 해체된 것으로 표현한다.

여기서 '군주적 본능'이란 표현에만 집착하면 자칫 그의 철학을 오해하기 쉽다. 니체는 저서들 곳곳에서 '군주적 본능을 가지지 못할 때'와 '주권자, 입법자, 가치의 창안자이기를 그칠 때'를 동일한 뜻으로 서술한다. 국가를 구성하고 있는 개개인이 스스로 주권자와 입법자, 가치 창안자로 살아가지 않고 있다는 지적은 니체가 살던 당대는 물론, 21세기인 오늘날에도 자본주의 시대의 핵심을 정확히 짚은 통찰이다.

니체가 "문화의 눈먼 두더지, 노예"들을 비판하면서 "국제적 화폐 은둔자들"을 거론할 때, 우리는 마르크스와의 접점으로 니체를 새롭게 파악할 수 있다. 니체는 마치 신자유주의 시대를 예견이라도 하듯이 '국제적 화폐 은둔자'들을 일러 "정치를 '증권시장과 국가, 사회의 수단'으로 자신들의 부를 늘리는 장치로 오용"하며 "현대 화폐경제의 결과"로 자유주의적 – 낙관주의적 세계관이 보편적으로 확대되었다고 언급한다.[210]

물론, 니체의 해법은 마르크스 철학과 다르다. 니체는 근대 자본주의 사회가 인간을 '표준화'한다는 점에 분노한다. 그와 대립시켜 제시하는 보기가 그리스 사회다. 고대 그리스에서 사람들은 "누구나 다른 사람들과는 다른 자신의 특성을 부각시키고자 했고 독특한 행위와 업적을 통해 자신이 최고임을 보여"주었다고 분석한다. 그와 달리 근대 자본주의 사회는 인간의 독특한 개성이나 행위를 '일탈'로 규정함으로써 순응주의를 조장한다. 순응주의 사회는 니체에게 '정치의 쇠퇴 형식'이자 더 나아가 '정치의 소멸'이다.

니체는 근대의 정치를 '작은 정치' 또는 '정치를 상실한 정치'로 비판하며 마침내 그 시대가 끝나간다고 예고한다. 니체는 주권자와 입법자를 동일시한다. 주권자가 투표권만을 주권 행사로 여기는 현실에 대해 니체는 자신이 복종해야 할 법을 만드는 데 '한 표'를 행사할 수 있을 뿐인 '작은 정치'라며 날카롭게 고발했다.

니체와 마르크스의 공통점은 자유주의를 반대하는 데서도 나타난다. 흔히 니체를 철저한 개인주의자로 이해하지만 전혀 아니다. 니체는 개인을 사회와 절연된 개별적 존재로 인식하는 자유주의자들의 전제가 오류임을 강조한다.

"철학자들이 종래 생각해온 바의 개인, 곧 '단일인'이라는 것은 하나의 오류이고, 개인은 개별의 실체, 하나의 원자, 사슬 안의 고리, 그냥 과거로부터 내려온 존재가 아니며, 개인은 그에게까지 이르는, 그를 포함한 '사람'이라는 하나의 연속적 전체를 이룬다"고 보았다.[211] 마르크스가 인간의 본질을 사회적 관계들의 결합체(앙상블)로 인식한 것과 같은 맥락이다. 니체는 또 자유주의자들이 그들이 만든 법률 속에 담긴 폭력, 냉혹함과 이기주의를 인정하지 않는다고 날카롭게 비판했다.

최근에는 니체의 철학 또한 유물론이라는 분석도 나오고 있다. 정신이 몸이라는 '큰 이성'에 의해 창조되었다는 니체의 명제는 '철학의 근본 물음'이라는 틀에서 파악해 보면 여러 유물론 학파 가운데 하나라는 것이다. 니체의 유물론은 "이원론적 대립을 가정하여 내세, 변하지 않는 본질, 불멸하는 영혼을 추구하는 기독교적 형이상학을 부정"하고 "디오니소스의 가르침에 따라 현세의 삶을 정당화하고자 하는 실천적 유물론"[212]의 하나다.

물론 니체와 마르크스의 철학은 분명한 차이가 있다. 니체는 사회주의자들이 인간의 자연적인 선한 본성을 믿고 있다며 이를 '형이상학적 태도'라고 비판한다. "혁명이 성공하면 아름다운 인간성의 자랑스러운 신전이 솟을 것"이라는 사회주의자들의 생각을 '위험스러운 꿈'으로 규정한다. 니체는 이를 '선량한 원시인의 권리 찾기 운동'으로 꼬집고, 모든 형이상학적 운동이 그렇듯이 사회주의 운동도 종국에는 '기진맥진한 사회'로 이어질 수밖에 없다고 전망했다.

니체는 사회주의자들이 소유물의 분배를 중시함으로써 문화나 도덕이 갖고 있는 힘에 너무 무지하다고 진단했다. 이 또한 레닌이 문화혁명을 주창한 이유와 같은 맥락이다. 자유주의에 대한 반동으로 사회주의는 큰 권력을 갈망하면서 전제주의를 닮아간다고 본 니체는 정치의 쇠퇴를 '예언'하며 개탄했다.

니체는 마치 예언이라도 하듯 "사회주의가 원하는 국가가 달성된다면 생성의 강한 에너지는 파괴될 것"이며 "그때 국가는 새로운 생성적 힘을 상실하고 허무주의적 형태를 띠게 될 것"[213]이라고 내다봤다. 우리가 소련 체제의 붕괴에서 목격했듯이 니체의 전망은 적중했다.

여기서 마르크스와 니체 모두 자본의 논리에 휘둘리는 민주주의를 '인류'의 이름으로 비판했다는 사실에 주목할 필요가 있다. 근대 사회의 심연을 각각 다른 시각에서 깊이 들여다본 두 철학자는 자본의 논리를 넘어서는, 근대의 '작은 정치'를 넘어서는 위대한 정치를 인류에게 제안했다.

니체 철학은 마르크스가 자세히 들여다보지 못한 주체의 심층을 다룬다. 하지만 니체는 마르크스가 자세히 들여다본 자본주의의 모순을 망각하고 있다. 개개인의 창조적 삶으로서 자기 입법의 과제를 니체는 주목했지만 마르크스는 간과했고, 개인의 자기실현 조건으로서 자본주의 극복의 과제를 마르크스는 주목했지만 니체는 간과했다.

여기서 마르크스가 자본주의를 비판하고 해부한 까닭도 인간 개개인의 전면적 발전에 있다는 점에 유의할 필요가 있다. 인간성의 전면적 발전과 '민중 스스로의 통치'라는 민주주의의 철학은 깊숙한 곳에서 이어진다. 민중 스스로의 통치는 마르크스에게는 노동계급과 인류의 해방으로, 니체에게는 자기 입법의 '군주적 본능'으로 표현되고 있을 뿐 지향점은 같다.

근대 자본주의 사회를 서로 다른 지평에서 비판하는 니체와 마르크스의 철학에서 우리는 새로운 사회를 이루려면 새로운 인간이 전제되어야 하고, 새로운 인간은 새로운 사회가 전제되어야 한다는 명제를 도출할 수 있다.

4. 인간의 유적 본질: 성찰과 노동

새로운 인간의 탐색은 인간의 유적 본질이 무엇인가에서 출발해야 한다. 인간에 대한 가장 잘 알려진 정의는 아리스토텔레스의 '조온 폴리티콘(zōion politikon)'이다. 그 말이 로마제국 시대에 들어와 라틴어로 옮겨질 때 '사회적 동물'이 되었다. '인간은 정치적 동물'이라는 번역이 옳다는 주장이 나온 이유다. 하지만 '공동체(폴리스)를 구성해 살아가는 동물'이라는 본디 의미로 추론컨대 '조온 폴리티콘'에는 정치적 동물이라는 뜻도 사회적 동물이라는 뜻도 담겨 있다. 인간은 본성적으로 정치적 공동체를 벗어나 존재할 수 없다는 주장이다. 가장 적실한 번역은 '정치사회적 동물'이겠지만 그 말을 줄여 사회적 동물로 통용해도 큰 무리는 없다.

아리스토텔레스가 인간을 정치사회적 동물로 본 근거가 언어라는 사실도 주목에 값한다. 인간의 유적 본질을 노동과 상호작용으로 구분한 하버마스 사유에 영향을 끼쳤을 것으로 보인다. 아리스토텔레스에게 인간은 언어를 통해 타자와 소통하며 살아가는 존재로 '좋은 삶(eu zen)'은 정치적 사회생활로 실현된다.

"우리는 모든 폴리스가 어떤 종류의 공동체이고, 모든 공동체는 어떤 좋음을 위해서 구성된다는 것을 관찰한다. 왜냐하면 모든 사람은 자신의 행위에서 좋음이라고 여겨지는 것을 목표로 하기 때문이다. 그렇다면 분명히, 모든 공동체는 어떤 종류의 좋음을 목표로 하는 것이지만, 그 모든 공동체들 중에서 최고의 것이면서 다른 모든 공동체들을 포괄하는 이 공동체는 가장 으뜸가는, 다시 말해 모든 좋음들 중에서 최고의 좋음을 목표로 한다. 이것이 폴리스라고 불리는, 즉 폴리스적 삶을 형성하는 공동체이다."[214]

아리스토텔레스는 인간이 공동체 속에서 살아가는 본성을 지녔기에 그 속에서 타인들과 어우러질 때 행복해지려는 본성이 실현될 수 있다고 주장했다. 그 이후 서양철학의 큰 흐름은 인간을 사회적 동물로 논의해왔다. 마르크스가 노동을 인간의 유적 본질로 정의한 것도, 하버마스가 노동과 상호행위로 바라본 것도 그 연장선이다.

하지만 인간을 사회적 동물로만 이해하기엔 한계가 있다. 니체가 비판했듯이 마르크스 철학은 인간 내면에 대한 성찰이 충분하지 않았다. 물론 인간은 사회적 존재임에 틀림없다. 하지만 '사회적 존재가 의식을 결정한다'는 명제를 지나치게 중시함으로써 그만큼 인간에 대한 성찰은 경시하게 되었다.

무릇 인간은 사회적 동물인 동시에 자신의 삶을 성찰하는 동물이다. 생명체로서 자아의식을 지니고 자신이 '죽음에 이르는 존재'임을 직시한다. 파스칼이 '생각하는 갈대가 오히려 우주보다 위대하다'고 주장한 근거도 내면의 의식에 있다. 인간이 내면의 깊이를 더해가는 방법이 바로 성찰이다.

성찰(省察, Reflection)의 사전적 의미는 "자기의 마음을 반성하고 살핌" 또는 "자신이 한 일을 깊이 되돌아보는 일"이다. 철학사에서 인간 내면의 성찰을 강조한 철학은 아시아에서 두드러진다. 물론 유럽 철학사가 인간 내면의 외화에만 무게를 두고 사유해온 것은 아니다. 인간 내면의 심화를 개념화해온 아시아 철학에 견주어 두텁지 못하지만, 유럽 철학사에서도 성찰은 드문드문 철학적 사색의 대상이었다.

무엇보다 소크라테스는 "성찰하지 않는 삶은 살 가치가 없다"고 잘라 말했다. 가깝게는 니체가 "우리는 본질적으로 우리 자신에 대해 낯선 사람이기에 우리 자신을 오해할 수밖에 없다"고 천명했다. 니체는 솔직하게 우리가 자신을 인식할 수 있을까에 의심을 품었다. "우리는 자신을 알지 못한다. 우리는 자신을 인식해가는 자들이다"라며 유럽 철학사를 성찰한다.

성찰하는 동물로서 인간은 자신만 되돌아보지 않는다. 사랑하는 가족과 이웃, 공동체, 더 나아가 인류를 성찰하는 유적 존재다. 인간은 유일하게 자신의 삶이란 무엇인가, 인간이란 무엇인가를 묻는 성찰적 동물이다. 다른 동물과 다르게 현재를 살면서 과거를 돌아보고 미래를 예측할 수 있는 생명체, 스스로 질문을 던지고 성찰하는 존재다.

인간은 사회적 동물이자 성찰하는 동물이라는 명제에서 우리는 인간의 유적 본질을 노동과 성찰 두 가지로 도출할 수 있다. <표 2>에서 볼 수 있듯이 인류는 개개인마다 자신의 몸을 통해 소통하지 않고는 삶을 유지할 수 없다. 가장 일차적인 것은 생명을 이어가는 데 필수적인 생산 행위다. 인류는 다른 포유류들에 비교해 자신을 지키며 먹이를 사냥할 날카로운 이빨이나 발톱이 없으며, 몸을 따뜻하게 할 두터운 가죽이나 털도 없고, 재빠르게 도망갈 긴 다리도 없다. 그렇다면 포유류가 저마다 지닌 고도로 특화된 육체 기관이 인류에게는 없었을까. 그렇지

<표 2> 인간의 유적 본질

주체	몸	객체	미디어	소통	유적 본질
나	손	자연	석기→청동기→철기·디지털	생산 행위	노동 (내면의 외화)
	입	인간	말→글·인쇄·방송→인터넷	언어 행위	
	뇌	내면	생각근육 (학습과 수련)	자기 대화	성찰 (내면의 심화)

는 않다. 초기 인류는 자연에 유연하게 적응할 수 있는 특성이 있었다. 그 특성은 인간이 다른 동물과 달리 직립하면서 나타난 두 가지 몸의 변화에서 비롯했다.

먼저 손이다. 인류는 손으로 사물을 잡거나 무엇인가를 만들 수 있다. 손의 중요성은 그것이 없을 때를 가정해보거나 네발 애완동물의 일상을 지켜보면 단숨에 깨달을 수 있다. 손은 뇌가 발달하는 데 크게 기여했다.

인류와 다른 동물과의 도드라진 차이가 손 못지않게 입이다. 인간의 입은 다른 동물과 달리 말을 한다. 인간의 목에는 후두, 기도, 식도, 갑상샘, 많은 혈관, 신경, 림프 조직이 있다. 눈여겨볼 것은 후두의 진화다. 초기 후두의 주된 기능은 호흡기관의 관문으로 호흡을 원활하게 하는 일이었다. 그런데 진화하면서 발성 기능이 생겼다.

후두의 발성 기능을 밑절미로 인류는 입을 벌려 의사소통을 할 수 있었고, 뇌가 점점 커져가면서 다른 동물과 질적으로 다른 의사소통 수단인 말(언어)을 발달시킬 수 있었다. 언어의 발생은 현대 언어학에서도 여전히 '신비'의 영역이다. "우연히 일어난 유전자 돌연변이가 사피엔스의 뇌의 내부 배선을 바꿨다. 그 덕분에 전에 없던 방식으로 생각할 수 있게 되었으며 완전히 새로운 유형의 언어를 사용해서 의사소통을 할 수 있게 되었다."[215] 물론 말은 후두와 입이라는 발성기관이 발달했기에 가능했다. "목과 입을 통해 자기 내면을 조직적으로 나타내는 소리"가 말의 보편적 정의다.

손과 말은 인류와 다른 동물과의 차이를 시간이 갈수록 더욱 벌어지게 했다. 인류는 손과 말을 통해 자기 내면을 외화하는 노동으로 문명을 일궈왔다. 노동은 인간과 자연의 소통이다. 손은 인간이 자연과 소통하는 미디어였다. 인류는 손을 석기, 청동기, 철기, 전자·디지털 기기로 확장해왔다.

그런데 인간은 자연과만 소통하며 살아가지 않는다. 인간은 다른 인간과 소통하면서 자연과 소통한다. 노동은 언제나 소통적 노동이다. 말은 노동 과정에서 인간이 인간과 소통하는 미디어였다.

매클루언은 미디어를 감각의 확장, 더 나아가 "신경체계의 확장"[216]으로 정의함으로써 인식 기관으로 이해했다. 뇌와 의식의 상관성을 연구한 신경과학의 영향을 받은 연구자들은 미디어가 인간이 겪는 거의 모든 체험의 바탕이 된다는 점에서 '지각과 사유의 선험적 조건'에 가깝다고 보기도 한다.[217] 미디어가 인간과 인식 대상 사이에서 감각 및 지각 비율을 조정함으로써 '감각적 경험 형식'이 되었다는 것이다.

인간은 언어를 통해 자신을 둘러싸고 있는 세계를 인식하는 능력과 언젠가는 맞이할 죽음을 의식하는 능력을 키워갔다. 자신이 직접 느낄 수 없는 사물까지 개념화할 수 있었다. 다만 언어는 인류로 하여금 의식과 무의식, 자신과 타인을 분리해 인식게 했다.[218]

인간의 미디어는 말에서 글(문자), 인쇄술, 전자·디지털로 확장해왔다. 인쇄술은 신문, 논문, 책을 미디어로 언론과 과학의 발전과 확산을 불러왔다. 문자와 인쇄물은 인간에게 선형적인 사유 방식을 불러왔다. 전자·디지털은 과학기술 혁명을 이루며 텔레비전과 인터넷을 낳음으로써 인간의 인식 방식에 영향을 끼치고 있다.

근대 이후 지구를 지배해온 유럽과 미국의 문명은 내면의 외화에 중심을 두고 전개되었다. 인간이 외부와 손이나 말로 소통하는 행위로서 노동은 자기 내면의 외화이며 인간은 그 소통을 통해 자아를 실현해왔다.

하버마스는 인간의 유적 본질을 노동과 상호행위로 나누어 보았지만 그 두 가지가 과연 별개의 문제인지 의문을 제기할 수 있다. 상호행위 또한 '자유롭고 의식적인 활동'이라는 점에서 노동의 범주에 포함할 수 있기 때문이다. <표 2>처럼 인간 내면의 외화로서 생산 행위와 언어 행위 모두 노동이다. 외화의 대상이 자연일 때 노동은 생산 행위(생산 노동)가 되고 대상이 인간(사회)일 때 언어 행위(소통 노동)가 된다.

그런데 사회를 생산 행위와 언어 행위로만 인식할 때 한계가 또렷이 드러난다. 전자를 중심에 둔 공산주의 체제의 한계는 앞서 짚었거니와, 전자와 후자를 모두 중시하는 체제에서도 공론장은 숙의 민주주의 논리대로 운영되지 못하고 있다. 작금의 미국과 유럽 공론장의 현실은 개념—본디 '공론장'이 이념형적 개념임을 감안하더라도—과의 간극이 크다. 하버마스의 '공론장 재봉건화' 개념에서 파악할 수 있듯이 권력과 자본에 공론장이 지배될 가능성, 국가의 행정 체계와 경제 체계에 의해 민중이 살아가는 '생활 세계'가 식민지로 전락할 위험성은 현실이 되었다. 의사소통망의 상업화, 언론 매체 설립에 필요한 자본의 증가에 따라 공론장은 자본의 힘에 휘둘려왔다. 자본을 대변하는 언론의 여론 조작으로 공론장의 순수함도 시나브로 훼손되었다. 미국과 유럽에서 공론장에 대한 자본의 영향력은 갈수록 커지고 있다. 자본주의를 넘어선 사회를 '약속'한 공산주의 체제가 무너진 이후에는 가속도가 붙었다. 공론장을 기반으로 하버마스가 제안한 숙의 민주주의는 말 그대로 이상일 뿐 현실은 불평등 심화와 인류세 위기로 치닫고 있다. 그럼에도 불평등과 인류세 위기를 풀어갈 여론이 공론장에서 큰 흐름으로 형성되지 않고 있다.

물론 공산주의 체제의 공론장이 공산당의 통제를 받으며 결국 당 독재, 심한 곳에서는 일인 독재로 귀결된 경험도 중요하다. 개혁과 개방에 나섰지만 중국의 공론장이 여전히 당의 통제를 받고 있는 것도 사실이다. 여기서 우리는 마르크스도 하버마스도 인간의 유적 본질에 가장 중요한 차원을 놓쳤다는 사실을 새삼 발견할 수 있다. 인간 내면의 성찰이 그것이다.[219]

성찰의 미디어는 '생각근육'이다. 생각근육이라는 말은 낯설 수 있지만 뇌 과학의 선구자로 꼽히는 18세기 계몽시대의 유물론자 라메트리는 "발이 걷는 근육을 가지고 있는 것처럼, 우리의 뇌수는 생각하는 근육을 가지고 있다"고 보았다. 생각하는 힘, 사유하며 성찰하는 힘이 나오는 생각근육은 현대 뇌 과학의 시냅스와 뇌의 가소성으로 설명할 수 있다. 뉴런과 뉴런이 '소통'하는 신경회로는 인식 주체가 어떤 생각을 하는가에 따라 활성화되기도 하고 닫히기도 한다. 학습과 수련이 중요한 이유다. 가령 인간은 자신이 관계적 존재임을 인식했더라도 학습과 수련이 이어지지 않으면 실체적 존재에서 벗어나기 어렵다.

생각근육이 생기면 자신과의 깊은 대화에 몰입할 수 있다. 우리는 그것을 '자기 대화'[220]로 개념화할 수 있다. 성찰은 자기와의 소통, 자기 대화로 학습과 수련을 통해 더 넓고 깊어질 수 있다.

인간은 사회적 동물이라는 명제에서 확인할 수 있듯이 인류는 사회적 존재이자 동물의 하나로서 생물적 존재이다. 우리가 성찰의 범주를 두 가지로 나누어 살펴야 할 까닭이다. <표 3>에 나타나듯이 생물적 성

<표 3> 성찰과 선험성의 관계

성찰의 범주	성찰의 대상	성찰 지점	성찰 방법	성찰 이후
생물적 성찰	생물적 존재의 선험성	자기중심성, 언어	생각근육·자기 대화 (학습과 수련)	우주적 인간
사회적 성찰	사회적 존재의 선험성	언어, 허위의식		

찰과 사회적 성찰이 그것이다. 두 성찰의 대상은 과학적 선험철학의 인식론에서 두 범주의 선험성과 맞물린다.

실재의 인식을 방해하는 생물적 선험성은 인간이 우주에서 지구로 이어진 생명체의 진화 과정에서 등장한 존재라는 과학적 사실에 근거한다. 20세기 과학의 발전으로 '인간이 백지로 세상에 나온다'는 로크의 인식론은 형이상학—경험론이 내내 비판한 관념—에 지나지 않는다는 사실이 드러났다. 인간은 백지 아닌 "여러 겹으로 쓴 종이"로 태어나거니와 그 여러 겹의 종이는 "계통 발생적인 경험을, 따라서 종(種)의 발전 과정에서 획득되어 개인의 선천적 특성을 보충하는 그런 경험을 자체 내에 지니고 있다."[221] 다만 백지가 아니라고 해서 인간의 불평등을 지지하거나 정당화하는 것은 결코 아니다. '여러 겹'으로 쓰여진 선험성을 인간은 누구나—평등하게—지니고 있다는 뜻이다.

마르크스가 "인간은 자신의 역사를 만들어가지만, 그들이 바라는 꼭 그대로 만드는 것은 아니"라며 "인간은 스스로 선택한 환경 속에서가 아니라 이미 존재하는, 주어진, 물려받은 환경 속에서 역사를 만들어나간다"[222]고 판단한 대목은 절반만 옳다. 인간이 자신의 역사를 만들어 갈 때 바라는 대로 만들지 못하는 이유는 '환경'의 문제만은 아니기 때문이다.

인간은 환경만 선택할 수 없는 것이 아니라 "이미 존재하는, 주어진, 물려받은" 본성으로 역사를 만들어나간다. 생물적 존재로서 본성의 선험성과 성찰의 문제는 다시 니체의 사유를 되새기게 한다. 니체에겐 인간이 "정신"이라고 부르는 그 작은 이성, 그것 또한 몸의 "작은 도구이자 놀잇감"이다.[223] 인식 주체의 인식 기관이 몸이라는 사실에 대한 새삼스러운 통찰이다. 여기서 '새삼스러운'이라 쓴 이유는 철학사의 많은 '거장'들이 그 당연한 사실을 가볍게 보았기 때문이다. 니체가 철학에서의 모든 독단화는 아주 화려하고 결정적이며 최종적인 것처럼 태도를 취하더라도 "여전히 고상한 어린아이 장난이거나 신출내기의 미숙함에 불과하다"고 단언한 이유도 인간의 생물적 존재임을 망각하지 않고 있어서였다.

생명윤리를 연구하는 철학자 피터 싱어의 분석은 인간의 본성에 대한 성찰의 중요성을 일깨워준다. 싱어는 "좌파"를 콕 집어 "새로운 사고와 새로운 접근법이 절실히 필요하다"면서 좌파를 부활시킬 수 있는 새로운 사상 체계를 세우려면 "먼저 인간의 본성을 이해하고 이를 기초로 인간의 사회적, 정치적, 그리고 경제적 행위를 이해해야 한다"고 제안한다. 싱어는 동물에서 나타나는 '위계질서'를 예로 들며 우리 인간이 진화해온 동물이라는 사실, 그리고 "우리 육체와 DNA뿐만 아니라 우리의 행동까지도 유전적인 기초를 갖고 있다는 사실을 신중히 고려해야 할 때가 되었다"는 것이다.[224]

과학적 실험 연구도 싱어의 제안을 뒷받침한다. 개코원숭이를 대상으로 한 실험에서 우리가 유의할 결과가 나타났다. 실험에서 집단의 하위에 있던 개코원숭이는 지위가 올라갈수록 도파민 분비량이 늘어났다. 그러면서 더 공격적이고 자신감도 넘치는 쪽으로 변모했다. 실험 결과를 발표한 로버트슨은 "권력이 강할수록 도파민이 많이 분비되고 자신의 정당성을 의심하지 않는 성격이 된다"며 "절대 권력의 속성을 생물학적으로 보여주는 것"이라고 결론 내렸다. 로버트슨은 "권력은 매우 파워풀한 약물"이라며 "권력을 쥐면 사람의 뇌가 바뀐다"고 강조했다.[225]

권력을 갖게 되면 신경호르몬 도파민의 분비가 촉진됨으로써 코카인처럼 중독된다는 로버트슨의 실험 결과를 가볍게 볼 수는 있겠지만, 인류가 더 나은 세상을 만들어가려면 싱어가 제기한 다음 물음을 진지하게 고려할 필요가 있다.

"(만일) 평등을 지향했던 혁명이 지도자들에 의해 배신되지 않았더라면 어떻게 되었을까? 다음 혁명은 과연 다를까? 과거의 경험이, 위계가 정당하다거나 바람직하다거나 혹은 어쩔 수 없는 불가피한 것임을 보여주는 것은 아니다. 오히려 위계를 철폐하는 것은 과거 혁명가들이 상상했던 것만큼 쉬운 일은 결코 아니라는 것을 보여줄 뿐이다. 바로 이것이 좌파들이 움켜쥐어야 할 부분이다. 그러기 위해서는 진화된 존재로서의 우리 인간의 본성을 받아들이고 이해할 수 있어야 한다."[226]

싱어의 제안은 20세기 이후 생명과학의 성과들을 짚어볼 때 제기될 수 있는 대표적 문제다. 선험적 인식론에서 논의했듯이 인간이 생명체로서 지닐 수밖에 없는 자기중심성은 자기 보존을 위한 식욕과 자기 증식을 위한 성욕에 잇닿아 있다. 그 결과는 경제적 탐욕과 권력욕·명예욕으로 나타난다. 인지과학자 핑커는 인간에게 "타인으로부터 존경을 받으려는 욕구는 굶주림만큼이나 자연스럽고 실질적인 욕구"라고 주장한다. "전쟁을 조장하는 인간 본성"도 "피에 대한 원시적인 갈망이 아니라 존경에 대한 진보한 욕망"이었다는 것이다.[227]

인간의 욕망을 성찰할 때 우리는 생물적 존재로서의 선험성과 사회적 존재로서의 그것이 맞닿아 있음을 발견할 수 있다. 실재에 대한 인식을 방해하는 생물적 선험성과 사회적 선험성 두루 견고하다.

마르크스 인식론을 연구한 철학자 샤프는 인간의 본성을 "이중적 기록, 곧 유전적 코드와 문화적 코드"의 담지자로 파악하고 양자 사이에 복잡한 결합과 상호적 관계, 갈등이 생겨난다고 주장했다.[228] 태어날 때 부모로부터의 유전적 코드와 성장할 때 사회로부터의 문화적 코드에 의해 규정된다는 것이다. 후자는 인간의 사회화 과정을 분석해온 사회과학의 실증적 연구로 뒷받침되고 있다. 사회화 과정과 문화적 코드에서 철학이 주목할 것은 이데올로기, 곧 허위의식이다. 지배 세력이 사회 구성원들에게 허위의식을 심어주며 자신들의 지배를 정당화하기 때문이다.

생물적 선험성과 사회적 선험성의 중간에 언어의 선험성이 자리하고 있다. 핑커는 뇌의 물리적 구조가 '백지' 또는 '빈 서판'이 아님을 신경과학에 근거해 강조한다. 신경과학 연구 초기에 "대뇌 피질의 홈과 주름들은 지문처럼 무작위로 구성된 것이 아니라, 분간할 수 있는 기하학적 형태를 띠고 있다는 사실"이 밝혀졌거니와, 현대에 들어와 "뇌의 전체적인 해부학적 구조—크기, 형태, 엽과 신경핵의 결합, 대뇌 피질의 기본 설계—가 주로 정상적인 태아기 발달 과정에서 유전자에 의해 형성"되고 "언어와 추리의 기초가 되는 부위를 포함해 뇌의 여러 부위

들을 구성하는 회색질의 양도 마찬가지"라는 사실이 드러났다.[229]

촘스키와 핑커가 강조하듯이 언어는 인간 뇌의 생물학적 구조의 일부다. 거미가 거미줄 치는 법을 안다고 말하는 것과 비슷한 의미에서 사람들은 말하는 법을 안다.[230] 인간의 눈이 그렇듯이 언어도 하나의 진화적 적응이며 그 주요 구성 부분들은 중요한 기능들을 수행하도록 디자인되었다고 보는 것이 타당하다.[231]

동시에 언어는 사회적 선험성의 문제이다. 생물학적 구조에 기반을 둔 언어는 인간의 사회적 삶에서 공동 노동의 소통 수단으로 만들어진 '실천적 의식'[232]이다. 언어는 점점 인간의 사유를 틀 지워 갔고 언어적 차이가 생각의 차이를 빚어갔다. 이를테면 인간이 살아가는 지역이 다르면 그 상황에 따라 언어도 달라진다. 빛의 스펙트럼을 나누는 방법이나 색깔 이름, 눈(雪)에 대한 에스키모의 수십 개의 어휘가 그것들이다. 실재의 근본적 범주가 언어에 의해 부여되는 사례들이다. 비트겐슈타인의 "우리는 사실들의 그림을 그린다(We make to ourselves pictures of facts)"는 명제[233]는 지나치게 단정적이지만, 철학의 언어학적 전회가 지닌 의미를 간명하게 제시하고 있다. 기실 근대 초기에 이미 베이컨도 지적했듯이 언어는 실재를 충실하게 반영하지 못할 뿐만 아니라 단어의 잘못된 조합으로 생긴 개념에도 그에 대응하는 실재가 있다는 오류를 범하게 한다.

요컨대 생물적 존재로 진화 과정에서 인간은 말을 시작했고 사회적 존재로서 언어를 발달시켜왔다. 언어철학의 여러 흐름에서 우주철학이 주시하는 지점은 언어가 인간의 인식을 왜곡할 가능성이다.

생물적 선험성의 자기중심성과 사회적 선험성의 이데올로기를 벗

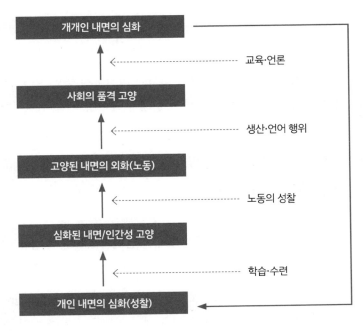

<그림 6> 성찰과 노동의 선순환

어나는 성찰의 방법은 학습과 수련을 통한 자기 대화다. 인간은 자신이 생물로서 실체적 존재가 아니라는 과학적 사실을 파악하고 수련을 통해 내면을 심화할 수 있으며, 자신이 사회적 동물로서 관계적 존재라는 과학적 사실을 학습으로 익힘으로써 이데올로기에서 자유로울 수 있다. 자기 주도의 평생학습과 자기 대화는 개개인이 삶에서 자신의 개성을 표출할 수 있는 길이다.

여기서 우리는 '새로운 사람은 새로운 사회의 조건이고 새로운 사회는 새로운 사람의 조건이다'—쉽게 압축하자면 '새로운 사람 없이 새로운 사회 없고, 새로운 사회 없이 새로운 사람 없다'—는 명제를 곱새겨볼 수 있다.

우리가 인식론에서 살폈듯이 우주적 선험철학은 우주는 물론 그 미미한 부분인 인간의 내부에도 아직 철학이 파악하지 못한 '어둠'이 있다고 상정한다. 그 어둠에 숨어 있는 진실을 끊임없이 발견하는 열린 철학이 어둠의 인식론이자 우주적 인식론이다. 따라서 우주적 선험철학의 사회 인식 논리를 '개인 내면의 심화→심화된 내면/인간성 고양→고양된 내면의 외화→사회의 품격 고양→개개인 내면의 심화'로 간추릴 수 있다.

<그림 6>처럼 성찰을 통한 인간의 내면 심화가 새로운 사람을 이루고, 그 심화된 내면의 외화가 새로운 사회를 이룬다. 그 새로운 사회는 다시 사회 구성원들 개개인의 내면 심화를 돕는 선순환을 형성한다.

결국 더 좋은 사회나 더 나은 삶의 구체적 형태를 기획하는 일은 공론장에 참여하는 사회 구성원들이 맡아야 할 과제이다. 노동과 성찰, 두 핵심 개념을 중심으로 사회를 바라볼 때 우리는 노동의 성찰과 성찰적 노동을 사회인식론의 고갱이로 제안할 수 있다. 기실 노동과 성찰은 인간의 몸에서도 서로 이어져있다. <표2>의 인간의 유적 본질에서 생산행위와 언어행위를 담당하는 손과 입 두루 성찰을 담당하는 뇌의 뒷받침을 받고 있기 때문이다. 다만 뇌의 활동은 손과 입에 그치지 않는다. 모든 생산행위와 언어행위는 뇌를 기반으로 하지만, 모든 뇌 활동이 생산행위나 언어행위는 아닌 것이다. 뇌는 자기 내면을 들여다보며 생각하는 성찰에 이른다.

생물적 성찰과 사회적 성찰은 모두 우주적 성찰로 모아진다. 인간이 실체적 존재가 아니라는 과학적 사실은 조금의 성찰로도 확인된다. 자연으로부터 '먹이' 공급이 없다면 우리의 성찰도 노동도 이어질 수 없다. 우리의 존재 자체가 한 남성과 여성의 성적 결합으로 빚어졌다. 그 여성과 남성의 부모로 끝없이 거슬러 가면 우리는 상상할 수 없을 만큼 많은 사람들과 직결된 고리를 찾을 수 있다. 언뜻 생물적 차원에 국한된 성찰로 보이지만 그렇지 않다. '먹이'와 '직결된 고리' 모두 생물적 개인 차원에서 이뤄진 것이 아니기 때문이다. 사회적 관계에서 '먹이'를 구했고 지금도 그러하다. '직결된 고리'의 개개인들 또한 예외 없이 사회적 관계 속에서 생명을 유지했다.

인간은 사회적 동물이라는 오래된 철학적 명제는 부분적으로 옳다. 인간은 우주 생명체로서 사회적 동물이다. 우주 생명체로서도 사회적 동물로서도 인간은 실체적 존재가 아니라 관계적 존재라는 성찰은 <표 3>에서 보듯이 우리를 '우주적 인간'으로 이끈다. 인간과 사회가 우주의 작은 일부라는 과학적 성찰, 인식 주체인 인간과 우주가 이어져 있다는 성찰적 인식을 바탕으로 우리는 새로운 민주주의 정치철학을 구상할 수 있다.

4장

성찰과 노동의 민주주의 철학

1. 사람을 하늘로 섬기는 철학

세계 철학사에서 우주적 인간과 사회적 인간을 동시에 사유한 선구한 철학자를 찾는다면 19세기 동아시아의 최제우를 발견할 수 있다. 최제우(1824~1864)와 마르크스(1818~1883)는 같은 시대에 유라시아대륙의 동쪽과 서쪽에서 서로를 모른 채 철학을 전개했다. 마르크스가 계급 투쟁의 역사를 넘어 새로운 역사 시대를 주창했듯이, 수운(水雲) 최제우도 불평등한 선천(先天)의 시대는 가고 평등하고 정의로운 후천의 시대가 열린다는 후천개벽(後天開闢)의 시대를 예고했다.

그런데 수운은 마르크스처럼 동시대 인간의 고통을 해소할 사회 변혁을 사유하면서도 인간에 대한 우주적 성찰을 놓치지 않았다. 물론 최제우의 철학은 유럽의 학문—그 기준이 보편화한 근대 학문—체계에 자리 잡은 철학과는 거리가 있다. 독일 대학에서 철학박사 학위를 받은 마르크스와 수운의 '언어'는 많이 다르다. 하지만 언어에 담긴 생각과 마주한다면 마르크스 철학 못지않게 수운과 동학은 새로운 정치철학의 기반이 될 수 있다.

기실 철학에서 국경을 찾는 것은 바람직하지도 않거니와 어림없는 일이다. 소크라테스의 '조국' 아테네는 일찍이 망했고 이후 그리스는 내내 세계사의 변경이었다. 붓다의 왕국은 이미 그가 살아 있을 때 사라졌고 오늘날의 인도에서 그의 철학은 비주류다. 동아시아의 노자와 공자의 나라도 부침이 심했거니와 북방 민족이 세운 요, 금, 원, 청에 지배당한 시대가 제법 길다. 한국철학사에도 원효·지눌과 이황·이이, 허균과 정약용은 불가와 유가의 전통을 그대로 따라가지 않고 자신의 사유를 전개했다.

유럽 철학과 동아시아 철학이 정면으로 마주친 시대에 독창적인 사유를 편 철학자가 수운이다. 그는 하늘을 우러르는 '경천(敬天)'을 고갱이로 전개한 철학을 '동학'이라 자임했다. 자연과 호흡하며 유학과 불학을 공부했고 깊은 산을 찾아가는 과정에서 민중의 비참한 삶을 목격했다. 자신의 시대를 조선왕조가 저물며 민중들이 개벽을 대망하는 말세, 왕조의 기강이 무너져 경천의 가치관이 무너진 난세로 인식했다. 실제로 당시 조선 곳곳에서 민중 봉기가 일어났다. 국정 문란으로 민생이 도탄에 빠졌기 때문이다. 게다가 유럽의 자본주의 열강들이 동아시아에 앞을 다퉈 나타나면서 위기의식도 커져갔다.

1860년 4월, 철학적 사유에 들어간 수운은 '하늘에서 소리가 들리는 경험'을 했다. 새 시대를 열 진리를 모색해가던 수운에게 하늘과 소통한 체험은 너무도 생생해 그 순간의 깨우침을 '수심정기(守心正氣)'와

'오심즉여심(吾心卽汝心)'에 담았다. 오심즉여심. 문자 그대로 '내 마음이
네 마음'이다.

　유럽 철학에 익숙하거나 그 철학을 사대하는 일부 강단 철학자들
은 수운에게 들린 '하늘의 소리'를 마치 '미신'처럼 낮춰 본다. 하지만
바로 그들이 소크라테스의 '다이몬'에는 여러 해석을 내놓고 있다. 유
럽 철학의 언어나 그 번역어로 생각하는 방법만이 철학함이라고 착각
한다면, 송나라 주자학을 사대한 조선왕조의 유가 철학자들과 다를 바
없다.

　'하늘의 소리'를 들은 수운은 그 하늘을 몸 안에 모시라는 시천주(侍
天主) 철학을 정립하고 민중에게 널리 알리기 위해 간결한 21자로 압축
했다. '주문'으로 전해져 무슨 '주술'처럼 여기지만 그렇지 않다. 동학의
주문은 '도인들이 하늘을 사유하며 읽는 글'이므로 자세를 가다듬는 일
종의 '마음 챙김'이다. 여기서 '도인'은 철학하는 사람들이다.

　수운은 자신의 철학을 담은 21자를 사람들이 늘 가슴에 새기고 있도
록 소리 내어 읽게 했다. 철학적 사유에 들어가기 전에 경건한 자세를
제시한 8자가 '지기금지 원위대강(至氣今至 願爲大降)'이다. 하늘의 지극
한 기운이 지금 내게 들어오기를 기원한다. 이어 13자가 '시천주 조화
정 영세불망 만사지(侍天主 造化定 永世不忘 萬事知)'다. '자신의 내면에
하늘을 모시고 대자연의 창조성을 늘 염두에 두면 모든 것이 확연해진
다'는 철학적 선언이다.

　동학에서 '천주(天主)'는 인간 밖에 있는 동시에 안에도 있다. 내면의
성찰로 마음이 맑으면 몸의 기운을 바르게 할 수 있고, 몸의 바른 기운
은 다시 마음을 맑힌다. 선순환적인 수련 과정을 통해 궁극적으로 조화

의 경지에 이를 수 있는데 '조화(造化)'란 사전 뜻 그대로 '천지만물을 창조하고 기르는 대자연의 이치'다.

신분의 차이를 넘어 모든 사람이 하늘과 하나 될 수 있다는 철학에 민중들은 호응했다. 수운이 철학을 처음 펼친 그의 고향 경주에선 스물한 글자를 낭독하는 소리가 집집마다 들렸다는 기록이 있다. 동학의 철학에 심취하는 민중들이 늘어나자 조선의 지배 세력이던 양반 계급은 점점 더 불편하고 불안했다. 누구나 하늘을 모실 수 있다는 시천주 철학에 따르면 양반과 상민, 대인과 소인이라는 차별은 사라질 수밖에 없어서였다.

하늘을 공경하며 모시는 경천과 시천주를 기본 개념으로 출발한 동학은 동아시아를 지배해온 유가 철학의 '군자' 개념에 정면으로 맞섰다. 유가에서 군자는 '도덕적으로 완성된 인격을 갖춘 사람'을 이른다. 공자는 군자와 소인을 엄격히 나누어 "군자는 의리에 밝고 소인은 잇속에 밝다(子曰 君子喩於義, 小人喩於利)"거나 "군자는 태연하면서 교만하지 않지만, 소인은 교만하면서 태연하지 못하다(子曰 君子泰而不驕, 小人驕而不泰)"고 가르쳤다. 더러는 공자의 군자를 "세습적 신분 질서에 의한 규정이 아니라, 자신의 개인적 이익보다 국가·사회의 이익에 우선적 관심을 가지는 도덕적 인물"(서울대 철학사상연구소)로 풀이하지만, 지나친 미화이거니와 실제 동아시아 역사와도 동떨어진 해석이다.

군자·소인 이분법은 동아시아 사회에서 세습적 신분 제도를 정당화하는 이데올로기로 기능했다. 예컨대 "군자는 덕을 생각하지만 소인은 토지를 생각하고, 군자는 법을 생각하지만 소인은 은혜를 생각한다(子曰: 君子懷德 小人懷土 君子懷刑 小人懷惠)"를 보자. 소작할 땅이 없어 지주인 양반 계급에게 매달릴 수밖에 없는—'은혜'를 베풀어달라고 애원할 수밖에 없는—민중들을 '소인배'로 경멸하는 상황을 헤아릴 수 있다. 지주들이 토지를 독점하고 있는 현실에 문제의식을 갖지 못하도록 길들이는 '도덕'이기도 하다.

조선을 비롯한 동아시아 중세 질서에서 신분제는 견고했다. 바로 그 시대에 수운은 누구나 자기 안에 있는 하늘을 모시면 군자가 될 수 있을 뿐만 아니라 나라를 바로 세우고 민중을 편안케 하는 주체가 될 수 있다고 주창했다.

차별이 극심하던 세상에서 평등을 강조하는 동학에 공명하는 사람이 늘어나는 것은 당연했다. 수운의 철학은 민중 사이에 자신도 얼마든지 군자의 인격을 갖출 수 있다는 인간적 자존감을 싹 틔웠고 계급으로 위아랫물진 세상을 넘어서는 길을 열어주었다.

모든 사람이 군자, 더 나아가 성인이 될 수 있다는 신분 평등의 철학은 빠르게 퍼져갔다. 개개인이 인격적 존엄성을 지닌 존재임을 명확히 밝힌 철학을 양반 지주계급은 좌시할 수 없었다. 마침내 동학이 '색목인(백인)들의 서학'과 다름없이 민심을 현혹했다며 전면 탄압에 나섰다.

하지만 수운은 서학(서양철학과 기독교)과 동학이 다르다는 사실을 명토 박았다. 서학이 겉으로는 언죽번죽 평등을 내세우면서 실은 제국주의적 지배를 꾀하거나 침략 행위에 모르쇠를 놓는다고 보았다. 실제로 서학은 자신들의 문명을 절대시하며 다른 문명을 미개하다고 보았다. 지배와 피지배 관계로 세계를 인식하는 서학의 침략적 언행에 맞서 동학은 '하늘의 마음이 사람의 마음을 통해 나타난다'며 모든 사람을 존중하고 섬기는 상생을 주창했다.

누구나 천주, 곧 하늘을 자기 안에 모시고 있기에 사람은 모두 평등하다는 수운의 논리는 신분제에 맞선 혁명적 철학이었다. 인류의 역사를 크게 선천과 후천으로 나눈 수운에게 선천 시대는 '각자위심(各自爲心)'의 시대로 각자가 자신의 사사로움만을 좇으며 혼란에 가득 차 막을 내린다. 수운은 5만 년에 걸친 선천의 시대가 지나고 후천의 시대, 곧 각자 다른 마음을 이겨내고 한 몸이 되는 '동귀일체(同歸一體)'의 새 시대가 열리고 있다고 진단하며 이를 '개벽'으로 개념화했다. 여기서 '5만 년에 걸친 선천의 시대'는 인류가 걸어온 오랜 과거를 의미한다. 다윈의 진화론이 나오기 전의 역사적 통찰이다.

후천개벽의 관점으로 "하늘 아래 모든 세상에 진리를 전함으로써 고통에 잠긴 민중을 구제하겠다"는 수운의 철학을 실천에 옮긴 혁명가가 나타났다. 바로 전봉준(1855~1895)이다. 굳이 비유하자면 마르크스와 레닌의 관계가 수운과 전봉준의 관계다.

전봉준과 민중들은 무장 혁명에 나서며 '제폭구민·보국안민·광제창생'을 내걸었다. 치켜든 깃발에 새긴 그 개념들은 동학의 '시천주 인간관'에 기초한 개벽의 사회철학인 동시에 당대의 민중들이 희원하는 세상의 이정표였다. 언뜻 낡은 개념처럼 다가올 수 있지만—그게 무슨 사회철학이냐고 유럽 학문 체계에 얽매여 힐난할 수도 있겠지만—얼마든지 사회과학적 설명이 가능한 개념일뿐더러 저마다 하늘을 내면에 품고 있는 민중을 사회적 질곡에서 자유롭게 하자는 철학적 제안이다.

'제폭구민'은 폭정에서 민중을 구하자는 뜻으로 탐관오리를 겨냥한 개념이다. 탐관오리의 사전적 의미는 "탐욕 많고 옳지 못한 일을 일삼는 권력자들"이다. 21세기 현재 '탐욕 많고 옳지 못한 일을 일삼는 권력'

은 누구인가. 2017년 미국에서 트럼프 정권을 해부해 '돌풍'을 일으킨 책 제목도 『폭정』(On Tyranny)이었다. 스나이더는 민주주의의 유산이 "자동적으로 우리를 폭정의 위협으로부터 지켜줄" 것이라는 생각은 잘못이라며 "그렇게 함으로써 우리는 방어 태세를 낮추었고, 상상력을 억제했으며, 결코 다시는 되풀이되지 않을 것이라고 자신했던 바로 그 체제들이 되돌아올 길을 열어놓았다"[234]고 분석했다. 하지만 트럼프 정권만 파시즘 성격을 지닌 것은 아니다. 동학혁명이 일어난 시대의 폭정이 토지 소유에 기반했다면, 오늘날의 폭정은 자본의 탐욕적 논리에 근거하고 있다.

'보국안민'은 '나라를 바로잡고 민중을 편안하게 한다'는 뜻으로 글로벌 대기업들이 주도하는 신자유주의적 세계화 아래에서 불안에 사로잡힌 비정규직 노동인, 농민, 영세 자영업인, 청년 실업자들에게 두루 절실한 철학일 수밖에 없다.

제폭구민으로 내부 폭정에, 보국안민으로 외세에 맞선 최제우·전봉준의 혁명 철학은 '광제창생'으로 이어진다. 구민과 안민의 목표가 모두 녹아들어 '고통에 잠긴 민중을 널리 구제한다'는 뜻이다. 지구촌의 모든 민중을 구제하자는 뜻으로 확장할 수 있다. 수운이 강조했듯이 "하늘 아래 모든 세상"에 자신의 철학을 소통함으로써 민중을 구제하겠다는 결기와 이어진다.

제폭구민·보국안민·광제창생을 시대적 과제로 제시한 수운의 철학—폭정에서 민중을 구하고 나라를 지켜 민생을 구제하자는 철학—에 뜻을 모은 민중들과 전봉준이 일으킨 혁명은 지배 세력이 불러온 외세의 개입으로 무너졌다. 조선의 관군들이 보유하지 못했던 미국제 기관총으로 무장한 일본군은 동학혁명군을 대량 학살했다.

혁명가 전봉준은 체포되어 재판을 받는 과정에서 '하늘을 우러르고 마음을 바르게 지킨다'는 경천수심(敬天守心)의 철학이 자신을 동학으로 이끌었다고 밝혔다. 그는 '직업'을 묻는 재판관에게 "학구(學究)"라고 답했다. 처형을 앞두고 쓴 '운명 시'에서도 '하늘'이 나온다. 전봉준은 "때 만나 하늘과 땅이 모두 힘을 모았다"(時來天地 皆同力)고 썼다.

전봉준이 처형당한 뒤 채 다섯 달도 지나지 않아, 외세를 끌어들여 정권을 지키려 한 조선의 왕비 민자영 또한 일본 낭인들에게 비참한 최후를 맞았다. 역사에서 가정은 허망하다고 말하지만 역사철학적 성찰까지 의미 없는 것은 아니다. 하버마스가 유럽의 근대 사회 전개 과정에서 읽어낸 공론장이 조선왕조 후기에 내부적으로 싹트고 있었으며 문예 공론장으로 진전되고 있었기에 더 그렇다.[235]

만일 조선왕조가 청나라에 원병을 요청하지 않았다면 일본군 또한 들어올 명분이 없었다. 톈진조약 이후 조선은 얼마든지 청나라와 일본 사이에서 자주적인 등거리 외교를 벌여나갈 여지가 있었다. 또한 청나라와 일본군의 출병이 없었다면 전봉준은 서울에 입성했을 가능성이 크다. 그가 심문 과정에서 한탄하며 밝혔듯이 전봉준의 혁명군이 개화파와 손잡고 합의제 정부를 출범시켰다면, 조선왕조는 자주적으로 근대적 입헌군주국의 길을 걸었을 가능성이 높다. 그랬다면 20세기에 일본 제국주의의 발호를 저지하면서 동아시아 역사는 물론 세계사가 달라질 수 있었다. 유물론과 달리 역사 발전 과정에 필연적 법칙을 인정하지 않는 과학적 선험철학은 왕비 민자영이 청나라에 '원군 요청'을 하지 않았다면 조선의 내재적인 역사 발전이 뒤틀리지 않았으리라고 본다.

수운의 철학을 이은 최시형은 '사람을 하늘처럼 섬기라'는 사인여천(事人如天)의 철학을 전개했다. 손병희는 더 간명하게 '사람이 곧 하늘'이라는 '인내천(人乃天)' 철학을 정립했다.

사람이 곧 하늘이고, 사람을 하늘처럼 섬기라는 사상은 독창적이고 선구적인 철학이다. 하지만 기득권에 눈먼 조선왕조의 지배 세력은 어리석게도 최제우를 참수했다. 전봉준 처형은 물론 최제우 철학을 책으로 출간하며 그의 사상을 이어간 최시형까지 죽였다.

전봉준과 함께 혁명의 지도자로 나섰다가 기관총 앞에서 자본주의 문명의 힘을 실감한 손병희는 최시형 사형으로 동학운동을 책임지게 되었다. 체포망을 벗어나 가명으로 일본에 망명한 손병희는 자본주의 문명을 빠르게 수용한 제국의 성장세를 보며 집필한 「삼전론」(1902년)에서 제국주의자들의 침략에 도전·재전·언전으로 맞서자고 호소했다. 도전(道戰)은 민중의 각성을 위한 싸움, 재전(財戰)은 경제력 싸움, 언전(言戰)은 말과 글에 지혜와 전략을 담는 싸움이다.

동학의 철학을 인내천과 삼전론으로 재구성한 손병희는 동학을 '천도교'로 재조직해 '종교의 자유'를 명분으로 합법적 활동에 들어갔다. 천도교 조직을 통해 민족의식과 민중의식을 일깨우던 손병희는 1919년 3월 1일 독립선언에 나선 33인의 대표자로서 3·1혁명을 주도했다. 독립선언 직후 일제에 체포돼 모진 고통을 받고 수감 생활을 하던 중 병보석으로 나왔지만 곧 숨졌다. 사실상 옥사이다.

1920년대에는 천도교 일각에서 마르크스 철학과 소통하며 사회주의 운동과 결합하는 운동이 벌어졌다. 하지만 일본 제국주의의 탄압으로 공론장에서 논의조차 될 수 없었다. 자본주의가 지구촌을 대상으로 제국주의적 무력 침략에 나선 결과는 제1·2차 세계대전의 재앙을 불러왔다. 유럽 파시즘과 함께 일본제국이 몰락하고 미군이 진주한 한국에선 미국식 학문 체계와 연구 방법론이 대학을 지배했다.

결국 동학의 철학 운동은 단절되었고 공론장에서도 조명받지 못해왔다. 하지만 동학은 "서양적 사고와 철학, 제도와 체제를 기반으로 한 근대 문명이 한계에 부딪히면서 인간의 '존엄'이 위협받고, 생태계가 파괴되고 삶의 신비가 가려질 때 하나의 대안이 될 수 있는, 변방의 것이지만 보편성을 띠는 철학"이다.[236] 무엇보다 사람을 하늘처럼 섬기는 철학을 현대 우주과학의 성과를 바탕으로 새롭게 사유해간다면 정치사상 성찰과 성찰적 정치사상을 이끌 수 있다.

2. 과학적 선험론의 자본주의 인식

최제우와 최시형을 거쳐 손병희가 하늘의 철학을 전개하던 시대에는 현대 우주과학의 발견들이 이뤄지지 않았을 때였다. 그럼에도 그 철학적 의미는 전혀 빛바래지 않았다. 동학을 비롯해 하늘과 '천(天)'에 대한 동아시아 사유를 현대 과학의 성과를 바탕으로 재해석할 때 문명의 새로운 길을 열 수 있다.

20세기 이래 과학의 발전은 우주와 지구의 생명 현상에 대한 새로운 발견의 연속이었다. 사람을 하늘처럼 섬기는 철학의 인식론을 우주과학에 기초한 과학적 선험철학으로 재정립할 때 우리는 '사인여천의 인간론'에 기초한 제폭구민·보국안민·광제창생의 혁명적 구상도 새롭게 재구성할 필요가 있다. 그 새로운 구상들이 자본주의 현실, 노동의 현실에 발을 딛고 있어야 함은 두말할 나위가 없다.

하버마스가 말했듯이 철학은 위대한 전통을 거부함으로써 그 전통에 충실하게 된다. 사람을 하늘로 섬기라는 동학의 철학적 착상과 혁명적 구상은 20세기 이후의 우주과학과 인문·사회과학의 연구 성과를 받아들여 새로운 개념으로 '거부'되고 '충실'해져야 한다. 수입한 철학에 '각주'를 붙이는 철학은 세종이 경계한 무용속유의 관념들과 다를 바 없을 터다.

동학혁명이 일어날 때와 달리 2차 세계대전 종전 이후 제국주의 국가들 사이의 군사적 대결은 과거처럼 전면화하지 않았다. 그 결과 레닌의 제국주의 이론은 현실 적합성을 점차 잃었다고 판단하는 경향이 지배적이었다. 실제로 자본주의의 역사적 전개 과정에서 마지막 단계를 '제국주의'로 규정한 레닌이 독점자본주의의 역사적 지위를 "기생적이고 부패한 자본주의"로 분석하고 "사멸하는 자본주의"라고 단언한 예측은 21세기인 오늘날에 들어맞지 않는다. 자본주의는 20세기 후반 이후 과학기술 혁명으로 '4차 산업혁명'으로 불리는 시대를 열어가고 있다.

하지만 자본주의가 독점 단계, 제국주의 단계로 들어서면 경쟁이 국가의 경계를 넘어 세계적 규모로 벌어지고, 세계 시장에서 자본 사이의 경쟁이 국가를 매개로 전개되어 군사적 개입까지 서슴지 않는다는 명제는 여전히 유효하다.

21세기에도 자원을 확보하고 영향력을 강화하기 위해 외교적 공방을 벌이다가 군사적 침략을 벌이는 사례들이 있다. 대표적으로 미국은

이라크 후세인 정부가 알카에다와 관련이 있고 대량 살상무기를 보유하고 있다는 거짓 정보를 지구촌에 퍼트리며 침략했다. 중동의 석유 자원을 안정적으로 통제하려는 의도였다.

제국주의 개념도 "제 나라 자본가계급을 온갖 수단으로 지지하는 중심국들이 세계 경제를 지배하기 위해 서로 경쟁하면서 주변국에 대해 지배와 권력을 행사하는 세계 체제"라거나 "패권 국가들과 약소국들의 관계에서 군사적 정복과 경제 제재의 위협, 다른 나라 정부와 영토를 실질적으로 지배하기 위한 힘의 행사"로 새롭게 정의되고 있다.[237] 제국주의 중심국들이 주변국이나 약소국을 지배하기 위해 벌이는 패권 경쟁 또한 불균등 발전에서 비롯한다.

현대 자본주의 체제 인식에서 유물론과 과학적 선험론은 자본주의가 역사적 형성물이기에 영구불변의 체제일 수 없다는 인식을 공유한다. 우리가 제국주의의 정의를 어떻게 내리든—그것을 패권주의로 부르든—자본주의 체제의 중심국들이 세계 경제를 지배하기 위해 경쟁하면서 주변국 정부와 영토를 실질적으로 지배하는 시대는 종식되지 않았다.

여기서 국가들 사이의 불균등 발전으로 패권국가와 약소국 사이에 군사적 정복과 경제 제재의 위협이 벌어지는 무대가 '지구촌의 민낯'이라는 냉철한 인식을 누가 가로막고 있는지 성찰할 필요가 있다. 불가지론에 대한 경계가 여전히 요청되는 이유다.

불가지론은 여러 형태가 있지만 자본주의를 넘어선 사회가 가능한가에 대해, 심하게는 지금 사회가 과연 자본주의 사회인가에 대해 확신할 수 없다. 더러는 자본주의 체제에 순응하거나 방관하며, 더러는 '자본주의'라는 개념조차 거부해 '시장경제'라는 말만 사용하고, 더러는 개량주의에 머물거나 극단주의에 쏠린다. 극단적인 방법에 쏠리는 것은 미래에 대한 확신이 없을 때 모험주의로 기울기 십상이기 때문이다. 일각에서는 자본의 무한 증식 논리에 맞선 정부 차원의 대안을 아예 배제하고 개인적 차원의 선택에 만족함으로써 의도와 달리 대안 부재론의 틀에 갇히는 실천들도 나타나고 있다.

불가지론에 대해 과학적 선험론은 전투적 유물론의 비판을 공유한다. 하지만 자본주의 인식과 전망에는 차이가 또렷하다. 전투적 유물론은 노동계급의 혁명을 통해 다음 단계의 사회주의 사회로 전환해야 한다며 '개량주의'와 선을 긋는다. 마르크스주의에 "푸코, 들뢰즈, 가타리, 네그리, 심지어 동양의 화엄학까지 끌어들여 변형"하는 것은 혁명의 사상을 "착취 계급도 거리낌 없이 수용할 수 있는" 형태로 전파함으로써 마르크스주의 이름으로 "지배계급에 대한 투항과 항복을 위장하는 것"이라는 비판이 대표적이다.[238]

과학적 선험론은 자본주의가 "노동하는 사람이 생존을 보장받기 위해 시장에서 상품으로 노동력을 끊임없이 재생산하는 걸 중심으로 한 사회관계 체제"이고 그것이 "민주주의에 극복할 수 없는 한계를 부과"한다[239]는 사실을 명확히 인식하고 있다. 하지만 인간의 내면을 비롯한 외면 세계에 아직 밝혀내지 못한 어둠을 망각하지 않는 과학적 선험철학은 자본주의 다음 단계의 사회가 필연적으로 사회주의라는 '역사 법칙'을 믿지 않는다.

알튀세르도 마르크스·엥겔스·레닌의 유물론으로 공인된 철학을 비판하며 합리론 전통의 모든 유물론처럼 "필연성과 목적론의 유물론"

은 "관념론의 변형 내지 위장된 형태"라고 분석했다.[240] 알튀세르는 자신의 사유를 '마주침의 유물론' 또는 '우발적인 것과 우연성의 유물론'으로 개념화했고, 들뢰즈에게도 세계는 결코 질서정연하지 않았다. 카오스모스(chaosmos), 곧 '부분적으로만 질서 지워진 세계'[241]로 파악했다. 들뢰즈에게 존재론은 "주사위 놀이─코스모스가 발생하는 카오스모스"[242]다. 다만 알튀세르의 '우연성의 유물론'도 들뢰즈의 '선험적 경험론'도 과학 앞에 철학을 열어두는 과학적 선험철학으로 나아가지 않았다.

일찍이 사르트르는 소련이 아직 건재하던 1950년대에 유물론이 "혁명의 요구에 응할 수 있는 유일한 신화"라고 인정하면서도 "유물론이 가지는 여러 가지 진리를 전체적인 입장에서 질서 지우고 점차로 이 신화와 꼭 같을 만큼 혁명의 요구에 만족할 만한 하나의 철학을 건설하는 일, 그것이 곧 철학자들의 과제"[243]라고 강조했다.

우주적 선험철학은 모든 "사회적 형성물들"이 그렇듯이 자본주의도 "역사적으로 발생한 것이기 때문에 역사적 생성에 종속되며 따라서 역사적으로 몰락할 운명"[244]을 피할 수 없다는 루카치의 진단에 동의한다. 하지만 "사회생활의 하나하나의 사실들을 역사적 발전의 계기로서 총체성 속으로 통합시키는 연관 속에서야 비로소 사실들의 인식은 현실 인식이 될 수 있다"[245]는 주장에는 의문을 제기한다. 과학적 선험론은 루카치가 말하는 '총체성'을 인간─몸의 인식 기관─이 과연 그때그때 인식할 수 있는가에 성찰의 물음표를 던지기 때문이다.

과학적 선험철학의 사회인식론은 소련과 동유럽의 공산주의 체제가 일당 독재와 개인 우상화로 흐른 세계사적 경험을 직시하며 우리가 아직 모르고 있는 필연을 인식하고 대처해가려는 실천 자세를 지닌다. '총체성'을 인식하는 과정에서 놓칠 수 있는 어둠의 영역을 망각하지 않는다. 자본의 논리가 지배하는 사회를 벗어났을 때, 정치권력의 논리가 지배하는 사회를 마주하지 않을 방법을 찾는다.

따라서 과학적 선험론은 자본주의 다음 단계에 대해 법칙적 확신을 담은 전투적 유물론과 달리 그것을 굳이 '사회주의'로 단정하지 않거니와 민주주의에 대해서도 열어놓는다. 근대 사회에서 자본주의가 전 지구로 퍼져가는 과정에서 민중들의 투쟁으로 민주주의 또한 확산되었다고 평가하기 때문이다. 레닌의 혁명을 지켜본 로자가 민주주의를 옹호한 견해에 공감하는 것도 같은 맥락이다. "확실히 민주주의 제도는 한계와 단점을 가지고 있다. 이것은 의심의 여지 없이 다른 모든 인간의 제도와 더불어 면하기 어려운 일이다. 그러나 레닌과 트로츠키가 발견한 구제책, 즉 그와 같은 민주주의를 폐지하는 것은 그것이 치유하기로 된 병보다도 더 나쁜 것이다. 왜냐하면 그것은 사회제도의 모든 내부적 단점을 고칠 수 있는 힘이 발생할 유일한 생명의 원천을 고갈시켜버리기 때문이다. 그 원천이란 가장 폭이 넓은 인민대중의 적극적이고 자유자재한 정력에 넘치는 정치 생활이다."[246]

과학적 선험철학은 로자가 언급한 "모든 내부적 단점을 고칠 수 있는 힘"을 의식하며 우리가 과연 총체성을 파악했는가를 언제나 성찰하는 '열린 총체성'으로 현실을 인식한다. 알튀세르와 들뢰즈가 총체화를 "그들 공통의 적"으로 삼은 이유도 "다수들에게 자기 스스로를 규정할 수 있는 기회, 또한 헤게모니적 체제들에 고유한 모든 외적 표상과는 무관하게 자체적인 구성적 역량들을 표출할 수 있는 기회를 부여"하기

위함이었다.[247]

과학적 선험철학이 열린 총체성을 기반으로 자본주의 다음 단계를 사회주의로 단정하지 않는다고 해서 자본의 무한 증식 논리가 지배하고 있는 신자유주의적 세계화에도 판단을 유보하는 것은 결코 아니다. 신자유주의 확산의 주체는 미국 재무부와 국제통화기금·세계은행이다. 그들은 1990년 이른바 '워싱턴 컨센서스'로 불리는 '담합' 그대로 다른 나라의 외환위기를 기회로 삼아 자본시장 자유화, 외환시장 개방, 관세 인하, 국가 기간산업 민영화, 외국 자본에 의한 국내 우량 기업 합병·매수 허용, 정부 규제 축소를 강제했다.[248] 신자유주의가 병든 세계를 치유할 불가사의한 힘을 '시장'에 부여하는 고도의 이데올로기로 작동하고 있는 것이 현실이다.[249]

신자유주의가 지구촌을 지배하면서 불평등은 크게 늘었다. 세계 인구에서 극빈층 비율이 신자유주의 시기에 낮아졌다고 통계를 제시하는 학자들—대표적으로 스티븐 핑커와 한스 로슬링—도 있지만, 극빈층 기준도 모호하고 불평등과는 개념이 다르다. 더욱이 그 통계는 인구가 각각 14억 안팎인 중국과 인도가 1980년대부터 빠른 경제 성장으로 빈곤을 벗어나면서 세계 인구의 극빈층 비율이 줄어든 사실을 감안해야 한다. 문제는 중국과 인도의 경제 성장을 신자유주의적 세계화의 상징으로 보기는 어렵다는 데 있다. 특히 "중국의 경제 정책은 세계화의 전도사들이 원했을 만한 게임의 법칙에 말 그대로 처음부터 끝까지 반해왔다. 중국은 의미 있는 수준의 무역 자유화를 실행하지 않았으며, 2001년이 돼서야 WTO에 가입했다. 가장 눈에 띄는 점은 중국이 공기업을 민영화하지 않았을 뿐 아니라, 심지어 사적 재산권조차 도입하지

않고 경제 혁신을 이룩"한 사실이다.[250]

무엇보다 신자유주의 종주국인 미국의 소득 불평등이 급증했다. 2000년대 들어 소득 집중도가 1910년대 수준보다 더 높은 수준으로 되돌아갔다.[251] 신자유주의 체제 아래서 미국의 상위 1%가 전체 소득에서 차지하는 비중이 7.7%에서 17.1%로 증가했고 이는 "99%의 소득 비중이 10% 줄어들었"음을 의미한다.[252] 같은 시기에 '미국식 자본주의 쇼윈도'로 불린 한국에서도 비정규직 비율과 자살률이 가파르게 치솟은 반면에 출산율은 곤두박질쳤다.

신자유주의 전도사 마거릿 대처는 "사회라는 것은 존재하지 않으며 존재하는 것은 오로지 각자의 생존을 위해 싸우는 개인뿐"이라고 선언[253]했지만, 각자도생의 "경쟁을 당연하게 받아들이는 대신, 우리를 승패의 구조 속으로 몰아넣는 것이 과연 어떤 제도 때문인지, 그 제도를 어떻게 바꾸어야 할지 의문을 제기해야 한다."[254]

다행히 자본주의 사회의 문제점에 대해서는 지구촌 사람들이 대부분 공감하고 있다. 동유럽 공산주의 체제의 몰락 20년을 맞아 영국 공영방송(BBC)이 27개국의 2만 9000명을 대상으로 한 여론조사에서 응답자의 23%가 "자본주의는 치명적 결함이 있어, 다른 경제 시스템을 필요로 한다"고 응답했다. "자본주의는 규제와 개혁을 통해서 다뤄야 할 문제들을 지니고 있다"는 응답(51%)까지 합하면, 거의 80%가 자본주의 체제가 불완전하다고 보는 것으로 나타났다. 반면 "자본주의는 잘 작동하고 있고, 규제는 자본주의 시스템을 덜 효율적으로 만든다"는 응답은 단지 11%에 지나지 않았다.[255] 자본주의와 다른 경제체제를 모색하거나 최소한 규제와 개혁으로 자본의 논리를 통제해야 한다는 데 지구촌 차원의 공감대가 형성되고 있는 셈이다.

기실 지구촌의 역사적 전개 과정을 톺아보면, 자본주의와 민주주의는 근대 사회가 형성될 때부터 서로 맞물려 전개되었다. 무엇보다 자본주의 자체가 민중(people)의 노동이 없었다면 성립할 수 없었다. 노동하는 민중이 없고 자본만 있는 자본주의는 상상할 수도 없다. 민중은 자신의 노동으로 자본주의 생산을 담당하는 한편 자신의 성찰로 자본주의를 인간화하는 노동을 수행했다. 역사적으로 자본주의와 민주주의가 접합하는 지점에 언제나 민중의 투쟁적 노동이 있었다.

자유민주주의의 상징으로 꼽히는 선거권조차 그 '산모'는 자본주의가 아니었다. 자본의 논리에 맞선 민중의 성찰적 노동인 투쟁이 있었기에 가능했다. 영국이나 프랑스의 민주주의 발전사를 들여다보더라도 초기의 자유주의, 부자들만 선거권을 가졌던 민주주의가 보편적인 민주주의로 발전해온 과정에는 아래로부터 노동하는 민중의 성찰과 투쟁이 있었음을 쉽게 확인할 수 있다. 과학적 선험철학이 자본주의 역사와 현실 인식에서 민주주의와의 연관성을 중시하는 이유다.

3. 민주주의 단계론과 주권 혁명

세계사적 경험은 민주주의가 자본주의의 역사적 과정과 맞물려 전개되어왔거니와 완성된 개념이나 제도가 아니라는 사실을 일러준다. '민중(people) 스스로의 통치(self-government)'라는 민주주의의 고전적 정의에 비춰보면, 민주주의의 세계사적 전개 과정은 '민중이 주권(主權, sovereignty)을 확보해온 기나긴 혁명'임을 새롭게 파악할 수 있다. 민주주의가 고정불변의 실체가 아니라는 새삼스러운 인식은 다음 두 가지 명제로 이어진다.

첫째, 민주주의는 정치 생명체다. 민주주의는 세계사의 특정 시공간에서 탄생했고 언제나 당대를 살아가는 민중들이 정의감과 힘을 모아 키워왔다.

둘째, 민중들이 주권을 실현해가는 과정을 단계로 나눌 수 있다. 왕이 신분 제도의 정점에서 유일한 주권자로 전횡을 일삼던 오랜 역사를 벗어나 민중이 주권을 구현해온 민주주의의 역정은 탄생→성장→위기 단계를 거쳐왔다.

먼저 탄생 단계를 살펴보자. 1688년 영국 명예혁명에서 유럽 대륙의 왕정을 뿌리째 흔든 1848년 혁명까지다. 민주주의는 자본주의 형성기에 나라 안팎에서 자행한 비인간적 착취를 '요람'으로 탄생했다. 지구에 처음 나타났을 때 민주주의는 아직 온전히 걷지도 못했다. 영국에 이어 미국 독립전쟁과 프랑스 혁명이 일어났지만 주권과 사회 구성원 절대다수인 민중 사이의 거리는 여전히 멀었다. 투표권이라는 기본적인 주권이 재산이 일정 규모에 이른 남성에게만 주어진 사실만 두고 하는 말이 아니다. 유럽 여러 나라에서 왕정이 복구되고 다시 공화정을 세우는 과정이 반복되었기 때문만도 아니다. 자본의 무한 증식 논리가 나라 안에선 민중을 착취하고 나라 밖에선 제국주의로 나타나면서 '어린 민주주의'는 학대와 폭력에 시달리며 커갈 수밖에 없었다.

성장 단계는 1848년 혁명에서 1991년 소비에트사회주의공화국연방이 붕괴하는 시기까지다. 민중들이 자본의 가부장적 폭력에 맞서 싸우기 시작하며 민주주의는 비로소 성장 단계에 들어설 수 있었다. 자본주의가 제국주의로 치달았지만 마르크스 철학과 그에 기반을 둔 혁명 운동이 거세게 일어나며 자본의 지배에 맞서는 민중의 주권 의식이 크게 성장했고 바로 그만큼 민주주의도 성장해갔다. 물론, 폭력은 그치지 않았다. 두 차례의 세계대전이 벌어지며 민주주의는 큰 상처를 입었다. 하지만 아픔이 큰 만큼 더 성장할 수 있었다. 러시아 혁명과 두 차례 세계대전을 거치며 민주주의는 지구촌으로 퍼져갔다.

위기 단계는 1991년 소련이 동유럽의 공산주의 체제와 함께 무너지고 신자유주의적 세계화가 퍼져가면서 시작됐다. 민주주의는 위기를 맞았다. 자본주의가 자신을 위협할 철학이 사라졌다고 판단하면서 자본의 무한 증식 논리가 '새로운 자유주의'라는 한층 세련된 이데올로기로 지구촌을 엄습해 모든 나라의 민중을 압도했다.

더러는 이데올로기 시대는 이미 지났다며 '이데올로기의 종언'을 무의식중에 기정사실화하지만 선진 자본주의 국가는 과거보다 한층 이데올로기적이다. 생산 과정 자체에 이데올로기가 들어 있다. 전후 미국과 유럽의 자본주의 체제를 분석한 프랑크푸르트학파의 비판이론은 신자유주의적 세계화가 두루 퍼진 21세기 지구촌의 삶을 이해하는 데 유용한 개념들을 전해준다.

"대량 수송과 대량 전달의 수단, 의식주의 상품, 억제할 수 없이 쏟아져 나오는 오락 산업 및 정보 산업 등은 정해진 태도와 습관, 일정한 지적, 정서적인 반응을 수반한다. (…) 이러한 유익한 생산물이 보다 많은 사회계층에 걸치는 보다 많은 개인들에게 보급되는 데 따라서 그들이 추진하는 교화는 선전이기를 중단하고 하나의 생활양식이 된다. 그것은 좋은—이전보다 훨씬 좋은—생활양식이다. 그리고 좋은 생활양식으로서 그것은 질적 변혁에 거역한다."[256]

마르쿠제는 그 현상을 "일차원적 인간(One-dimensional Man)으로 개념화했다. 호르크하이머는 '도구적 이성'을 개념화하면서 이성이 "자연을 지배하는 도구가 되어버린 이래로, 진리를 발견하려는 고유한 의도는 좌절되었다"며 "유용성 이외의 어떠한 객관적 원칙도 인정하지 않기 때문에, 도구적 이성은 억압적 현실과 그것을 뒷받침하는 이데올로기를 비판하지 않는다"고 지적했다.[257]

마르쿠제와 호르크하이머가 선진 자본주의 사회의 이데올로기를 분석한 비판이론의 개념들이 신자유주의적 세계화 시대에 적실한 이유는 분명하다. 비판이론의 분석 대상이 주로 전후 자본주의 질서를 주도한 미국 사회였고, 1980년대 이래 신자유주의 확산의 주체가 바로 미국이기 때문이다. 신자유주의적 경제 질서에서 살아가는 지구촌 사람들에게 그것을 정당화하는 경쟁 이데올로기는 이미 삶의 과정 자체에 스며들어 있고 내면화되어 있다. 그 결과 "비합리적인 억압적 현실을 비판하기보다는 그 현실에 적응하는 데에만 관심을 갖는" 도구적 이성[258]이 지구촌 전체에 퍼져 있다. "피지배자들이 지배자들로부터 부과된 도덕을 지배자들보다도 더 진지하게 받아들이는 것이 자연스러운 것처럼, 기만당한 대중은 성공한 사람들보다 더욱 성공의 신화에 사로잡힌다"[259]는 아도르노의 지적 또한 그 어느 때보다 신자유주의 시대를 관통하고 있다.

문제는 한층 심각하다. 비판이론의 사회철학자들이 선진 자본주의 사회를 비판할 때보다 21세기 인류의 삶은 더 큰 위기를 맞고 있다. 기후 변화를 비롯한 생태계 파괴로 코로나19와 같은 팬데믹(pandemic)

이 나타나고 '인류세' 진단까지 나오고 있다. 자칫 인류 문명의 때 이른 종언까지 전망되는 상황이다. '때 이른'이라고 쓴 까닭은 1억 5000만 년 내내 지구 표면을 지배했던 공룡과 비교해보자는 뜻이다. 인류세 개념에 대해 책임을 더 정확히 묻고 대처해가야 한다는 의미에서 '자본세(Capitalocene)'로 정정해야 옳다는 주장도 나온다. 자본의 축적은 사회경제적 생산력의 발달을 넘어 "지구(그리고 그 생명체들)의 변환"이라는 주장[260]은 설득력이 있다.

따라서 민주주의를 보통선거권과 대의제도와 같은 절차적 측면이나 권력이 행사하는 방식으로만 좁게 생각한다면, 국가 구성원 대다수가 민주주의를 탈역사적으로 이해하고 있다면 그것은 지배 세력이 바라는 바일 것이다. 절차 민주주의를 중시하는 정치학자들도 인정하듯이 자본주의는 민주주의 과정과 정치적 평등을 왜곡할 정도로 경제적 불평등을 만들어내고 있다.

과학적 선험론의 정치철학이 민중의 주권을 중심에 놓고 민주주의를 정치 생명체로 보며 단계를 설정해 시대를 구분함으로써, 우리는 세계사를 더 넓은 지평에서 바라볼 수 있게 되었다. 전투적 유물론의 실천 경험까지 민주주의의 틀로 담아내어 역사적 평가를 내릴 수 있다.

무엇보다 민주주의가 탄생→성장→위기로 전개되었다는 새로운 시대 구분을 통해 우리는 성장과 위기의 의미를 온전히 짚음으로써 '위기' 다음 단계를 구상할 수 있다. 민주주의가 직면한 세계사적 위기 단계는 탄생이나 성장 단계가 각각 150년 안팎 걸렸듯이 쉽게 넘어설 수 없다. 다만 탄생 이후 성장하며 겪는 위기를 우리가 '성장통'으로 이해할 수 있다면 다음 단계를 과거의 단계들보다 빠르게 맞을 수는 있을 것이다.

우리는 위기 다음 단계를 '성숙 단계'로 개념화할 수 있다. 각각의 시대로 넘어가는 단계에 혁명이나 그와 버금가는 역사적 변동이 있었듯이, 위기 단계에서 성숙 단계로 접어들기 위해서도 혁명은 필요하다고 추정할 수 있다. 과학적 선험론의 민주주의 정치철학은 그것을 '주권혁명'으로 제안한다. 민중의 잠재성과 잠정성을 표현한 개념으로 스티븐 퍼킨스가 규정한 "그 현실이 만들어지는 상태에 있는 정치-사회적 범주(politico-social category)"[261]이다.

주권 혁명은 모든 권력이 주권자인 민중으로부터 나오는 사회를 실제로 구현하는 혁명이다. 주권을 중심에 둔 민주주의 철학은 민주주의에 대한 새로운 해석, 새로운 정의이지만, 민중 스스로의 통치라는 민주주의의 철학을 올곧게 구현하자는 제안이기에 오래된 정의이기도 하다. '민중 스스로의 통치' 개념이나 '모든 권력은 민중으로부터 나온다'는 명제를 더러 좌파의 논리로 오해하는 사람들도 있지만, 그런 오해야말로 자본주의 사회에 이데올로기가 마치 공기처럼 퍼져 있다는 사실을 새삼 확인시켜주는 증거이다.

미국이 공식적으로 민주주의 정부의 경전처럼 받드는 링컨의 유명한 연설인 "government of the people, by the people, for the people"이 바로 "민중의, 민중에 의한, 민중을 위한 정부"이다. 그것을 "국민의, 국민에 의한, 국민을 위한 정부"라고 옮긴다면 본디 뜻의 명백한 왜곡이다. 링컨은 분명히 '국민(nation)'이라 하지 않고 '민중(people)'이라고 말했다. '국민'의 번역어는 원어의 의미와 맞지 않다.

링컨의 연설문이 상징하듯이 '민중 스스로의 통치'라는 민주주의의 기본 개념이나 '모든 권력은 민중으로부터 나온다'는 명제는 좌파·우파의 관점을 넘어선 보편적 관점이다. 다만 '민중의, 민중에 의한, 민중을 위한 정부' 개념을 현실로 구현하는 데 지금까지 실패해왔기 때문에 민주주의에 대한 새로운 접근과 인식은 현대철학이 담당해야 할 과제다.

과학적 선험철학이 마르크스 철학과 사회주의를 '민주주의 성장 단계의 이론'으로 자리매김한다고 해서 그 말이 스탈린 체제의 일당독재 문제점을 정당화하거나 외면하자는 뜻은 전혀 아니다. 스탈린 체제의 등장이 사회주의 혁명에 거부감을 확산시킨 것은 엄연한 사실이다. 그럼에도 노동계급이 자본주의 국가와 다른 국가를 처음 세움으로써 두 차례 세계대전을 불러온 제국주의 아래 억압당하고 있던 노동운동과 민족 해방운동에 큰 힘을 주었다는 사실까지 부정할 이유는 없다. 더구나 소련이 제국주의 국가들과 맞상대할 강대국으로 성장해가자 자본 계급으로서는 경계하지 않을 수 없었다. 국가별 상황에 따라 수준은 다르지만 '수동혁명'에 나선 이유다.

민주주의 성장 단계에 큰 영향을 끼친 사회주의 체제가 무너지면서 위기가 시작되었다. 20세기 내내 질풍노도와 같던 사회주의 혁명운동의 경험은 민중의 광범위한 동의 없이, 민중 스스로 통치에 나서는 실천 없이 혁명적 변화를 이룰 수 없고 민주주의도 성숙할 수 없다는 교훈을 남겼다.

민주주의가 위기에서 성숙 단계로 넘어가는 전환을 주권 혁명으로 개념화한 까닭은 새로운 민주주의를 일궈갈 주체, 자기 통치의 주체, 자기 해방의 주체를 설정하기 위해서다. 지젝도 "만약 누군가 혁명을 기다리기만 한다면 혁명은 결코 오지 않을 것"이고 "우리는 언제나 '미성숙한' 시도에서 시작하여 겨냥한 목적 달성의 실패 바로 그 안에서 —거기에 '혁명의 교육학'이 있다—'정확한' 순간을 위한 주체적 조건들을 창조해야"[262]한다며 주체의 조건을 중시했다.[263]

자본주의 사회의 두 주요 계급은 생산수단을 지배하는 자본계급과 노동계급이지만 모든 사람이 양대 계급에 속하지는 않는다. 두 계급 사이에 자리한 중간계급은 <그림 7>처럼 두 부류다. 첫째, 전통적 중간계급으로 소상공업자와 자영업자, 농민들이다. '벤처사업가'들도 소상공업자인 만큼 여기에 들어간다. 둘째, '신중간계급'으로 자본주의가 발전하면서 자본가 대신 일터를 맡는 경영직·관리직과 다양한 전문직을 아우른다. 신중간계급을 지식인 집단으로 파악하기도 한다.[264]

자본주의 사회가 성장하면서 중간계급이 크게 늘어났다. 중간계급의 최상층은 자본계급을 닮는다. 딱히 생산수단을 소유하지 않고도 부와 권력·명예를 누리는 사람들이 생겨난 것이다. 신중간계급의 상층부와 자본계급의 다양성을 설명하는 이론도 등장했다. 이를테면 부르디외는 자본 개념을 경제적 영역에만 국한시키지 않았다. 자본의 '세 가지 기초 형태'를 경제자본, 문화자본, 사회(관계)자본으로 제시했다.[265] 상징자본(symbolic capital)은 자본의 형태와 무관하게 자본이 사회적 인정을 얻게 될 때 기능한다.

부르디외의 분석은 현대 사회에서 자본계급이나 신중간계급의 움직임을 포착할 때 도움을 줄 수 있다. 물론 그때도 중심은 생산수단을 중심에 둔 계급 구분이다. 부르디외의 체계에서도 경제자본은 다른 모든 자본에 영향을 끼친다. 현대 사회의 권력은 경제 권력만 있는 것이

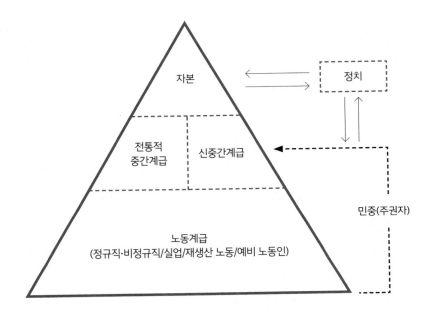

<그림 7> 현대 자본주의 사회의 정치경제구조

아니지만 자본의 힘은 다른 모든 권력을 압도한다.

그런데 중간계급의 하층은 노동계급과 거의 구별되지 않는다. <그림 7>처럼 중간계급의 하층부와 노동계급을 민중으로 개념화할 이유다. 중간계급의 어디까지 민중에 포함되는가를 결정짓는 요인은 노동계급의 역량과 민주주의 수준이다. 점선으로 표현한 이유다. 그 점에서 '민중'은 역동적인 과학적 개념이다.[266] 민주주의 헌정에서 민중은 생산수단을 지배하는 자본만이 아니라 모든 권력의 궁극적 주체이다. 민주주의 국가의 헌법마다 명시하듯이 모든 권력은 민중(people)으로부터 나온다.

마르크스는 반복해서 고대 노예의 지위가 자본주의 사회의 '자유 임금노동인'이나 중세 농노의 지위와 정확히 같다고 주장했다. 곧 노동인과 자본가의 관계, 농노와 봉건영주의 관계, 노예와 노예 소유주의 관계가 같다는 것이다. 각각 두 집단의 관계는 분명히 계급 관계이고 그 관계에는 계급 갈등이 포함되며, 최초 생산자인 노동인·농노·노예에게서 잉여를 빼앗아 가는 착취가 바로 계급의 본질이다.[267]

하지만 농노·노예와 노동인의 지위가 마르크스 주장처럼 "정확히 같다"고 할 수 있을까. 생산수단을 갖지 못했다는 사실에선 그렇게 볼 수 있지만 노동인은 농노·노예와 계급적 성격이 다르다. 시민혁명으로 신분 제도가 사라지면서 노동인도 시민권을 지녔기 때문이다. 자본 계급은 혈연으로 이어져 신왕족·신귀족으로 군림하고 있지만 그들 자신이 정치를 독점하진 못한다. <그림 7>에서 '정치' 영역은 자본과 민중에 두 갈래로 작동한다. 자본의 영향력이 클 때 정치는 자본에 종속되어 민중을 억압한다. 반대로 민중의 힘이 클 때, 정치는 민중으로부터 나오며 자본을 통제할 수 있다. 자본과 민중 사이에서 정치는 열려 있다. 정치의 구체적 모습은 민중 역량에 따라 달라진다. 과학적 선험론이 열린 총체성을 강조한 맥락과 같다. 민중이 공론장—현실적으로 그것이 '자본주의 공론장'이라고 하더라도 열려 있는 공간—을 최대한 활용해야 할 이유이기도 하다.

민주주의의 고갱이는 '누가 지배하고 있는가'라는 문제, 곧 주권에 있거니와 모든 권력이 나오는 원천은 민중이다. 민중은 주권의 담지자다. 노동계급의 지적 발전이 새로운 사회의 조건이라는 마르크스의 언명을 빌리자면, 과학적 선험철학은 민중의 지적 발전을 민주주의가 성숙 단계로 접어드는 조건으로 인식한다. 과학적 선험철학의 사회인식론이 노동과 함께 성찰을 중시한 까닭이다.

민중을 민주주의 성숙의 주체로 내세울 때 우리는 노동계급의 좁은 관점을 넘어설 수 있다. 특정한 계급 관점에만 입각해 있다면 그 주장이 보편타당성을 얻을 수 없다는 성찰이 중요하다.[268]

자본주의 생산관계에서 노동계급이 존재하고 있고 그것을 계급으로 인식해야 옳지만, 자본주의를 넘어선 새로운 사회나 민주주의 성숙 단계로의 진입은 계급의 관점만으로 이룰 수 없다. 노동인을 비롯해 사회를 구성하는 절대다수인 민중의 관점이 중요하다. 기실 레닌도 혁명가는 "노동조합 서기가 아니라 민중의 호민관"이 되어야 한다며 "민중의 호민관은 모든 형태의 폭정과 차별에 대처할 수 있어야 하며 폭정과 차별이 어디서 나타나든, 민중의 어느 계층이 영향을 받든 그래야 한다"고 강조했다."[269] 러시아 혁명 직후의 '프롤레타리아 독재'를 비판한 로자 룩셈부르크도 민중이 "아무 제한 없이 활발히 참여하는 조건에서 민주주의가 무제한으로 실현되는 것을 내용"으로 할 때 진정한 계급 독재가 실현된다고 보았다. 로자는 '사회주의적 민주주의'는 "한 줌의 사회주의적 독재자들을 충성스럽게 지지해온 착한 인민에게 돌아오는 완성된 크리스마스 선물로서 주어지는 게 아니"라며 언제나 "대중의 적극적인 참여"와 "성장하는 정치 교양"이 필요하다고 강조했다.[270]

노동계급 중심의 문제점은 복지국가의 한계를 논의하는 담론에서도 나오고 있다. 기존의 복지체제가 과도하게 노동 의존적이 되어 4차 산업혁명을 비롯한 사회경제적 변화에 부적절해졌다는 주장이다. 그들은 21세기 사회의 기초로 노동만이 아니라 모두가 평등한 권리를 갖는 '공유지(commons)'—공동체 성원들이 평등한 권리를 갖는 모든 자원을 포괄하는 개념—를 부각한다. 기업이 과학기술이나 주식 제도와 같은 공유지를 통해 창출한 수익은 비단 그 기업의 자본이나 노동인들만의 몫이 아니라는 주장이다. 그들의 논리는 기본소득으로 이어진다.[271]

민중은 자본주의 사회 이전에도 세계사에서 자유와 평등을 실현해온 주체였기에 민중의 관점은 인류의 보편적 이익과 이어진다. 노동계급이 아니라 민중이 주체라고 해서 노동인들의 과제가 줄어드는 것은 아니다. 오히려 그 반대다. 노동인들은 자신만이 아니라 자신을 넘어 민중까지 품어야 하는 시대적 소명이 있다는 뜻이다. 과학적 선험철학이 노동과 함께 성찰을 중시한 이유다.

4. 민주주의 성숙 단계의 정치철학

인류의 역사적 전개 과정에서 언제나 지배 세력은 민중의 단결을 가로막아왔다. 민중이 사회를 인식할 때 성찰할 주요 지점이다. 고대 그리스와 로마의 대다수 '철인'과 '현인'들은 노예 소유주들의 귀족들에게 노예를 인종적·언어적으로 다양하게 구성해 소유하는 것이 좋다고 조언했다.[272] '주인'의 말을 알아듣는 것 말고는 서로 의사소통을 어렵게 하자는 전략이었다. 고대부터 이미 지배계급과 그들을 대변한 철학이 민중의 단결을 막아왔다는 뜻이다.

우리가 생물적 선험성 못지않게 사회적 선험성을 성찰의 대상으로 논의했듯이, 현대 사회에서도 민중 자신이 자본의 논리나 권력의 논리에 지배당하지 않도록 스스로 경계해야 한다. 우리가 느끼지 못할 수 있지만 자본주의 국가에는 경찰, 군대와 같은 합법적 폭력기구가 일상적으로 작동하고 있다.

그런데 어떤 국가도 합법적 폭력기구로만 유지될 수 없다. 국가의 정당성을 사회 구성원들에게 주입 또는 설득해야 지배 질서를 유지할 수 있다. 고대와 중세에는 주로 종교가 그 구실을 했다. 유럽에선 기독교가 중세의 신분제 질서를 정당화했고, 동아시아에선 유교가 그랬다. 근대 자본주의 사회에서도 마찬가지다. 알튀세르는 그것을 '이데올로기적 국가기구(Ideological State Apparatuses)'로 규정했다. 대표적인 이데올로기적 국가기구로 학교와 언론을 꼽을 수 있다.[273] 얼핏 그 기구들은 자율성을 확보한 것처럼 보인다. 하지만 표면적인 독자성에 그친다. 오히려 자율성을 내세움으로써 지배계급이 문화적 패권을 유지할 수 있도록 돕는다. 알튀세르 철학이 그람시의 헤게모니(hegemony) 개념과 맞닿는 지점이다. 헤게모니는 민중이 자발적으로 지배 세력에 순응하는 현상을 설명해준다.

언론과 학교가 지배 세력의 이데올로기적 국가기구로 작동할 때, 헤게모니를 받쳐주는 기구로 구실할 때, '성찰과 노동의 선순환'은 이뤄지지 않는다. 학교 교육은 얼핏 중립적으로 보이지만 본질적으로 교육자들이나 피교육자들이 의식하든 의식하지 못하든 이미 정치적이다.[274] 자본주의 시대의 학교 교육은 새로운 세대를 그 체제에 적합하도록 준비시키며 자본의 문화를 전달한다. 노동인들을 재생산해내는 지식만 전수하지 않는다. 자본 축적에 필요한 이윤을 유지하고 증대시키기 위한 '전문적·행정적' 지식도 '산출'해낸다.[275] 학교 교육을 마치면 언론기관이 이어받아 일상적으로 자본의 이데올로기를 전파함으로써 사실상

'평생 교육'을 담당한다. 더구나 미디어는 앞서 짚었듯이 인간의 사회 인식에 큰 영향을 끼치는 또 다른 선험적 조건일 수 있다.

'성찰과 노동의 선순환'은 선험성에 대한 성찰이 없을 때 <그림 8>처럼 노동이 이데올로기에 포획되어 지배체제가 유지되거나 더 견고해지는 악순환을 이룬다. 언론과 학교가 사회화 과정을 통해 개개인의 인식을 이데올로기로 틀 지워 가둠으로써 삶의 경험에 앞서 두텁게 들씌운 사회적 선험성은 악순환의 고리가 된다. 과학적 선험철학은 그 선험성에서 벗어나는 학습과 성찰을 요구한다.

자본의 논리가 '성찰과 노동의 선순환'을 가로막고 있는 사회에서 언

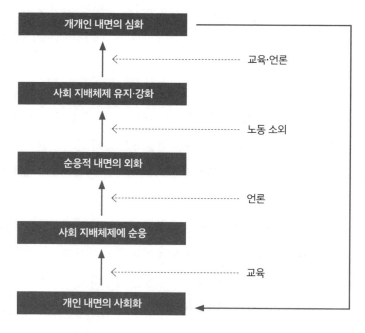

<그림 8> 이데올로기와 노동의 악순환

론과 교육은 민주주의 학습과 성찰의 공간으로 거듭나야 하고 그것을 입법과 제도로 뒷받침해야 한다. 그 과정에서 교육과 언론이 이데올로기적 국가기구에 편입되지 않도록 두 부문에서 일하는 노동인들의 철학적 성찰과 성찰적 노동이 중요하다.

민중이 사회적 선험성의 이데올로기를 벗어나기 위해 철학적 성찰을 해야 할 지점은 네 가지다.

첫째, 자신의 언어에 대한 성찰이다. 현대인이 사용하는 언어의 대부분이 최소한의 의미만 남거나 그조차 상실한 언어로 소통되고 있다는 진단은 언어철학, 언론학, 정치철학에서 두루 제기되고 있다. 가령 근대 이전의 모든 신분제 사회에서 '인권'이나 '평등'이란 말은 낯선 언어이자 불온한 말이었다. 지금은 자연스러운 말로 소통되고 있지만 현대 사회에서도 대다수 사람들이 불편함이나 거북함을 느끼는 말들이 적지 않다. 대표적으로 '노동운동'이나 '민중'이라는 말이 그렇다. 말을 배울 때부터 초·중·고교는 물론 대학과 언론에 이르기까지 체제 언어를 내면화하는 긴 과정이 있었기 때문이다.

둘째, 민중 스스로 자신이 살아가는 삶의 현실을 있는 그대로 인식하고 있는지에 대한 성찰이다. 모든 생명체는 자신을 둘러싼 환경을 정확히 인식하려는 본능을 지니고 있음에도 굳이 그것을 '철학적 성찰'로 제시하는 까닭은 민중이 현실을 정확히 인식하지 못하도록 방해하는 세력이 엄존하고 있기 때문이다. 가까운 예를 들자면 우리의 일상을 둘러싸고 있는 온갖 미디어와 화려한 광고들이 무시로 우리 눈에 들어옴으로써 민중들은 자본이 지배하는 사회관계 속에 자신이 살고 있는 현실을 망각하기 십상이다. "광고에 나오는 대로 긴장을 풀고 재미있게 놀이를 즐기고 행동하고 소비하고, 또한 남들이 사랑하고 미워하는 것을 자기도 사랑하고 미워하고 싶다는 일반적인 욕구들"은 인간적 욕구이기보다는 "거짓된 욕구"이며 그런 "욕구의 발달과 충족은 타율적"[276]이라는 사실을 성찰해야 한다.

셋째, 민중 스스로 자신이 살아가는 삶의 현실과 다른 사회, 더 나은 사회가 가능하다고 확신하는지에 대한 성찰이다. 그것을 철학적 성찰이라 하는 까닭은 새로운 사회가 가능하다는 진실을 인식하지 못하도록 방해하는 세력이 정치경제만이 아니라 언론을 지배하고 있어서다. 자본주의에 다양한 정치경제 체제가 존재하고 있다는 사실, 자본주의가 영원불변의 체제가 아니라는 사실에 대한 인식이 중요하다.

넷째, 민중 스스로 지금과는 다른 새로운 사회를 자신의 실천으로 창조할 수 있다고 생각하는지에 대한 성찰이다. 인간은 누구나 삶에서 의미 있는 무엇인가를 창조하고 싶은 의지를 지니고 있다. 그럼에도 그것을 철학적 성찰이라 하는 까닭은 민중이 새로운 사회의 실현에 나서지 못하도록 방해하는 세력이 물질적 힘을 지니고 있어서다.[277]

민중이 자신이 살아가는 삶의 현실을 자신의 언어로 인식하고, 다른 사회가 가능하다고 확신하며, 새로운 사회 구현에 힘을 모을 때, 근대 혁명에 버금가는 '세계사적 혁명'을 이룰 수 있다. 다만 민중의 자기 성찰과 현실 인식을 저해하는 세력이 엄존하고 있다는 사실을 모르고 낙관적 전망만 늘어놓을 때, 자칫 장구한 세계사의 모퉁이에 있는 작은 돌부리에도 넘어져 일어서지 못하게 된다.

바로 그렇기에 21세기에 특히 주목할 이데올로기 기구가 언론이다. 근대 사회가 형성되기 시작할 때부터 대중매체가 공론장을 주도해왔기 때문이다. 그런데 과학기술 혁명이 21세기 들어 본격적인 미디어 혁명을 이끌며 대중매체 시대가 저물고 있다.

세계사를 톺아보면 인류는 지금까지 네 차례에 걸친 미디어의 혁명적 변화를 일궈왔다. 말, 글, 대중매체에 이은 인터넷이 그것이다. 말은 인류를 동물과 다른 존재로 만드는 혁명적 변화를 이뤘고, 글은 문자 혁명을 이루며 선사시대와 역사시대를 나누는 획을 그었다.

자본주의와 함께 열린 대중매체 시대는 왕을 정점으로 한 신분 체제를 무너트렸다. 대중매체 시대의 민주주의는 정치는 물론 언론의 성격도 대의제였다. 민주주의 정치철학은 언론의 문제를 소홀히 해왔지만, 민주주의가 성숙하려면 민중이 '스스로의 통치'에 필요한 정보를 충분히 알고 있어야 한다. 언론은 3권이 분립된 정치체제의 제4부가 아니라 그 체제의 기반이었다고 해도 결코 지나친 말이 아니다.

따라서 과학기술 혁명으로 모든 사람, 무엇보다 특권이나 특혜가 없는 민중이 직접 언론 행위를 펼 수 있는 시대가 열린 것은 세계사적 의미가 있다. 근대 세계를 연 인쇄 혁명에 이어 500여 년 만의 혁명적 전환의 가능성을 품고 있기 때문이다. 언론의 목적이 "사람들이 자유롭고 스스로 통치하는 데(free and self-governing) 필요한 정보를 제공하는 것"[278]이라면, 자본의 논리에 침윤된 대중매체를 넘어 모든 사람이 언론 활동을 펼 수 있는 조건이 마련된 것은 전환적 의미가 있다.

다만 자본의 논리가 운동하고 있는 현실을 망각할 수는 없다. 민중 개개인이 언론 자유를 누리며 무엇이든 말할 수 있는 세상이 열린 것은 새로운 시대임에 틀림없고 주권 혁명을 구현하기에 좋은 기반이지만, 자본과 권력이 미디어 혁명을 주도할 때 오히려 유례없는 감시사회로 귀결될 수도 있다. 인공지능과 빅 데이터까지 자본의 논리에 지배당한다면 더욱 그렇다.

따라서 자본의 논리가 사회 구성원들의 일상과 내면까지 깊숙이 통제하는 사회의 도래를 막으려면 민중 역량이 높아져야 한다. 우리가 기대하고 있는 인터넷 문명과는 정반대로 온라인 공간에서 "광신과 편협이 부활"함으로써 "실제 사람들이 타자에 대한 혐오를 표출하는 유령으로 대체되며, 관용적이고 민주적인 토론의 가능성이 마침내 완전히 사라진다"[279]는 경고도 나와 있기에 더 그렇다.

그럼에도 정보와 지식은 물론 철학적 문제들까지 인터넷을 통해 학습할 수 있는 시대가 열린 만큼 민중들 스스로 철학하며 주권자로서 지적 발전을 일궈가는 가능성에 주목해야 옳다. 얼핏 비현실적으로 들릴 수 있겠지만, 인류의 역사를 톺아보면 희망의 근거를 찾을 수 있다.

세계사는 정치경제를 비롯한 삶의 모든 영역에서 아래로부터 민중의 참여가 늘어난 역사였다. 민중의 지혜를 더 담아낼수록 그 체제와 시대가 더 발전했다는 사실도 역사에서 확인할 수 있다. 인류는 '모든 권력이 민중으로부터 나오는 세상'으로 한 걸음 한 걸음 전진해왔다. 때로는 더디고 때로는 뒷걸음했지만 긴 호흡으로 보면 앞으로 나아갔다. 민주주의가 성숙 단계로 들어서는 과정―주권 혁명을 이루는 과정―에서 관건은 민중의 성찰적 노동이다.

매클루언이 포착했듯이 말을 비롯해 문자와 대중매체, 인터넷 모두 우리 감각과 신경체계의 확장이라면 미디어 혁명의 인식론적 의미는 더 깊어진다. 매클루언은 근대의 문자 중심 미디어와 달리 '전기 미디어'가 인간이 잃어버렸던 '통합 감각'을 되살려줌으로써 사물과 총체적으로 교감할 수 있는 시대를 열었다고 평가했다.[280] 그의 논리대로라면 인터넷 시대는 더 말할 나위 없다. 인간의 통합 감각이 살아나리라는 매클루언의 주장은 자본주의 현실을 가볍게 본 지나친 낙관이지만, 미디어 혁명이 사람들의 소통 방식을 바꾸면서 새로운 시대에 들어섰음을 드러내는 사례는 많다.

지구촌 곳곳에서 평등한 세상을 만들기 위해 열정을 쏟아온 사례를 모아 책을 펴낸 미국의 인권운동가는 새로운 미디어를 활용해 "놀라운 방식으로 세계 구석구석에서 인권 혁명이 전개되고 있다"고 단언했다. 대니얼스는 "이기적인 태도를 거부할 때 비로소 우리는 인간으로서 잠재력을 발휘할 수 있고, 세상의 변화를 일으키게 된다"고 강조했다. 그런 삶을 실현하는 데는 대단한 용기도, 특정한 권력도 필요하지 않고 인터넷만 있으면 된다[281]는 주장은 새겨볼 가치가 있다. "소셜 미디어와 애플리케이션 등으로 전 세계 사람이 실시간으로 정보를 공유하고 연결되는 지금이야말로, 타인의 고통에 공감하고 혐오와 차별을 무너뜨릴 좋은 시기"라는 것이다. 디지털 기술이 악용되는 경우도 있지만, 다른 사람의 고통에 모르쇠를 놓는 일은 자신의 인간성을 상실하는 것과 같다는 성찰이 퍼질수록, 손에 쥔 미디어에 자신이 목격한 이웃의 고통을 나누는 '언론 노동'을 마다하지 않는 사람들이 늘어날수록 미디어 혁명의 인식론적·사회적 의미는 더 깊어질 것이다.

공론장의 재봉건화를 우려한 하버마스도 대중매체가 공론장의 탈정치화를 촉진하는 경향이 있지만, 공론장에서 정치체계와 시민사회의 세력 관계가 역전될 경우 대중매체들이 공중의 의견 형성과 의지 형성에 참여하게 될 것이라고 전망했다.[282] 하버마스가 기대한 것은 "자유의지에 기초하는 비국가적이고 비경제적인 연결망과 자발적 결사체로서 시민사회"였다. 시민사회가 "생활 세계의 문제점을 발견하고 응집시키고, 증폭시키며, 아울러 공론장을 확장시키는 역할을 담당해야 한다"[283]는 것이다.

21세기 들어 "자유의지에 기초하는 비국가적이고 비경제적인 연결망"은 인터넷 시대에 보편화되었다. 사회가 자본에 침윤되지 않도록 미디어 혁명에 기초한 민중들의 적극적 언론 활동과 자발적 결사가 중요하다. 미디어 혁명과 함께 열린 새로운 시대는 민주주의 성숙 단계의 새로운 문명을 꽃피우리라고 전망할 수 있지만 가장 큰 변수는 새로운 문화를 창조할 주체의 역량이다.

민중언론 시대의 객관적 조건과 달리 주체적 조건은 아직 숙성하지 못한 것이 현실이다. 생물적·사회적 선험성에 갇혀 있을 가능성, 자본의 무한 증식 논리가 부추긴 악무한(惡無限)의 욕망이나 이데올로기에 자신도 모르게 사로잡힐 가능성이 적지 않다. 인터넷이 오히려 뇌 구조를 변화시켜 '생각하지 않는 사람들'로 만들기 십상이기에 더 그렇다. 인터넷이 "집중력과 사색의 시간을 빼앗고"[284] "사색과 명상을 통해서만 가능한 잘 정제된 인식과 생각 그리고 감정을 잠식"[285]하는 현상이 분명히 나타나고 있는 것이다. 인터넷이 가장 멍청한 세대를 낳고 있다는 진단[286]도 나오고 있다. 다중지능을 제시한 가드너도 인터넷 때문에 멍청해지고 있는 현상을 경고했다. 하지만 그렇다고 해서 "똑똑하고 교양 있는 척하는 멍청이는 더 답이 없다"[287]는 냉소에 빠질 이유는 없다. 앞서도 살폈듯이 세계사에서 민중은 때로는 그리고 더러는 지배체제와 그 이데올로기의 '포로'였지만 그럼에도 궁극적으로 노예와 농노의 신분 체제를 비롯한 모든 불평등을 넘어서는 주체였다. 자본의 논리가 지배하는 사회를 넘어설 주체 또한 민중이다.

성장 단계의 민주주의를 추동한 운동이 노동운동이라면 위기의 민주주의를 벗어나 성숙 단계의 민주주의를 추동할 운동은 민중운동이다. 노동운동이 노동인들 스스로의 운동이듯이 민중운동은 민중의, 민중에 의한, 민중을 위한 운동이어야 한다. 성장기의 노동운동 철학이 마르크스 철학이라면, 성숙기의 민중운동에는 새로운 철학이 필요하다. 자본주의 체제가 이어지고 있는 시대에 그것은 마르크스 철학과의 단절이 아니라 지양이 바람직하다.

우주철학(cosmic philosophy)이 제안하는 인식론·존재론과 새로운 민주주의 이론은 근대 유럽 문명을 벗어나 새 문명을 창조할 사람들의 철학이다. 민주주의 성숙 단계—정치·경제·사회조직의 모든 권력이 민중으로부터 나오는 사회—에서 '새로운 사람'과 '새로운 사회'는 선순환을 이룬다. 주권 혁명의 사회는 과학적 선험철학의 인식론에 근거해 민주주의 성숙으로 가는 길에 드리운 '어둠'을 밝혀감으로써 모든 사회 구성원들의 '지적 발전'을 일궈간다.

주권 혁명으로 구현할 민주주의 성숙 단계가 미사여구에 그치지 않으려면 그 단계에서 자본주의는 어떻게 되는가라는 문제를 비껴갈 수 없다. 유물론과 과학적 선험론의 자본주의 인식의 차이를 살폈듯이 민주주의 성숙 단계와 자본의 논리가 지배하는 체제는 내내 공존할 수 없다. 다만 그 방법은 전투적 유물론의 혁명이 아니다. 소련과 동유럽의 공산주의 체제의 경험에서 철학적 결함이 확인됐기 때문이다.

민중의 성찰적 노동에 근거한 주권 혁명은 '자본주의 다양성 이론'을 비판적으로 수용한다. 자유시장경제보다 사회적 시장경제가 성숙한 민주주의에 친화적이다. 다만 사회적 시장경제를 현실적으로 구현한 북유럽식 체제에 머물며 자족하지 않는다. 사회 구성원 대다수인 민중의 성찰과 노동으로 새로운 사회로 더 나아가며 지구촌의 새 지평을 열어간다.

과학적 선험철학과 주권 혁명이 참고할 역사적 개념은 스웨덴 경제철학자 비그포르스의 '잠정적 유토피아'다. 잠정적 유토피아는 "현실에 기초한 총체적인 사회의 미래상"으로 민중이 "열망하는 가상의 미래 곧 유토피아지만 과학적·경험적 성찰"로 수정해가는 체제다.[288] 복지국가의 건설이 '위로부터의 경제 민주화라면 아래로부터의 경제 민주화'를 일궈내는 방법이다.[289] 비그포르스의 구상은 마이드너의 '임노동인 기금'안으로 구체화되었다. 영리 민간 주식회사 가운데 노동인 수가 일정 규모 이상인 기업이 연간 세전 이윤의 20%를 신규 발행 주식 형태로 기금에 납부하는 방식이다. 각 기업이 기금에 납부한 주식은 개인적 지분 소유나 배당을 금지한다. 결국 해마다 늘어나는 주식을 통해 기업에 대한 자본의 독점적 소유권을 제한하게 된다. 스웨덴에선 자본의 거센 반발로 구현되지 못했지만 민주주의 헌법 체제에서 그것이 불가능한 것은 아니다. 주권자인 민중의 정치의식에 따라 얼마든지 현실이 될 수 있다.

물론 스웨덴의 실험이 전부는 아니다. 그 실험이 노동 중심주의에 머물렀다는 비판과 함께 4차 산업혁명 시대의 노동시장 변화에 맞춰 기본소득을 바탕으로 새로운 사회를 일궈가자는 방안도 논의되고 있다. 기본소득의 정당성은 기업들이 인류가 공동으로 물려받은 과학기술을 활용하는 한편 주식제도를 통해 아무런 대가도 치르지 않고 사회로부터 자본을 공급받고 있다는 문제의식에 기반하고 있다. 주식을 상장할 때 주식 자본의 특정 비율—예컨대 1%—을 공유 주식으로 '공유자본금고(Commons Capital Depository)'에 납부하고 그에 기초해 기본소득을 지급하는 방안도 있다.[290]

이글턴은 "공동체에 사활적 중요성을 띠는 상품들(식량, 보건, 의약품, 교육, 운송, 에너지, 생활필수품, 금융제도, 미디어 등등)은 담당자들이 이윤 증대의 기회를 감지할 때 반사회적으로 행동하는 경향이 있으므로 민주적인 공적 통제 아래 두어야 한다"고 강조하면서 "사회적으로 덜 필수적인 상품들(소비품, 사치품)은 시장의 작용에 맡겨도 된다"[291]고 제안한다.

민중 스스로의 통치를 구현해가는 주권 혁명의 논리는 정치철학의 흐름과도 이어져 있다. 롤스는 "자유롭고 평등한 모든 시민들이 공통된 인간 이성에서 받아들일 수 있는 원칙들과 이상들에 비추어 보아 지지하기에 합당하다고 판단되는 헌법적 핵심 사항들에 따라 정치권력들이 행사될 때만, 우리의 정치권력 행사가 완전히 적합하다"고 주장했다.[292] 페팃을 비롯한 신공화주의자들은 "어떻게 하면 시민적 삶에 대한 국가의 간섭이 비자의적으로 행사되도록 할 것이며, 나아가 국가의 개입이 어떻게 하면 시민들이 인정하는 공통된 이익을 따를 수 있도록 강제할 수 있는가의 문제"를 제기하고 '비지배(non-domination)'를 숙의 민주주의의 목표로 내세우자고 제안한다. 그들이 강조하는 "공화주의의 시민적 덕성"이 '내적으로는 상호 존중과 외적으로는 자의적 권력에 대한 경계'[293]라면 우주적 선험철학이 중시하는 내면의 심화로서 성찰이 더 의미 있게 다가올 수 있다. 신공화주의자들이 주장하듯이 권력이 민중을 지배하지 못하도록 '비지배 자유'를 확보하려면 민중 스스로 자신이 지니고 있는 '통치권 공유를 등한시하는 태만'²⁹⁴을 경계해야 한다.

다만 아리스토텔레스의 오류는 유의할 지점이다. 그에 따르면 "숙고하고 판결하는 관직에 참여할 자격이 있는 사람들이 폴리스의 시민"이며 "단적으로 말해서 폴리스는 삶의 자족을 위해 충분한 만큼의 그러한 사람들의 집합"²⁹⁵이다. 아리스토텔레스 철학의 엘리트주의적 성격이 묻어나지만 거꾸로 다음과 같은 결론을 내올 수 있다. 사회 구성원들이 저마다 인생을 숙고하며 누구나 정치에 참여할 수 있으려면 모든 사람에게 삶의 기본 조건을 마련해주어야 한다.

실제 지구촌의 보편적 현실은 사뭇 열악하다. 현재 유럽의 적잖은 나라에서 운영되고 있는 '사회적 시장경제'조차 더러는 사회경제적 조건, 더러는 정치적 조건 때문에 이루지 못하는 나라들이 대다수다. 유럽 자본주의의 물적 조건이 과거 제국주의적 침탈에 기인한 것이기에 문제는 더 심각하다.

신자유주의적 세계화에서 나타나듯 자본의 무한 증식이 여전히 지배적인 논리로 작동하는 사회는 인류의 내일을 위해 반드시 넘어서야 한다. 다만 그 경로는 단선적인 필연적 법칙으로 이뤄지지 않는다. 이미 비판적 사회과학계에 여러 경로가 제출되어 있다. 공론장에서 충분한 논의를 거치도록 학계와 언론계가 나서야 한다. 민주주의 성숙 단계와 자본주의 관계는 사회 구성원 절대다수인 민중의 학습과 수련, 성찰적 노동이 좌우한다.

공론장에서 자유로운 논의의 관건은 거듭 강조하거니와 민중의 역량이다. 철학하는 민중이 희망인 까닭이다. 민중의 정치 역량과 언론 역량이 높지 못할 때, 민주주의 성숙 단계에 이르는 경로가 공론장에서 논의되기 어려움은 물론 아예 원천적으로 배제될 수 있다.

우주적 선험철학에 근거한 역사 인식은 민주주의와 자본주의가 맞물려 전개되어 온 세계사적 과정에 직·간접적으로 드리운 '어둠'—인식의 생물적·사회적 선험성—을 남김없이 파악해내려는 성실한 성찰과 창조적 노동을 요구한다. 우주적 선험철학이 민중과 사회와 더불어 선순환을 이루며 숙성할 때 새로운 문명의 길을 활짝 열어갈 수 있다. 민주주의 성숙 단계에서 꽃필 새로운 문명의 구상은 인간의 우주적 위치와 삶의 의미를 천착하는 철학적 물음과 이어져 있다.

5장

우주철학과 우주적 삶

1. 철학과 삶의 의미

무릇 삶의 의미는 누구에게나 절실한 철학적 문제다. 그럼에도 현대철
학은 그 문제를 사실상 방기해왔다. 더러는 '사실에서 당위를 추론할 수
없다(No ought from is)'는 이른바 '흄의 법칙'을 내세우고, 더러는 '형이
상학적 인식론과 규제적 윤리학의 진술은 사실상 검증 불가능하므로
비과학적이고 무의미하다'는 논리실증주의를 내세워 외면해왔다.

　하지만 양자역학의 불확정성 원리나 시공간의 상대성이론이 등장
하면서 논리실증주의자들조차 '사실' 개념을 수정하지 않을 수 없었다.
결국 사실과 가치의 엄밀한 이분법이 무너졌음[296]에도 학계는 구분에
집착하거나 절대시하는 경향을 보여 왔다.

　하지만 철학이 삶의 의미를 천착하는 데 소홀한 책임을 논리실증주
의나 분석철학에만 돌리는 것은 부적절하다. 철학자들이 삶의 의미 문

제를 사변적인 방식으로 다루었기에 독자들이 반발했고, 구체적 "삶과는 소원하고 추상적인 숙고의 옆길로 끌고 가려고 의도할지도 모른다는 의심을 초래"한 것도 사실이기 때문이다. 그런 결과로 "삶의 의미라는 상투적 표현" 아래 정작 "노동이라는 가장 보편적으로 알려진 삶의 의미"가 마치 통속적인 인상마저 줄 정도로 경시되어왔다.[297]

과학적 선험철학은 노동을 삶의 의미로 중시하지만 그것에 갇혀 있지는 않다. 인간의 유적 본질을 노동과 함께 성찰에 두었듯이, 삶의 의미에서도 노동 못지않게 성찰을 중시한다. 앞서도 강조했듯이 그 성찰은 우주과학에 기초한 과학적 성찰이자 우주적 성찰이다.

인간이 우주의 작은 일부라는 과학적 성찰, 인식 주체인 인간과 대상이 이어져 있다는 성찰적 인식은 인간의 우주적 위치와 삶의 의미를 파악하려는 철학적 물음으로 이어진다. 죽음을 필연으로 지닌 생물적 존재로서 그 물음은 절실하고 절박할 수 있다.

지금까지의 철학이 우주를 망각했다는 과학적 선험철학의 명제가 철학사와의 단절만을 의미하지는 않는다. 철학사에서 단절 못지않게 단초를 발견할 수 있기 때문이다. 인간의 내면을 우주, 또는 자연과의 관계에서 깊이 들여다보는 성찰은 과거의 철학사, 특히 아시아 철학사에서 두드러지게 나타났다. 과학적으로 분석하며 파고들지 않았을 따름이다.

유럽 철학사에서 우주적 선험철학의 단초는 다름 아닌 소크라테스에서 찾을 수 있다. 소크라테스가 "너 자신을 알라"라는 말로 인간에게 성찰적 삶을 촉구했다는 사실은 잘 알려져 있다. 아폴론 신전에 새겨져 있는 그 문구는 본디 '너는 신이 아니라 한 번은 죽어야 하는 인간'이라는 뜻으로 인간에게 삶의 시간이 마냥 주어져 있지 않음을 깨우쳐주는 경고이기도 했다.

우주적 선험철학이 소크라테스 철학에서 더 새길 대목은 '다이몬 (daimonion)'이다. 다이몬은 소크라테스가 무엇인가를 결정할 때 들려온 '신의 소리'다. 소크라테스 자신이 "그것은 어린 시절부터 시작되었고 아직까지 계속되고 있다. 그 음성은 나를 내가 가려고 했던 것으로부터 돌리곤 한다. 그러나 결코 나를 강요하지는 않는다"고 밝혔다.

본디 다이몬은 고대 그리스에서 신과 인간 사이에 있는 '신적 존재'를 이른 말로 소크라테스에겐 자신의 내면을 성찰하는 매개였다. 자신에게 들려오는 그 소리로 소크라테스는 영혼의 존재를 확신했다. 소크라테스가 "너 자신을 알라" 못지않게 "너 자신을 돌보라"며 영혼을 돌보라고 한 이유이기도 하다. 영혼을 돌보라는 뜻은 분명했다. 자기 삶을 무엇에 기초해서 살아가고 있는가의 성찰이 그것이다.

소크라테스는 부를 바탕으로 권력과 명성을 손에 쥐려는 야심만만한 알키비아데스와의 대화에서 부와 명예·권력을 추구하는 사람은 자기 삶을 돌본다고 하면서도 정작 엉뚱한 것들을 돌보느라 인생을 낭비한다고 일깨웠다. 거리를 걸어 다니며 마주치는 사람들과 대화하며 '당신의 삶을 진정 의미 있게 하는 것은 무엇인가'를 질문했다. 그는 자신의 그런 활동이 다름 아닌 철학이라고 생각했다. 우주적 선험철학 개념으로 말하면 소크라테스에게 철학은 성찰적 노동이었다.

고대 그리스의 '성찰적 노동인'은 서슴없이 쇠파리 또는 전기뱀장어를 자임했다. 쇠파리는 소가 잠들 수 없을 만큼 귀찮게 윙윙거리며 아무리 꼬리로 쫓아내도 떠나지 않는다. 전기뱀장어를 덥석 잡았다가는 감전의 충격을 받는다. 소크라테스는 사람들이 아무런 의심이나 질문 없이 기존 지식을 답습하지 않도록 그들의 지적 자존심을 뒤흔들었다.

아테네의 '쇠파리'는 인간이 다이몬을 통해 스스로 보잘것없음을 깨달으면 교만을 버리고 가치 있는 삶을 추구할 수 있다고 보았다. 플라톤은 인간 개개인이 지닌 '지성(nous)'이 바로 다이몬이라며 인간의 삶은 물질적 요인이 아니라 지성의 능동적 활동에 이끌릴 때 완전할 수 있다고 주장했다. 플라톤의 정의는 합리적으로 보이지만 다이몬을 풍부하고 깊이 있게 이해하는 길을 가로막았다.

플라톤 이후 유럽 철학은 이성을 중시했다. 하지만 소크라테스는 『파이돈』에서 지혜를 사랑하는 철학의 목표가 '신들의 세계에 들어가는 것'이라고 밝혔다. 물론 소크라테스는 예수보다 500여 년 앞선 철학자이므로 그의 신은 기독교의 신 개념과 다르다. 소크라테스가 사형을 당하면서까지 '너 자신을 돌보라'고 호소했지만 아테네 사람들은—어쩌면 인류 대부분은—그의 당부에 모르쇠를 놓았다.

예수에서 비롯한 기독교는 392년 로마제국의 국교로 공인받으며 유럽의 중세철학을 이끌었다. 그 철학적 틀을 만든 아우구스티누스는 육체적 향락에 젖어 젊은 시절을 보내던 어느 순간 인간이 무엇이 선한 것인가를 알고 있으면서도 악한 것을 선택하는 현실에 문제의식을 느꼈다. 아우구스티누스는 그 까닭을 인간의 본성에서 찾았다. 인간은 누구나 자존감을 지니고, 다른 사람에게 지배욕을 갖는다는 것이다. 인간은 스스로 그런 의지와 욕구를 거부하고 '선'을 선택할 능력을 갖지 못한다고 보았다.

신의 은총을 중심에 둔 아우구스티누스의 성찰과는 사뭇 다른 사유가 13세기 들어 등장한다. 자신의 내면을 성찰함으로써 신과의 합일을 추구한 철학자들이다. 대표적으로 중세 스콜라철학 후반기에 등장한 에크하르트를 꼽을 수 있다. 그는 신(Gott)과 신성(Gottheit)을 구분했다. 신이 인간의 역사에 참여하는 '계시와 내재의 신'이라면, 신성은 '숨어 있는 신'이다. 신성은 신의 근저(Grund)로서 거기서 신과 만물이 흘러나온다. '순수한 잠재태'인 신성은 다양한 세계가 산출되는 역동적이고 관계적인 실재를 담고 있다. 신성 가운데 "있는 모든 것은 하나"[298]다.

에크하르트는 신을 알아가는 지성을 '영혼의 불꽃'으로 비유했다. 영혼에는 신적 형상이 자리하고 있기에 인간은 고요한 침묵 속에서 신을 느낄 수 있다. 신과 대화도 할 수 있으며 그 뜻을 깨달아 인간의 영혼 가운데서 신을 탄생시킬 수 있다. 불꽃이라는 상징이 암시하듯이 그는 인간 영혼을 신과 결합할 수 있는 영적 잠재성으로 인식했다.[299]

에크하르트에게 영혼의 불꽃인 인간 지성의 해방은 '비움'으로 시작한다. 인간이 스스로 자아를 버리고 태초의 거룩한 의식과 마주하려면 거짓 자아의 껍질에서 벗어나야 한다. 그가 깊은 자아의 내면적 성찰과 영적 정화의 과정을 중시하는 이유다. 신과의 합일을 가능케 하는 인간의 노력은 '비우고 떠남'을 실천하는 것이다. 그는 이것을 '정신적 가난'이라고 불렀다. 에크하르트는 세상의 모든 사물에 금욕적 포기를 의미하는 "집착을 버리는 것"과 모든 지식과 소망에 포기를 의미하는 '초연'을 강조한다. 초연은 조화로움이 아니라 '자기를 놓아버리는 것'이다.[300]

에크하르트의 철학은 그와 다른 종교적 전통을 가졌으나 거의 동시대 인물이었던 대표적인 이슬람 수피 철학자 루미에게서도 찾아볼 수 있다. 전통적 수피 철학은 대우주와 소우주를 구분한다. 대우주란 신의 이름과 본성들이 개별적 존재로 다양하게 표출되어 있는 모든 우주만물을 뜻한다. 소우주는 인간이다. 대우주는 외연적 형태, 객관적 실재, 세분화로 나타나고 소우주는 내면적 질서, 주관적 실재, 함축적으로 나타난다.[301]

루미는 대우주와 소우주의 결합이 완성된 인간, 이상적 인간을 '인간의 신화(神化)'로 표현했다. 그에 앞서 10세기 초반 수피즘의 대표적 시인이자 철학자인 알 할라지가 '나는 신이다'라고 말했듯이 루미도 "나는 곧 진실이고 신이다"라며 자신의 철학을 시적으로 표현했다.[302]

에크하르트나 루미의 철학은 기독교와 이슬람교에서 자신의 신만을 절대화하는 지독한 자기중심주의, 신을 인격화하는 자가당착의 유일신 신앙에서 벗어나 있다. 아무런 근거도 논리도 없는 환상적 주장으로 사실상 지배 세력의 '무기'가 되는 신비주의와도 거리가 멀다. 오히려 개개인의 내면 성찰은 물론 그에 근거한 사랑의 실천을 이끈다. 그것은 우주적 선험철학의 성찰적 노동과 다름없다.

그리스에서 소크라테스가 철학적 흐름을 형성하던 시대에 아시아에서는 불교·유가·도가의 철학이 정립되었다. 유럽 철학이 근대 세계를 열었다는 사실을 굳이 부정할 이유는 없지만, 그 한계가 확연히 드러난 지금 인간에 대한 깊은 성찰을 남긴 아시아 철학의 사유를 되새김질할 가치는 충분하다.

소크라테스보다 150여 년 전에 아시아에서 철학의 문을 연 철학자가 '붓다'로 불리는 고타마 싯다르타다. 그의 출생이 앞섰다고 하더라도 당시 유럽과 아시아 사이에 소통이 자유롭지는 않았기에 붓다가 소크라테스의 철학에 영향을 끼쳤다고 볼 수는 없다. 다만 '철학' 하면 곧 '서양철학'으로 등식화하는 선입견은 말끔히 버릴 필요가 있다.

붓다는 소크라테스를 대체해 '철학의 대명사'가 되어도 전혀 손색이 없을 만큼 사유가 풍부하고 깊다. 독일에서 출간된 슈퇴리히의 『세계철학사』도 제1부 제1장을 '고대 인도의 철학'으로 서술하며 붓다의 철학을 다뤘다.

붓다의 철학을 신성시하면서 불교로 퍼져갔지만 그 흐름과 유일신교를 같은 '종교'의 범주에 넣는 것은 유럽 문명과 아시아 문명이 만날 때 빚어지는 치명적 오해일 수 있다. 유럽의 기준으로 철학과 종교를 구분할 때 붓다의 사유는 종교가 아니라 철학이다. 다만 수행이라는 실천을 중시하는 철학이기에 '불교'라는 말 그대로 붓다의 가르침을 믿고 따랐을 따름이다. 그 점에서 불교라는 말은 기독교처럼 종교의 하나라기보다 '붓다의 가르침'으로 이해하는 것이 적실하다. 그가 남긴 말들을 신앙의 대상이나 법문 이전에 철학으로 이해하자는 뜻이다. 유럽 철학사의 오랜 물음인 '왜 아무것도 없지 않고 무언가 있는가'와 붓다의 철학이 상통하고 있기에 더 그렇다.

붓다는 인간이 자신의 의지와 무관한 생·로·병·사로 고통받는 현상을 탐구했다. 그 철학적 성찰의 고갱이가 무아(無我)다. 철학자 붓다는 존재론적으로 '나를 포함해 세상의 모든 것이 고정불변의 실체가 없다(諸法無我)'고 인식했다. 무아이기에 공(空)이다. 연기(緣起)는 세상의 모든 것이 독자적인 존재가 아니라 더불어 있으며 서로 영향을 주고받는 관계에 있고 그럴 만한 조건이 있어 생긴 것으로 파악한다. 따라서 그 조건, 곧 인연이 없어지면 존재도 사라진다. 존재하는 모든 것이 서로 분리할 수 없는 깊은 관계 속에 있다는 뜻이다.

불교에서 '깨달음'은 흔히 "언어 문자로 표현할 수 없는 신비하고 불가지한 경지로 묘사"되고 있지만, 붓다는 "깨달음을 고도로 수련된 높은 정신세계를 이루는 것이라 하지 않았다. 깨달음은 '잘 이해하는 것(understanding)'이라고 했다."[303] 연기와 공을 잘 이해하고 "존재들의 변화성과 관계성을 통찰"할 때 역사도 새롭게 열 수 있다.[304]

모든 것이 더불어 있음을 모를 때, 우리는 나와 남을 분리하며 '나'에 집착한다. 하지만 나와 남이 관계 속에 존재한다는 진실에 눈뜰 때, 우리의 삶은 자비의 실천으로 나아갈 수 있다. 모든 것이 변화하고 고정불변의 실체가 없다는 제행무상과 제법무아의 인식이 바로 연기의 지혜다.

나와 남이 둘이 아니라는 자타불이(自他不二)의 인식은 2600여 년이 흘렀지만 여전히 새롭고 혁명적이다. 물론 사람들은 무아를 선뜻 받아들이지 못한다. 그만큼 누구나 자아에 집착이 강하다. 붓다는 스스로 교만을 멀리했다. 틈날 때마다 자신은 결코 신앙의 대상이나 예배의 대상이 아니라고 강조했다. 철학자임을 선언한 셈이다. 여든 살까지 옹근 45년을 붓다는 하루도 쉼 없이 걸으며 거리의 민중을 만나 그들의 깨달음을 도왔다. 소크라테스의 '성찰적 노동'과 다르지 않다. 붓다가 제시한 개개인의 해탈은 우주적 선험철학으로 말하면 선험성의 탈피다.

동아시아 철학자들은 붓다의 철학을 수용해 불가의 흐름을 이루는 한편 오랜 세월에 걸쳐 공자의 철학에 몰입했다. 공자는 '인간이 마땅히 가야 할 길'을 도(道)로 개념화했다. 공자에게 도의 인식은 인간의 인간다운 길로 이어진다. 공자 철학에서 삶의 의미는 '천인합일'로 최상의 인격을 성취함에 있다.

인간다운 길에 가장 중요한 개념이 인(仁)이다. 통상 인은 '남을 사랑하고 어질게 행동하는 일'을 뜻한다. 유가의 철학적 정의는 '극기복례(克己復禮)'다. 자기를 넘어서 예에 따르는 삶이다. 인의 경지는 욕망에 빠지기 쉬운 자기 자신을 이겨내는 끊임없는 노력으로 달성된다. 자기를 넘어서는 극기가 개인의 문제라면, 복례는 사람과 사람 사이의 관계에 대한 문제이다. 사람과 사람이 서로 예의를 지켜야 옳다는 뜻으로 여기서 예의는 '본능이나 욕망을 이겨내며 살아가는 것'이다. 그 맥락에서 공자는 "자신이 바라지 않는 것을 남에게 행하지 말라(己所不欲勿施於人)"고 강조한다. 말은 쉽지만 실천하려면 극기가 필요하다. 자기가 하고 싶지 않은 일을 다른 사람에게 미루려는 욕망을 버려야 하기 때문이다.

다만 이상과 달리 현실에서 '예'는 신분 제도를 정당화하는 규범으로 작동했다. 여기서 우리는 철학이 사회적 존재를 사유하지 않을 때 의도와 달리 이데올로기로 전락할 수 있다는 철학사적 교훈을 확인할 수 있다. 철학자 박동환의 다음과 같은 물음을 새겨야 할 이유다.

"여전히 고대 그리스 철학자들을 '진리의 거장'으로 부르거나 아니면 고대 중국 철학자들을 천인합일에 의한 '도통의 완성자'라고 부르며 만족할 수 있을까? 철학은 인문학적 소양을 쌓는 고매한 학문이라는 몽상으로 대중을 마취시키는 일을 계속할 것인가?"[305]

박동환은 이어 "21세기 안에 다가올 것으로 예상하고 있는 대멸종의 원인은 천체를 떠도는 행성과의 충돌과 같은 자연으로부터 오는 재난이 아니라, 현대 인류가 향유하고 있는 지구 자원의 한계를 초과하는 소비지향의 양식에 말미암은 것"이라며 "지금 막 태어나고 있는 우리 다음 세대 아이들이 예상 수명으로 100년을 사는 동안 반드시 겪게 될 자연과 사람의 문제에 대하여 철학자는 무슨 이야기를 해야 할까"를 묻는다.

동·서 철학사에서 내면을 성찰하는 깊은 사유를 간략히 살펴보았듯이 인간의 내면을 성찰한 아시아와 유럽의 철학에는 '빈칸'이 있다. 내면을 사유하는 인간이 사회적 존재라는 사실이 그것이다.

그럼에도 동·서 철학사를 상징하는 붓다·소크라테스의 철학이 '지혜 사랑'에 머물지 않았다는 사실, 실천을 중시했다는 사실을 되새겨볼 가치가 있다. 그 인식과 실천이 신분 제도 타파까지 이르지 못했지만, 무명과 무지로부터의 각성은 현대철학이 놓치고 있는 '삶의 의미'를 사유하고 실천하는 길에 웅숭깊은 철학적 제안으로 남아 있다. 무명에서 벗어난 무아의 해탈과 무지에서 벗어나 자아를 돌보라는 성찰—동·서 철학사의 출발점인 붓다와 소크라테스 철학의 근간—은 동학의 인내천 철학과 함께 21세기 우주과학을 기반으로 한 철학적 사유에 녹아들어야 한다.

2. 우주철학과 우주적 인간

우주에 대한 실증적이고 체계적인 연구가 가능해지면서 21세기에 들어와 우주론의 철학이 등장했다.[306] 2017년에는 스탠퍼드 철학 백과사전에 "우주철학(philosophy of cosmology)" 항목이 개설됐다. 현재 영미

권에서 논의되는 다중우주론에선 "물리적 실재(physical reality)"와 "우리의 우주(our universe)"를 구분한다. 우리의 우주는 물리적 실재 가운데 우리가 관찰 가능한 부분을 이른다. 다중우주론은 우리의 우주만이 유일한 우주라는 가정에서 벗어나 '우리의 우주'와 '우주(the universe)'를 구분한다. 다중우주론의 우주에는 우리와 전혀 다른 물리법칙과 상수, 시공간 차원을 가진 평행우주가 포함된다.

다중우주의 가능성은 우리가 알지 못하는 물질과 에너지가 우주 공간의 대부분을 차지하고 있다는 사실로 인해 더 높아졌다. 23%의 암흑물질과 73%의 암흑에너지의 정체도 아직 밝혀지지 않은 상황에서, 기존 물리학 법칙으로 설명되지 않는 '암흑흐름(dark flow)'도 발견되었다. 우주의 물질들이 빠르게 같은 방향으로 이동하는 현상을 발견한 것이다. 암흑흐름을 주목하는 과학자들은 '우리 우주의 지평을 벗어난 구조가 있고, 그 구조가 우리 우주에 힘을 행사하고 있다'고 추정한다.[307] 시속 320만 킬로미터의 속도로 움직이는 암흑흐름의 영역에서는 시공간이 우리가 아는 것과 다른 것은 물론 별이나 은하가 없을 가능성이 크며 우리가 알고 있지 못한 무엇이 존재할 수 있다.

우주적 선험철학은 인간의 존재는 물론 인식 주체와 인식 과정 모두 빅뱅 이래 태양계와 지구 생명의 진화를 거쳐 인류에 이르는 우주적 사건으로 인식한다. 동·서 철학사의 관념적인 내면 성찰과 달리 우주적 성찰은 과학에 근거한 자기 성찰을 출발점으로 사유한다.

과학혁명 이후 지금까지 인류는 과학혁명을 통해 인간이 태어나고 살아가는 시공간을 규명해왔다. 앞으로 우주과학의 발전을 통해 우주의 진실을 더 정확히 이해할 수 있을 때 인간은 지구를 벗어나 먼 우주로 '여행'할 수도 있을 것이다. 암흑물질과 암흑에너지가 우주의 대부분이라는 사실에 주목하면, 지구에서 물리학을 연구해온 인류가 전혀 상상하지 못한 세계가 발견될 수 있다.

과학적 선험철학이 인간의 인식에서 내면의 성찰을 중시한다고 해서 관념적 선험론으로 회귀하는 것은 아니다. 내면의 인식 기관 또한 우주를 구성하는 부분이기 때문이다. 더 구체적으로 말해서 우주의 한 평범한 별의 셋째 행성인 지구에서 생물체 진화의 결과가 바로 인식의 주체인 인류이고 인식 기관도 마찬가지다.

우주적 선험철학의 인식론(그림 5)에서 논의했듯이 인식하는 주체인 인간과 인식하는 대상 모두 우주의 부분이다. 여기서 한 걸음 더 나아가면 인식하는 주체와 대상은 물론 우주 사이에 경계를 허물 수 있다.

인간이 바라보는 대상, 곧 인식 대상이 우주의 부분이듯이 인식 주체도 그렇다면 <그림 9>처럼 우주적 선험론의 철학을 바탕으로 '우주적 인간관'을 정립할 수 있다. 과학적 선험론에서 인식 주체는 인식 대

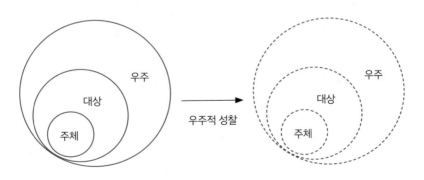

<그림 9> 우주적 선험론의 철학과 우주적 인간

상과 분리되지 않고 우주의 일부이자 자신을 둘러싼 대상(자연과 사회)의 일부로 존재한다. 여기서 더 나아가 인식 주체인 인간과 대상이 모두 우주라는 철학적 성찰, 우주적 성찰에 이르면 인식 주체와 대상, 우주의 경계선이 시나브로 옅어질 수 있다. <그림 9>의 오른쪽 그림에서 경계선을 점선으로 표시한 이유다. 화살표는 철학적 성찰과 사유를 의미한다.

인식 주체와 대상, 우주가 실은 모두 하나라는 인식은 관념적 주장이 아니다. 현대 과학이 밝혔듯이 우주의 모든 것은 실체적 존재가 아니라 관계적 존재다. 뇌를 비롯한 우리 몸의 물리적 구성도 우주와 같다. 우리가 미처 의식하지 못하고 있을 뿐 인간은 숨을 쉴 때도 이미 우주적 존재다. 우리의 "들숨에는 외부 대기에서 분해되고 남은, 아주 작지만 엄청난 양으로 우리의 내부에 도달할 우주 먼지의 잔해도 들어 있다. 분명 올해 언젠가 떨어진 유성의 입자도 들이마시게 될 것"[308]이다.

물론, 인식 주체인 인간과 대상 사이의 경계선—인간에게 그 경계선은 몸을 감싸고 있는 살갗—을 아예 부정해야 한다는 뜻은 아니거니와 생명체로서 존재하는 한 그럴 수도 없다. 다만 인식 주체인 인간이 눈앞의 인식 대상은 물론 우주와 관계적 존재임에 틀림없다면, 더구나 언젠가 <그림 9> 오른쪽의 주체가 죽음으로 사라질 운명을 피할 수 없다면, 더 나아가 대상도 언젠가 사라진다면, 빅뱅 우주의 틀 또한 더 큰 우주의 하나에 지나지 않는다면 지금까지 철학의 인식을 넘어서는 새로운 사유의 지평이 열릴 수 있다. 주체가 선험성을 벗어나 대상을, 우주를 만날 수 있다면, 그 인식은 실재와 하나가 된다. 그때—실재와 인간의 경계선이 살갗처럼 얇음을 인식할 때—인간은 우주적 인간으로 거듭날 수 있다.

양자역학으로 '관측에 의한 교란'이 드러났다고 해도 그것이 "물리학의 언어가 가진 명료함과 정확함의 수준에 이르지 못한 철학적 사변을 지지하는 데 오용되어서는 안 된다"[309]고 일찍이 라이헨바흐가 경계했지만, 모든 철학적 사유가 '사변'은 아닐뿐더러 '물리학의 언어'만 인간에게 진실한 것은 더욱 아니다. 더구나 과학의 끊임없는 탐구에 근거해 아직 과학적 진실이 발견하지 못한 영역까지 아우를 수 있는 인식론과 존재론의 정립은 철학의 시대적 과제다. 우주가 무한하더라도 현대 이론물리학자가 주장하듯이 '무한'은 우리가 아직 모르는 것에 붙이는 이름일 뿐이다. "자연은, 우리가 연구해보면, 결국에는 정말로 무한한 것은 없다고 말해주는 듯하다"[310]는 이론물리학자의 담담한 자세를 과학적 선험철학은 공유한다.

과학적 선험론이 과학적 성과를 바탕으로 철학적 성찰을 심화할 때 우주철학으로 나아갈 수 있다. '우주적 인간은 우주와 하나 된다'는 명제는 자칫 인간이 우주의 중심임을 주장하는 것으로 오인될 수 있다. 하지만 전혀 아님을 분명히 인식할 필요가 있다. 우주적 인간은 자신이 중심이 아니라는 과학적 사실을 망각하지 않는다. 그 점에서 칸트의 철학과 다르다. 칸트는 『실천이성 비판』의 맺음말을 다음과 같이 시작한다.

"더 자주, 또 더 오랫동안 성찰하면 할수록, 더욱 새롭고 더욱 큰 감탄과 경외감을 내 마음에 가득 채우는 두 가지 사물이 있다. 그것은 '내 머리 위에 별이 총총한 하늘과 내 마음속의 도덕 법칙'이다."[311]

칸트는 자신이 그 두 가지를 "그저 추측하지 않는다"며 "내 눈앞에서 보고, 그것들을 내 존재의 의식과 직접 결합한다"고 강조했다. '별이 총총한 하늘'을 자신의 의식과 "직접 결합"한다는 대목에서 우리는 우주철학과의 유사점을 발견할 수 있다. 하지만 칸트는 두 가지 가운데 후자에 더 무게 중심을 둔다. 전자는 "동물적 피조물로서의 내 가치를 부정"하지만, 후자는 "지성으로서의 내 가치를 내 인격성에 의해 한없이 높인다"[312]고 주장한다. 그는 "이 세계를 통해 또한 볼 수 있는 모든 저 우주적 세계의 결합은 감성적 하늘 세계처럼 우연적인 것이 아니라, 보편적·필연적인 것"이라고 설명한다.

칸트가 코페르니쿠스의 혁명을 흡수해서 인간 중심의 철학을 '건축'한 의도가 잘 드러나는 대목이다. 관념적 선험론과 과학적 선험론의 인식론적 차이가 우주를 자기중심으로 바라보느냐, 우주를 중심으로 자기를 바라보느냐의 차이로 나타난다고 볼 수 있다.

우주적 인간은 자신과 타인을 모두 우주의 부분으로 인식한다. 나도 남도 실체가 아니라 관계적 존재다. 이 지점에서 우리는 사람을 하늘처럼 섬기는 철학 정신을 되새겨볼 수 있다.

모든 개개인이 우주를 품고 있다면, 그 우주는 개개인의 나를 아우르는 큰 존재라면, 자신의 내면에 하늘을 모시는 시천주의 철학은 우주적 인간으로 이어진다. 언제나 우주를 의식하며 살아가는 존재로서 우주적 인간은 다른 사람도 그런 존재로 대하게 된다. 사람을 하늘처럼 섬기는[313] 철학이 우주철학과 이어지는 지점이다. '모든 사람을 우주적 존재로 존중하라'는 뜻으로 새길 수 있다.

우주적 존재로서 인간은 자신이 사회적 동물이라는 사실도 우주의 지평에서 인식한다. 우주와 인간 사이에는 지구를 둘러싸고 있는 대기

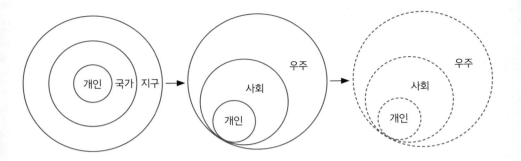

<그림 10> 근대적 사회관과 우주적 사회관

처럼 '사회'가—넓게 보면 인간에 속하지만—놓여 있다. '인간은 사회적 동물'이라는 명제에서 확인했듯이 개개인은 사회적으로도 동물로서도 관계적 존재인 만큼 '진공 상태'에서 태어나지 않는다. 과거가 농축된 사회에서 태어나 삶을 영위한다. 축적된 사회적 흐름이 역사다. 인식 대상인 사회와 떼려야 뗄 수 없는 관계적 존재로서 인간의 역사적 삶을 나타낸 것이 <그림 10>이다.

<그림 10>의 왼쪽 그림은 유럽이 주도한 근대 사회를 담았다. 근대 사회에서 개인의 발견은 큰 성과이지만 그 개인은 자본주의 국가에 속해 있다. 때로는 국가가 조장한 '애국심'으로 불타기도 한다. 개인과 국가, 지구(세계)는 모두 실체로서 사유된다.

그런데 제1·2차 세계대전을 거치며 인류는 국가에 대한 맹목적 애국심이 얼마나 큰 참사를 불러오는가를 경험했다. 가운데 그림은 개인이 자본주의 국가에 예속되지 않아야 함을, 그와 동시에 사회적 존재로서 자아 중심주의나 국가 이기주의에 매몰되지 말아야 함을 나타냈다.

자신이 그렇듯이 자신이 속한 국가 또한 지구의 중심이 아님을 망각하지 않는다.

가운데 그림이 현재 인류가 과학적 선험철학으로 일궈야 할 사회상이라면 오른쪽 그림은 그 지향점이다. 점선은 자아 중심주의적 존재나 국가주의적 사고에서 벗어난 개인이 사회에 자신을 열어놓는 자유로움을, 우주적 인간이 주도하는 사회 또한 우주 앞에 열려 있음을 표현했다.

3. 사회적 황금률과 우주적 삶

과학적 선험론이 추구하는 우주적 삶은 현실이 자본주의 사회임을 망각하지 않는다. 신자유주의적 세계화와 모든 사람의 우주적 본성이 꽃피는 우주적 사회는 공존할 수 없다. 단적으로 지구촌의 식량 생산이 현재 지구 인구의 두 배에 가까운 사람들이 먹고살 수 있을 만큼 충분함에도, 열 살 미만의 어린이가 5초마다 한 명씩 기아로 목숨을 잃는 현실은 인류라는 종의 수치다. 그렇게 죽은 어린이 한 명 한 명이 모두 우주를 품고 있었기에 더 그렇다.

문제는 보수적 관점이냐, 진보적 관점이냐가 아니다. 중요한 것은 우주적 관점이다. 유엔 인권위원회 식량 특별조사관도 고발했듯이 "기아로 죽는 아이는 살해당하는 것이나 마찬가지"다. 사회적 살해라는 뜻이다.[314] 지구촌이 정보통신망으로 촘촘히 이어진 21세기 지구촌에서는 더욱 그렇다.

식량마저 투기의 대상으로 삼은 신자유주의적 세계화의 '대량 학살'

이 이어지는 한 우주적 사회는 구현될 수 없다. 신자유주의 이데올로기는 자신들의 자유관 앞에 '새로운'을 붙였지만 낡은 시대의 자본이 부르짖은 자유와 다를 바 없다. 신자유주의 시대에 인간의 진정한 자유는 경제로부터의 자유, "나날의 생존을 위한 투쟁에서의 자유, 생활비를 벌어야만 한다는 것으로부터의 자유"에서 출발해야 한다.[315]

경직된 유물론은 기아로 죽어가는 아이들의 해결책으로 세계적 차원의 자본주의 폐기를 주장할 수 있다. 하지만 과학적 선험론은 식량 특별조사관이던 지글러가 명쾌하게 내놓은 해법, 각국이 증시 관련 법률에 '기초 식량에 대한 투기 금지' 조항을 추가하고 다국적 기업의 아프리카 토지 매입을 규제하는 방안들을 존중한다.

무릇 "인류는 언제나 자신이 풀 수 있는 문제들만을 제기해왔다."[316] 지구촌의 '어린이 대량 학살'에 과학적 해법이 있듯이 자본주의 체제의 구조적 문제점들을 풀어갈 수 있는 법제화 방안들이 있다.

무엇보다 신자유주의와 다른 세계화는 불가능하다는 판단은 전혀 사실과 다르다. 각 나라의 정부가 국내의 사회 경제 정책을 자율적으로 운용할 수 있는 역량, 가령 농업이나 일부 제조업을 시장 개방으로부터 보호하고 노동과 복지에 대한 독자적 정책적 재량을 갖는 "더 나은 세계화"는 미국 하버드대학 경제학 교수가 보기에도 얼마든지 가능하다.[317]

결국 각국의 정부로 하여금 민주주의 성숙 단계의 법과 제도를 마련케 하는 힘은 주권자인 민중으로부터 나온다. 현대 법철학은 "최대의 행정과 최적의 시장이 아니라 최대의 민주주의와 최적의 법치국가가 최선의 복지"를 구현할 수 있다[318]며, 현재의 사회복지국가를 더 높은 단계로 견인하기 위한 '의사소통의 중요성'을 강조하고 있다. 지구촌 인구의 대다수인 모든 나라의 민중이 소통하며 연대할 방안을 찾는 일 또한 성찰적 노동에 주어진 과제다.

앞으로 인류 문명은 내면의 외화에만 기댈 수 없다는 사실을 '1·2차 세계대전'으로 상징되는 근대 문명의 비극과 '자본세(capitalocene) 위기'를 맞고 있는 21세기 지구 상황을 통해 확인할 수 있다. 지구온난화의 위험이 또렷하게 드러난 것은 1980년대 들어서였다. 그럼에도 이산화탄소와 메탄, 질산의 배출량은 해마다 가차 없이 늘어나고 있다. "길고 어려운 국제적 협상을 통해 만들어낸 감축 목표라는 것이 고작해야 세계의 1년 배출량 정도를 상쇄하는" 수준이었다. 그만큼 "지난 200년 동안 전 세계를 지배해온 경제적·사회적 세력들의 힘이 너무나 강하"기 때문이다.[319] 바로 자본의 힘이다.

근대문명에서 생태문명으로의 전환을 역설한 김종철이 "가장 중요한 것은 역시 '정치'라는 결론을 다시 내리지 않을 수 없"었던 까닭도 200년 넘게 지구촌을 지배해온 자본의 힘에 있다. 그의 숙고처럼 "자본주의의 어리석은 탐욕에 맞서고, 기후변화가 파국으로 치닫는 것을 막고, 다수 민중의 삶을 보호하고, 자연세계를 보존하는 데 필수적인 것은 '합리적인 정치'이다. 그리고 현 단계에서 합리적인 정치란 온전한 의미의 민주정치"이다.[320] 김종철이 강조한 "온전한 의미의 민주정치"는 성숙 단계의 민주주의일 터다. 문제는 그 단계를 일궈낼 정치의 주체, 주권자인 민중의 역량으로 다시 귀결된다. 자본세의 위기로부터 지구의 생태계를 되살려내려면, 그 철학을 구현해 나갈 정치가 자리 잡으려면 지난 200년에 걸쳐 언론과 교육을 통해 인간의 내면까지 깊숙하게 침투한 이데올로기에서 벗어나야 한다.

민주주의가 성숙 단계로 들어가는 새로운 문명은 인간 내면의 사회적 선험성은 물론 생물적 선험성에서도 벗어날 내면의 심화에 기반을 두고 형성해가야 한다. 인간 내면의 심화와 외화, 다시 말해 성찰과 노동을 두 바퀴로 건설되는 문명의 인식론이 바로 우주(과학)적 선험철학이다. 새로운 문명을 일궈가려면 적어도 한 사회의 언론과 교육은 자본과 권력의 논리에서 자유로워야 한다. 그 법제화가 민주정치의 고갱이다.

과학적 선험철학을 인식론으로 펼친 우주철학의 얼개를 간추리면 <표 4>와 같다. <표 2> '인간의 유적 본질'과 비교하면 주체, 몸, 객체의 구분이 달라졌다. 주체와의 관계적 존재로 융합되었다. 주체와 객체는 물론 둘 사이를 잇는 몸까지 각각 실체적 존재가 아니라는 뜻이다.

현대를 살고 있는 모든 '나'는 생산 행위와 언어 행위를 통해 내면의 외화로서 노동하는 틈틈이 자신의 내면을 성찰하며―생각하는 힘을 키우며―살아간다. 생산 행위와 언어 행위는 본디 경계선이 또렷하지 않았지만 디지털 시대에 들어오면서 더 밀접해졌다.

과학적 선험철학은 주체인 '나'는 물론 객체인 자연과 인간, 자신의 내면 모두 우주의 일부라는 진실을 중시한다. 관계적 존재로서 주체가 성찰(내면의 심화)과 노동(내면의 외화)을 통해 <그림 9>와 <그림 10>처럼 우주와의 경계를 허무는 단계를 <표 4>는 '궁극적 실재와 나의 어우러짐'으로 나타냈다. 성찰과 노동, 노동과 성찰이 선순환을 이루며 나아갈 때 주체는 자신을 품고 있는 우주에 점점 섞여들며 어우러진다.

앞서 제시한 그림들에서 화살표로 표현한 성찰적 노동이 중요한 까

<표 4> 인간의 유적 본질과 우주철학

관계적 존재	미디어	소통	유적 본질	궁극적 주체
나와 자연	손→석기·청동→철기·디지털	생산 행위	노동 (내면의 외화)	나⊂우주 →우주
나와 인간	입·말→글·인쇄·방송→인터넷	언어 행위		
나와 내면	뇌→생각근육(학습과 수련)	자기 대화	성찰 (내면의 심화)	

닭은 우주적 선험성을 우리 개개인이 지니고 있어서다. 그 선험성을 해체하는 성찰로 우주적 인간에 이르고, 우주적 인간의 철학으로 선험성을 해체해가야 한다. 성찰적 노동 없이 '우주적 사회'를 실현할 수 없기 때문이다. 거듭 강조하지만 그 성찰은 우주과학에 근거한 성찰이다.

우주철학은 '어떻게 살 것인가'에 인류가 오랜 세월에 걸쳐 성찰로 다듬어온 '황금률'을 존중한다. 황금률(Golden Rule)은 말 그대로 "황금과 같은 율법"이다. '불변의 진리'를 상징하는 '금'은 본디 우주의 거대한 별이 죽음을 맞는 초신성 폭발에서 생겨났다.[321] 폭발의 잔재가 태양계가 탄생하는 성운으로 흘러들어 오늘날 인류에게 사랑과 결혼, 다음 세대의 첫 생일을 축하하는 귀금속이 되었다.

철학사를 톺아보더라도 모든 사람이 여러 시대에 걸쳐 공감할 윤리를 찾기란 쉽지 않다. 우주적 선험철학의 인식론은 누구도 절대적 관점을 지닌다고 보지 않기에, 다만 깊은 성찰과 노동으로 우주적 관점에 다가갈 수 있다고 보기에, 언제나 우주적 어둠을 응시하는 겸손한 인식론이기에 황금률과 논리적 정합성을 갖는다. 놀랍게도 황금률에 대한 동아시아, 인도, 중동, 유럽의 사유는 일치한다.

황금률은 널리 알려진 간명한 명제 이전부터 인류의 지혜로 제시되었다. 붓다는 "당신에게 소중한 것은 다른 사람에게도 소중한 것이니 당신에게 고통스러운 것으로 다른 이를 고통스럽게 하지 말라"라 했고, 그리스 철학을 연 탈레스는 "우리가 비난하는 타인의 행동을 결코 하지 말라"고 강조했다. 이어 플라톤은 "나의 재산을 다른 사람이 마음대로 다루기를 원하지 않듯이 나도 다른 이들의 재산을 마음대로 다루지 말 것"을, 아리스토텔레스는 "덕이 있는 사람은 자신에게 하듯이 친구를 대할 것"을 권했다. 자이나교는 "수도자는 모든 존재자들을 자신이 대우받기를 원하는 대로 대우해야 한다"고 가르쳤다. 힌두교에서도 "모든 창조물을 자신처럼 생각하고 마치 자신에게 하듯 그들에게 하는 사랑"을 아힘사(ahimsā, 모든 피조물들에 대한 사랑의 원리)로 표현했다.[322]

동·서양에서 공식화된 황금률은 공자의 "내가 바라지 않는 것을 남에게 행하지 말라"와 예수의 "무엇이든지 남에게 대접받고자 하는 대로 너희도 남을 대접하라"를 꼽을 수 있다. 황금률은 동서양의 주요 종교들뿐만 아니라 근대에 이르기까지 철학과 정치사상에서 선과 악을 구분하는 데 보편적으로 적용되어 왔다.

황금률을 논리적으로 다듬은 칸트는 "인간을 언제나 동시에 목적으로 대우하고 한낱 수단으로 대우하지 말라"는 실천명령을 내놓았다. 칸트 이후 황금률은 더 논의되지 않다가 현대에 들어와 몇몇 철학자들이 재조명에 나서기도 했다.

되새겨볼 대목은 붓다철학의 고갱이다. 다양한 종교와 철학에 나타나는 황금률이 '타인을 자신처럼 대하라'고 하지만 '나'와 '남'을 각각 단일하고 독립적인 실체로 전제하는 한계가 있다. 하지만 자타불이는 '나와 분리되어 있지 않은 남을 자신처럼 대하라'는 황금률이다.[323] 간결하게 '나와 남은 둘이 아니다'를 붓다의 황금률로 정리할 수 있다.

우주철학은 황금률이 구현될 수 있도록 인간의 선험성에 주목한다. 그 실천을 가로막는 내면의 '어둠'을 인식하고 성찰하는 자기 대화를 중시한다. 황금률에 정치경제적 조건을 성찰하는 것은 그 학습과 수련의 결과이자 과학적 선험론의 귀결이다.

전통적 황금률은 '어떻게 살 것인가'에 개인적 성찰만을 강조한다. 하지만 그것만으로는 부족하다. 그와 동시에 새로운 황금률을 병행해야 한다. 붓다의 황금률에 '나와 남이 하나일 수 있는 정치경제적 조건을 만들라'를 더할 수 있다. 공자의 그것에 "내가 바라지 않는 것을 남에게 행하지 않을 수 있는 정치경제적 조건을 만들라"를 더할 수 있다. 예수의 그것에도 "무엇이든지 남에게 대접받고자 하는 대로 너희도 남을 대접할 수 있는 정치경제적 조건을 만들라"를 더할 수 있다. 칸트의 실천명령에 대해서도 "인간을 언제나 동시에 목적으로 대우하고 한낱 수단으로 대우하지 않을 수 있는 정치경제적 조건을 만들라"를 더할 수 있다.

우리는 그것을 '사회적 황금률'로 명명할 수 있다. 종교적 배경을 가진 준칙을 선택하는 것이 보편적이기 어렵다면, 칸트의 실천명령에 동학의 철학을 더하여 사회적 황금률을 다음과 같이 제안할 수 있다.

"모든 사람을 우주적 존재로 존중하고 한낱 수단으로 대하지 않을 정치경제적 조건을 만들라."

황금률과 사회적 황금률의 관계는 선후관계가 아니다. 굳이 선후관계를 따지려면 외려 후자가 선행 조건이다. 자본의 논리가 지배하는 체제에서 사회 구성원들은 민중이든, 정치·경제·사회적 권력을 지닌 사람이든 황금률을 따르기 쉽지 않다. 인간을 목적인 동시에 수단으로 대우하라는 칸트의 제안은 각자도생의 사회에선 구현되기 어렵다. 러시아 혁명의 실패로 자본의 논리가 한층 강화된 현대 자본주의 사회가 구성원 개개인의 의도와 무관하게 황금률에 따라 살아가기 힘들도록 조건화하고 있기 때문이다.

하지만 우주적 선험철학은 사회적 선험성은 물론 생물적 선험성도 사회적 교육·언론·노동을 통해 넘어설 수 있다고 제안한다. 자기 내면의 선험성을 인식하며 성찰할 수 있을 때 자유로운 삶이 가능하다.

인류는 가족→씨족→부족→민족을 떠나 비로소 모든 인간을 '동포'로 인식할 수 있는 과학적·철학적 지혜에 이르고 있다. 물론, 자본의 논리가 지구촌을 지배하고 있기에 그 지혜가 온전히 구현되지 못하는 현실을 모르지 않는다. 하지만 바로 그래서 우주적 관점의 우주철학이 더 요청된다. 일찍이 인류 최초로 우주에서 지구를 바라본 가가린은 "우리가 서로 다투기에는 지구가 너무 작다는 것을 깨달았다"고 밝혔다. 그 생생한 깨달음을 우주철학은 '우주적 관점'으로 공유한다.

마르크스가 "낡은 유물론의 입각점이 시민사회(civil society)인 반면 새로운 유물론의 그것은 인간적 사회(human society)또는 사회적 인류(social humanity)"임을 주장한 논리의 연장선에서 정식화하자면, 우주철학은 과학적 선험론의 입각점을 우주적 사회(cosmic society) 또는 우주적 인류(cosmic humanity)로 설정한다. 근대 사회의 이념형으로 '시민사회→인간적 사회→우주적 사회'로 단계 설정도 가능하다. 인간적 사회도 온전히 구현되지 못했다는 비판이 나올 수 있지만, 우주적 사회 개념에는 인간 중심주의를 벗어나자는 뜻이 담겨 있다. 그때 지금까지 '세계 시민주의'로 번역되어 온 'Cosmopolitanism'도 본디 뜻 그대로 이미 몇몇 학자들이 논문에서 쓰고 있듯이 '세계주의'로 옮기는 것이 적실하다.

과학자들은 지금까지 지구에서 태어난 인간의 개체 수를 1000억 명으로 추산하고 있다. <표 4>에 간추렸듯이 인간은 생산 행위·언어 행위·사유의 소통을 통해 자아를 실현하며 개성을 구현해왔다. 다만 여기서도 명확한 사회적 인식이 필요하다. 우주에 나타났다가 사라진 1000억 명의 사람들 가운데 과연 얼마나 자기 개성을 구현했는가를 성찰하면 새삼 민중을 억압했던 정치·경제 권력에 대한 '분노'[324]와 함께 왜 민주주의 성숙이 절실한가를 확신할 수 있다. 정치든 경제든 권력은 모든 개개인이 자신의 개성을 꽃피울 수 있는 정치경제적 조건을 마련할 의무가 있고 그때 비로소 정당성을 가질 수 있다. 거꾸로 개개인은 그런 정치경제적 조건을 이루기 위해 권력을 민주화해 나가야 할 의무가 있다. 권력을 지닌 사람들과 민중 모두 사회적 황금률을 몸에 익혀야 한다. 그들의 비율이 높아지는 만큼 민주주의는 성숙한다.

자아실현의 궁극은 자기중심주의 인식의 오류에서 벗어나 우주와 하나 되는 데 있다. 개개인이 자신의 선험성을 해체함으로써 이르는 궁극적 주체를 우주라 하는 것은 '인간의 우주화, 우주의 인간화'를 뜻한다.

인간이 우주와 하나로 섞인다고 해서 그 '우주'가 단일한 것은 아니다. 인간이 '동일성 철학'으로 우주에 다가간다면, 아직 우주와 어우러지지 못했다는 방증이다. 우주는 개개 인간의 개성과 '차이'만큼 다채롭다. 현대 생명과학은 유전자 연구를 통해 모든 인간 개개인이 생물학적으로 유일한 존재임을 확인해주었고, 현대 심리학은 인간의 지능이 다양하다는 사실을 규명했다. 개개인의 개성은 과학적 근거를 지녔거니와 인간의 얼굴이 모두 다르다는 현실 인식에서도 쉽게 확인할 수 있다.

모든 사람이 자신의 개성과 차이를 다채롭게 꽃피울 때 우주가 더 아름다울 수 있다면, 우주적 사회를 이루는 철학은 분명하다. 모든 개개인이 자기를 실현할 수 있는 정치경제적 조건을 갖춘 민주주의 정치 공동체, 사회적 황금률이 사람들 사이에 불문율이 된 공동체가 우주적 사회다.

황금률과 사회적 황금률을 따라 살아가는 길은 자비·인·사랑을 실천하는 가장 좋은 방법이자 그 자체가 우주적 인간에 이르는 성찰적 노동이다. 사회적 황금률이 구현되지 못한 사회와 우주적 인간은 양립할 수 없다. 하물며 우주의 인간화, 인간의 우주화는 말할 나위 없다. 우주 철학이 과학적 선험론과 사회인식론을 두 뼈대로 구성된 까닭이다.

여기서 "모든 사람을 우주적 존재로 존중하고 한낱 수단으로 대하지 않을 정치경제적 조건"이 너무 막연하거나 이상적이지 않은가 의문을 던질 수 있다. 하지만 과학적 선험론은 사회주의 사회의 도래는 필연이라는 유물론의 인식론에 비판적이고, 자본주의를 넘어선 사회가 사회주의라는 '과학적 사회주의론'에도 동의하지 않는다. 그렇다고 자본의 무한 증식 논리가 사회를 지배하는 체제를 옹호하지 않는다. 사회적 황금률을 실천하는 성찰적 노동으로 정치와 경제를 비롯해 모든 권력이 민중으로부터 나오는 주권 사회를 차근차근 구현해간다. 그때 민주주의는 탄생→성장→위기→성숙 단계를 넘어 '완숙 단계'로 접어들 수 있다. 완숙 단계 이후는 지금의 인류와 다른 새로운 사유로 민주주의를 넘어 새로운 사회의 탄생을 설명하는 개념과 이론이 나타날 것이다. 미디어 혁명으로 변화의 속도가 빨라졌지만, 위기를 벗어나 성숙 단계를 온전히 구현하는 데도 탄생기와 성장기가 그랬듯이 한 세기 넘게 걸릴 수 있다.

무릇 철학은 명사가 아니라 동사다. 인류 역사상 처음으로 모든 사람이 철인이자 언론인으로 활동할 수 있는 시대[325]가 열렸다. 18세기 유럽인들은 계몽철학자들을 그들이 출간한 백과사전을 따 '백과전서파'라 불렀지만, 21세기 인류는 '인터넷 백과사전'에서 누구나 손쉽게 철학적 개념과 철학자들의 사상을 탐색할 수 있는 시대를 열었다. 자본주의 사회에서 살아가는 개개인이 삶의 여러 문제와 부딪치면서 자기 생각을 다듬어가는 과정, 그 과정에서 앞서 살다간 철학자들의 개념을 살피며 자기 생각을 키우는 고투가 바로 철학함이다. 과학적 선험론과 사회인식론의 우주철학은 철학의 촛불이자 촛불의 철학을 감히 자임한다. 우주적 인간의 철학, 철학하는 민중의 철학이기를 소망한다.

우주적 사회는 우주적 인간의 성찰과 노동으로 이룰 수 있고, 우주적 인간은 우주적 사회를 통해 내면을 심화한 만큼 더 창조적 외화를 이룰 수 있다. 그 과정에서 우주는 아름다운 사람들의 사회로 빛날 수 있다.

맺음말

우주적 관점에서 우주의 관점으로

인간이란 무엇인가. 철학의 오랜 물음으로 이 책을 쓰기 시작했다. 지금까지 현대 우주과학을 밑절미로 그 물음을 되새김질하며 인류의 우주적 진실과 삶의 의미를 담아 우주철학(cosmic philosophy)을 제안했다. 과학적 선험론의 인식론·존재론과 사회인식론이 두 기둥이다. 과학적 선험철학은 '우주 망각'과 '과학적 존재론', '생물적 선험성' 및 '사회적 선험성', '어둠의 인식론'과 '우주적 인간'을 주요 개념으로 전개했다. 사회인식론은 인간의 유적 본질을 '성찰(내면의 심화)'과 '노동(내면의 외화)'으로 제시하며 '성찰과 노동의 선순환과 악순환', 정치 생명체로서 '민주주의 단계론' 및 '주권 혁명', '미디어 혁명', '사회적 황금률', '우주적 사회' 개념들을 서돌로 삼았다.

인간이란 무엇인가라는 물음에 우주철학의 답은 간결하다. '우주인(cosmic people)'이다. 이 책에서 논의했듯이 우주인은 '우주적 관점으로 살아가는 우주적 인간'이다.

우주과학의 관점에서 모든 인간은 이미 우주인이다. 자신이 우주에 살고 있음을 의식하는 순간 그렇다. 우리 몸을 구성하는 원소들이 별에서 왔을 뿐만 아니라, 우주에서 지구 자체가 해와 함께 빠르게 돌고 있는 '우주선'이다.

우주철학의 관점에선 우주의 인간화와 인간의 우주화를 이룬 사람이 우주인이다. 그럼에도 우주철학의 주체를 굳이 민중으로 호명한 까닭은 우주적 인간으로 거듭날 가능성이 가장 높은 사람들이기 때문이다. 물론, 경제권력·정치권력·사회문화 권력을 소유하고 있는 사람들도 우주철학의 성찰로 얼마든지 우주인이 될 수 있다. 자신이 소유한 권력을 민중에게 봉사하는 도구로 쓸 때, 모든 권력이 민중으로부터 나오는 '민주주의 성숙 단계'에 동참할 수 있다.

인지과학은 "권력과 존경을 얻으려는 인간의 욕망"을 경고하며 그것이 "자기기만과 독선에 빠지기 쉬운 약점과 결합해 종종 재앙을 불러들이고, 특히 그 권력이 인간의 이기심을 뿌리 뽑는다는 식의 돈키호테식 목표에 맞춰질 때는 더욱 끔찍한 불행을 낳는다"[326] 고 경고한다.

"지배와 존경에 대한 충동"이 인간 본성의 특성이라는 핑커의 주장을 과도한 일반화로 비판할 수 있다. 다만 '존경'은 아니더라도 인정받으려는 욕망, 자신의 삶이 가치 있음을 확인하고 싶은 욕망은 누구에게나 있다고 보는 것이 현실적이다. 죽음에 이르는 삶의 의미와도 직결되는 문제이기에 더 그렇다. 우주철학은 인간에게 '인정받으려는 욕망'을 부정하지 않는다. 다만 그 욕망의 충족이나 삶의 의미가 다른 사람과의 비교에서 이뤄지는 것이 아님을, 우주와의 관계에서 이뤄지는 것임을 강조한다.

우주철학은 우주과학의 발전을 추동하며 인문사회과학의 기반이 될 수도 있다. 문학과 예술에도 영감을 줄 수 있다.[327] 우주철학은 무수한 개성들이 꽃을 피우는 우주적 사회를 지향한다.

인간 중심주의를 비판적으로 성찰하는 우주철학은 다른 생명체의 권리도 존중한다. 개개인의 눈에 보이는 우주가 동일하지 않듯이 다른 생명체의 관점에서 우주는 다르게 보인다. 공룡의 우주와 개미의 우주는 인간의 우주와 다르다. 인류가 바라보는 우주와 다른 외계 생명체가 보는 우주 또한 다를 수 있다. 우주는 그래서 더 장엄하다. 그 먹빛 우주에, 우리가 미처 모르고 있는 암흑물질과 암흑에너지에, 인식 주체와 객체 모두에 깃든 어둠에 우주철학은 촛불을 켠다.

어둠은 절망의 빌미가 아니라 희망의 근거다. 우리가 미처 모르는 무언가를 발견할 수 있는 시공간이다. 촛불은 인간 내면의 어둠을 밝히는 학습과 수련의 성찰, 어두운 세상을 밝게 일궈가는 노동을 은유한다. 끝없이 캄캄한 우주에 끝없이 다가가는 성찰적 노동에서 우리는 삶의 창조적 의미를 찾을 수 있다.

삶의 필연인 죽음을 '존재의 사라짐'이 아닌 '우주로 돌아감' 또는 '집으로 들어감'으로 인식할 때, 창조적 열정은 "불안의 으스스함"[328]이 아니라 경이의 두근거림에서 나올 수 있다. 삶을 학습하고 수련하는 성찰로 노동하는 삶은 아름답다. 예술이다.

우리 안팎의 어둠을 밝히는 촛불은 우주철학의 상징이다. 우주의 모든 별들도 모든 생명체가 그렇듯이 촛불의 유한성과 연소성을 공유한다. 별 또한 우주의 촛불이다. 그렇게 본다면 모두 우주의 자기표현이자 자기 대화다. 그 순간 우리는 우주인으로서 한 단계 더 나아갈 수 있다. '우주적 관점으로 살아가는 우주적 인간'이 우주과학에 토대를 두고 있다면, 우주철학을 체화한 우주인은 '우주적 관점'에 머물지 않는다.

우주의 관점으로 도약한다. 사유의 혁명, 혁명적 사유다.

　여기서 우리는 우주인의 삶을 두 단계로 구분할 수 있다. 우주적 관점을 지닌 기초 단계와 우주의 관점을 지닌 심화 단계. 우주적 관점에서 우주의 관점으로 전환을 모색할 때 우리는 동학의 인내천과 붓다의 무아, 니체의 철학에서 도움을 받을 수 있다. 니체는 "많은 것을 보기 위해서는 자기 자신으로부터 눈길을 돌릴 줄도 알아야 한다"며 자기 자신의 관점을 넘어서야 한다고 주장했다. "깨달음에 이른 자이면서 지나치게 덤벙대는 눈을 가졌다면 일체의 사물에서 전면에 드러난 근거 이상을 볼 수 있겠는가"[329]라 경고하고 자신을 뛰어넘어 오르라 했다. 흔히 오해하고 있지만 니체는 '자아'에 집착하지 않았다. 그는 "너희들은 자아(Ich, 나) 운운하고는 그 말에 긍지를 느낀다. 믿기지 않겠지만 그 자아보다 더 큰 것들이 있으니 너의 신체와 그 신체의 커다란 이성이 바로 그것이다. 커다란 이성, 그것은 자아 운운하는 대신에 그 자아를 실행한다"[330]고 주장했다. 우주철학은 니체의 몸에서 더 나아간다. 굳이 니체의 문법으로 표현하자면 몸의 이성보다 커다란 이성이 요구되기 때문이다. 그 '커다란 이성'을 우주의 이성으로 이름 부를 이유는 없다. 이성이라는 언어가 상투적이기 때문만은 아니다. '커다란 이성'은 이성을 넘어선 무엇, 우리가 아직 알지 못하는 무엇이다. 과학에 근거한 철학적 고투로 우리가 우주의 관점을 지닐 때 인내천도, 무아도, '몸의 이성'도 새롭게 이해할 수 있다.

　우주의 관점으로 도약은 깊은 성찰을 요구한다. 인간의 관점에서 우주를 철학하는 것이 아니라 우주의 관점에서 인간을 철학한다. 우주와 하나로 어우러질 때—사실 우주의 모든 것은 '나'를 포함해 이미 관계적 존재다―내가 하는 일은 우주가 하는 일이 된다. 개개인의 말, 손, 뇌는 우주의 말, 우주의 손, 우주의 뇌가 된다. 인간의 인식이 곧 우주의 자기 인식이고, 우주적 성찰은 곧 우주의 성찰이 된다. 성찰적 노동은 우주의 노동이 된다.

우주 스스로 우주를 아름답게 한다. 바로 여기서 우주적 삶의 의미를 발견할 수 있다. 인간의 뇌, 인간의 인식 자체가 우주의 자기 인식이 되는 과정은 과학적 근거도 있다. 신경과학적 분석이 그것이다. 뇌의 시냅스는 "언제나 새로운 연결들이 만들어지기 위해 기다리고 있다."[331] 신경과학은 학습이 바로 시냅스의 가소성이라고 제시한다. 성찰적 노동과 노동의 성찰이 가소성[332]을 무장 높일 수 있다.

우주과학과 철학의 관점만이 아니라 우주의 관점에서도 모든 인간은 이미 우주인이다. 인간은 우주의 산물이다. 우주의 인간이 '우주의 관점으로 바라볼 때, 과학과 철학은 우주의 자기 인식 놀이다. 본디 과학과 인문학 모두 인간 뇌의 동일한 창의적 과정들을 통해 나왔거니와 서로 상보적이며 "과학의 발견적이고 분석적인 힘이 인문학의 내성적 창의성과 결합된다면, 인간 존재는 무한히 더 생산적이고 흥미로운 의미를 지니게 될 것"[333]이다.

우주의 자기 대화, 자기 인식 놀이가 과학과 철학이라면, 노동과 사랑과 예술은 우주의 창조적 놀이다. 우주 스스로의 놀이에 미디어가 바로 인간이다. 어쩌면 우주를 인식하는 인간이 거꾸로 우주의 인식 기관일 수 있다. 우주의 아름다움을 우주 스스로 보는 눈은 인간의 눈에 머물지 않는다. 우주철학에서 우주인은 물론 모든 생명과 물질이 우주의 창작, 우주의 예술이다. 그럼에도 철학은 우주를 망각해왔다.

여기까지 전개한 우주철학의 뼈대를 이루는 명제는 다음 다섯 가지다.

1. 지금까지 철학은 우주를 망각했다.
2. 새로운 사람은 새로운 사회의 조건이고 새로운 사회는 새로운 사람의 조건이다.
3. 민주주의는 민중이 주권을 구현해가는 기나긴 혁명으로 탄생→성장→위기 단계를 거치며 성숙 단계의 들머리에 있다.
4. 모든 사람을 우주적 존재로 존중하고 한낱 수단으로 대하지 않을 정치경제적 조건을 만들라.
5. 우주인은 우주적 관점과 우주의 관점에서 성찰과 노동으로 삶을 창조한다.

첫째 명제 '지금까지 철학은 우주를 망각했다'가 우주적 선험철학의 인식론적 선언이라면, 둘째 명제 '새로운 사람은 새로운 사회의 조건이고 새로운 사회는 새로운 사람의 조건이다'는 인류의 유적 본질을 성찰과 노동으로 정의한 사회인식론의 기반이다. 셋째 명제 '민주주의는 민중이 주권을 구현해가는 기나긴 혁명으로 탄생→성장→위기 단계를 거치며 성숙 단계의 들머리에 있다'는 새로운 민주주의 철학의 정치론이다.

넷째 명제 '모든 사람을 우주적 존재로 존중하고 한낱 수단으로 대하지 않을 정치경제적 조건을 만들라'는 사회적 황금률은 과학적 선험철학의 윤리학이다. '우주인은 우주적 관점과 우주의 관점에서 성찰과 노동으로 삶을 창조한다'는 마지막 명제에서 우리는 그 성찰적 노동이 사회적 황금률의 정치경제적 조건을 구현하는 길과 이어져 있음을 확인할 수 있다.

미디어가 발달하지 못한 시대에 민주주의 성장을 이끈 노동운동은 '학습하라, 선전하라, 조직하라'를 내걸었다. 그 학습의 내용은 주로 마르크스 철학이었다. 마르크스 인식론의 실천적 한계가 드러난 시대에 우리는 민주주의 성숙을 이끌 민중운동—지구촌 모든 민주공화국의 주권자인 'people'의 일상적 활동으로 노동운동·시민운동을 비롯해 다채로운 사회적 실천들을 아우르는 개념—의 철학으로 새로운 인식론을 담은 우주철학을 제안하며 '성찰하라, 소통하라, 사랑하라'를 '실천명령'으로 제시할 수 있다.

성찰 없는 소통은 허허롭고 소통 없는 성찰은 사사롭다. 사랑은 자기 비움의 실천이자 연대와 단결의 튼실한 기반이다. 자기를 비울수록 우주가 들어온다. 성찰적 노동의 미학이다. 우주에서 인간은 실천명령을 체화하며 우주인으로 살아갈 정치경제적 조건—'목구멍이 포도청'인 굴레와 각자도생의 질곡에서 자유로운 삶의 조건—과 우주적 사회를 이룰 주체적 조건의 실현에 나선다.

무릇 우리 내면의 우주적 심화와 심화된 내면의 외화만큼 지구와 우주는 더 아름다울 수 있다. 우주철학은 철학의 우주화다. 우주인의 철학은 우주의 철학에 잠긴다.

주

1   I. 칸트, 『영구 평화론』, 이한구 옮김, 서광사, 2008, 17쪽.

2   A. 그람시, 『옥중수고 2 철학·역사·문화 편』, 거름, 2007, 161~164쪽.

3   I. 칸트, 『순수이성 비판』, 정명오 옮김, 동서문화사, 2007, 15쪽.

4   H. 마르쿠제, 『일차원적 인간』, 박병진 옮김, 한마음, 2009, 223~226쪽.

5   T. 이글턴, 『왜 마르크스가 옳았는가』, 황정아 옮김, 길, 2012, 17쪽.

6   J. 사르트르, 『유물론과 혁명』, 이철 옮김, 고구려문화사, 1958, 74쪽.

7   J. 데리다, 『마르크스의 유령들』, 진태원 옮김, 이제이북스, 2007, 122쪽.

8   M. 무스토, 『마르크스와 마르크스주의들을 다시 생각한다』, 하태규 옮김, 한울, 2013,
    188쪽.

9   「미국 청년들이 사회주의를 꿈꾼다」, 한겨레, 2018년 9월 1일, 12면.

10 J. 데리다, 『에코그라피』, 김재희 옮김, 민음사, 2002, 66쪽.

11 Georg Lukács, 『History and Class Consciousness』, Merlin Press, London,
    229~230쪽.

12 J. 보헨스키, 『철학적 사색에의 길』, 표재명 옮김, 동명사, 1978, 103쪽.

13 F. 베이컨, 『신기관』, 김홍표 옮김, 지만지, 2014, 88쪽.

14 R. 데카르트, 『방법서설』, 권혁 옮김, 돋을새김, 2019, 67쪽.

15 I. 칸트, 『순수이성 비판』, 정명오 옮김, 동서문화사, 2007, 12~13쪽.

16 I. 칸트, 『순수이성 비판』, 정명오 옮김, 동서문화사, 2007, 40쪽.

17 I. 칸트, 『순수이성 비판』, 정명오 옮김, 동서문화사, 2007, 14쪽.

18 I. 칸트, 『실천이성 비판』, 정명오 옮김, 동서문화사, 2007, 569쪽. 동서문화사의 번역본은
    『순수이성 비판』과 『실천이성 비판』을 묶어서 출간했지만 출처를 명확히 밝히기 위해 책
    을 구분해서 각주를 달았다.

19 I. 칸트, 『윤리 형이상학 정초』, 백종현 옮김, 아카넷, 2005, 132쪽.

20 I. 칸트, 『윤리 형이상학 정초』, 137쪽.

21 I. 칸트, 『윤리 형이상학 정초』, 147쪽.

22 I. 칸트, 『판단력 비판』, 이석윤 옮김, 박영사, 2017, 38쪽.

23   I. 칸트, 『판단력 비판』, 313쪽.

24   칸트는 "나는 학자가 되고 싶은 사람이고 오로지 지식에 목마른 사람이다. 이것만이 인류
      의 영광을 높이는 일이라고 생각한 시기가 나에게 있었다. 루소가 이것을 시정해주었다.
      이제 이런 뽐내던 생각은 사라졌다. 나는 인간을 존중하는 일을 배우고 있다"고 말했다.
      H. 슈퇴리히, 『세계 철학사』 하권, 임석진 옮김, 분도출판사, 1978, 131쪽.

25   I. 칸트, 『영구 평화론』, 이한구 옮김, 서광사, 2008, 83쪽.

26   I. 칸트, 『영구 평화론』, 84쪽.

27   K. Marx & F. Engels, Selected Works Vol. 1, Moscow, 1976, 15쪽.

28   K. 마르크스·프리드리히 엥겔스, 『독일 이데올로기 I』, 박재희 옮김, 청년사, 2007, 69쪽.

29   프로이센의 중소 도시 트리어에서 고등학교를 졸업할 때 쓴 에세이에 마르크스의 철학
      적 문제의식은 뚜렷했다. 인용한 논술문의 전반부에서도 그의 휴머니즘이 묻어난다. 인
      류에게 큰 영향을 끼친 철학이 어떤 문제에서 영글기 시작했는가를 파악할 수 있다는 점
      에서 앞 대목도 음미해볼 가치가 있다. "자연은 동물이 활동할 수 있는 범위를 결정한다.
      동물은 그 범위를 뛰어넘으려는 시도조차 없이 그 안에서 움직이며 그 밖에 있는 다른 것
      을 눈치채지 못한다. 신은 인간에게 자신과 인류를 고귀하게 하라는 목적을 주었다. 그러
      나 그 목적을 이룰 방법은 인간에게 남겼다. 신은 사람이 자신과 사회를 최고로 고양할
      수 있도록, 사회 속에서 자신에게 알맞은 일을 선택할 수 있게 했다. 그 선택은 다른 동물
      에게는 없는 인간의 큰 특권이다. 그러나 동시에 그것은 인간의 삶을 파괴할 수 있고, 모
      든 계획을 좌절시킬 수 있으며, 불행하게 만들 수 있다. 직업 선택에 대한 심사숙고는 중
      요한 것을 우연으로 남겨두길 바라지 않는 젊은이의 첫 번째 의무다. 노예 같은 도구로
      일하기보다 자기 영역에서 독립하고 인류에 봉사할 수 있는 분야를 가져야 한다. 그러나
      우리가 언제나 타고난 천성에 맞는 직업을 선택할 수 있는 것은 아니다. 우리를 둘러싼
      사회의 여러 관계가 개개인의 결정 이전에 이미 존재하며 선택을 좌우한다. 직업 선택에
      서 우리를 이끄는 주요 안내자는 인류의 행복과 자기완성이다. 이 두 가지가 대립한다고
      생각해서는 안 된다. 인간의 본성상 인간은 다른 사람에게 헌신할 때 가장 높은 완성의
      경지에 이르기 때문이다."

30   K. 마르크스, 『데모크리토스와 에피쿠로스의 자연철학의 차이』, 고병권 옮김, 그린비,
      2001, 19쪽.

31   E. 프롬, 『마르크스의 인간관』, 김창호 옮김, 동녘, 1983, 11쪽.

32   K. Marx & F. Engels, Selected Works Vol.1, Moscow, 1976, 15쪽.

33   K. Marx & F. Engels, Selected Works, Vol.1, 37쪽.

34   K. Marx & F. Engels, Selected Works, Vol.1, 504쪽.

35   K. Marx & F. Engels, Selected Works, Vol. 3, 148쪽.

36   K. Marx & F. Engels, Selected Works, Vol. 3, 147~148쪽.

37   K. Marx & F. Engels, Selected Works, Vol. 3, 151쪽.

38   S. 지젝, 이서원 옮김, 『혁명이 다가온다-레닌에 대한 13가지 연구』, 길, 2006. 273~274쪽.

39   K. Marx & F. Engels, Selected Works Vol. 1, Moscow, 1976, 15쪽.

40   L. 알튀세르, 「레닌과 철학」 『레닌』, 녹두, 1985, 155쪽

41   N. 크룹스카야, 백태웅 옮김, 『레닌의 추억 I』, 녹두, 1986, 192쪽.

42   Lenin, On the Significance of Militant Materialism, 12 March 1922, Lenin's Collected Works, Progress Publishers, Moscow, Volume 33, 1972, 227~236쪽.

43   Lenin's Collected Works, Volume 14, Moscow, Progress Publishers, 1972. Preface by Progress Publishers.

44   L. 수보로프, 『레닌주의의 재해석』, 유명훈 옮김, 세계, 1988. 224쪽.

45   R. 서비스, 『스탈린 강철 권력』, 윤길순 옮김, 교양인, 2007. 475쪽.

46   암좌무(岩佐茂), 『유물론과 경험비판론 해설』, 교양강좌편찬회 옮김, 세계, 1986.

47   김재기, 「마르크스 철학에서 '철학의 근본 문제'의 의의」, 『哲學論究』 16, 서울대 철학과, 1988, 47~64쪽.

48   김재기, 「마르크스 철학에서 '철학의 근본 문제'의 의의」, 63쪽.

49   V. 레닌, 『유물론과 경험비판론』, 정광희 옮김, 아침, 1988, 22쪽.

50   V. 레닌, 『유물론과 경험비판론』, 24쪽. 이하에서 레닌의 인용문 가운데 『유물론과 경험비판론』에서 가져온 것은 각주를 생략한다.

51   N. 크룹스카야, 『레닌의 추억 I』, 백태웅 옮김, 녹두, 1986, 180쪽.

52   M. 고리키, 『레닌』, 김은노 옮김, 까치, 1988, 214~215쪽.

53   M. 고리키, 『레닌』, 189쪽.

54   V. 레닌, 『유물론과 경험비판론』, 76쪽.

55   Lenin, On the Significance of Militant Materialism, 12 March 1922, Lenin's Collected Works, Progress Publishers, Moscow, Volume 33, 1972, 227~236쪽.

56   M. 돕, 『소련경제사』, 임휘철 옮김, 형성사, 1989, 51쪽.

57 Roy Medvedev, 『Leninism and Western Socialism』 London, 1981, 168~169쪽.

58 V. 레닌, 『제국주의론(Imperialism)』, 남상일 옮김, 백산서당, 1989, 44~120쪽.

59 Roy Medvedev, 167쪽.

60 L. 트로츠키, 『평가와 전망』, 정성진 옮김, 신평론, 1989, 118쪽.

61 레닌은 혁명 3주년 기념 연설에서도 사회주의 혁명은 단 한 나라에서 성취될 수 없다는 것을 강조했다. Roy Medvedev, 175쪽.

62 V. 레닌, 「스위스 노동자들에게의 편지」, C. 밀스, 『마르크스주의자들』, 김홍명 옮김, 한길사, 1983. 257~259쪽에 수록.

63 V. 레닌, 「협동조합에 관하여」C. 밀스, 『마르크스주의자들』, 259~266쪽.

64 Tony Cliff, 『Lenin』, Vol.3 London, 1978. 책 제목이 '포위된 혁명(Revolution Besieged)'이다.

65 레닌이 살아 있을 때 당 대회는 해마다 열렸다.

66 V. 레닌, 「제11차 당 대회에 보내는 정치 보고」, 미국 사회주의노동당(편), 『레닌의 반스탈린투쟁』, 신평론, 1989, 95~96쪽.

67 I. 도이처, 『미완의 혁명 1917-1967』, 종로서적, 1983, 50~51쪽.

68 S. 훅, 『맑스와 맑스주의자들』, 양호민 옮김, 사상계사 출판부, 1962, 93쪽.

69 J. 스탈린, 「10월 혁명과 전술」, C. 밀스, 『마르크스주의자들』, 311~313쪽

70 В.И.Ленин, 『Государство и Революция』, МОСКВА, 1981 С.87

71 В.И.Ленин, 『Государство и Революция』, С.89

72 В.И.Ленин, 『Государство и Революция』, С.101~102

73 В.И.Ленин, 『Государство и Революция』, С.4

74 В.И.Ленин, 『Государство и Революция』, С.120

75 M. 무스토, 『마르크스와 마르크스주의들을 다시 생각한다』, 하태규 옮김, 한울, 2013, 188쪽.

76 2018년 8월 13일 여론조사 기관 갤럽이 18살 이상 미국인 1505명을 대상으로 조사해 발표한 결과는 파장이 컸다. 18~29살의 젊은이들 가운데 사회주의에 긍정적인 이미지를 갖고 있는 이들이 51%에 이른 반면, 자본주의에 긍정적인 이미지를 갖는 이들은 45%에 그쳤다(「미국 청년들이 사회주의를 꿈꾼다」, 한겨레, 2018년 9월 1일, 12면).

77 J. 데리다, 『마르크스의 유령들』, 진태원 옮김, 이제이북스, 2007, 183쪽.

78 E. 카, 『역사란 무엇인가』, 김택현 옮김, 까치, 46쪽.

79 E. 카, 『역사란 무엇인가』, 79쪽.

80 K. Marx & F. Engels, Selected Works, Vol.1, 37쪽.

81 N. 흐루시초프, 『개인숭배와 그 결과들에 대하여』, 박상철 옮김, 책세상, 2006, 90~92쪽.

82 J. 스캔런, 『소련의 마르크스주의』, 강재륜 옮김, 명문당, 1990, 364쪽.

83 M. 카푸스틴, 「명령의 변증법」, 『페레스트로이카와 철학 논쟁』, 한국철학사상연구회 논쟁
사분과 옮김, 녹진, 1990, 496쪽.

84 B. 카갈리츠키, 『생각하는 갈대』, 안양노 옮김, 역사비평사, 1991, 235~236쪽.

85 М. С. Горбачев, 『ПЕРЕСТРОЙКА И НОВОЕ МыШЛЕНИЕ』, москва 1987, C.20-21.

86 М. С. Горбачев, 위 책 C.20.

87 М. С. Горбачев, 「слово о ленине」, ПРАВДА, 21 апреля 1990 года.

88 ПРАВДА, 15июля 1990 года.

89 1990년 7월 2일부터 13일까지 모스크바에서 12일간 열린 28차 대회는 고르바초프가 개
막 연설에서 밝혔듯이 개혁이 실패할 경우 암흑시대를 맞을 것이라는 위기의식 속에서
진행되었다(ПРАВДА,3 июля 1990 года). 고르바초프는 이 연설에서 1985년 4월 이래
5년간의 정책을 스스로 평가하면서 "삶은 더욱 완전해지고 풍부해졌으며 흥미로워졌다.
그러나 삶은 더 단순해지지도 용이해지지도 않았다"고 술회했다. 그는 또 '동유럽 사태'
에 대해서는 "누군가가 이것을 사회주의의 붕괴라고 말한다면 그것이 어떤 사회주의인
지 반문하고 싶다. 그 사회주의는 바로 우리 스스로 버렸던 스탈린의 권위주의적 체제의
변형이 아니었던가"라고 반문했다.

90 소련의 정치체제 혼란은 이때 이미 단순한 과도기로 보기 어려울 만큼 심각한 국면으로
전개되고 있었다. 28차 대회가 개최되기 직전 러시아공화국 최고회의 의장에 당선된 보
리스 옐친은 당 대회 폐막을 앞두고 전국에 TV로 생중계되는 상황을 충분히 활용하여
극적인 탈당 선언을 했다. 내놓고 공산당을 이탈한 그는 이후 고르바초프의 정책에 강력
히 도전함으로써 정치체제의 혼란을 가중시켜왔다. 더구나 91년 6월 12일 그의 의도대로
실시된 러시아공화국 대통령 직접선거에서 압도적으로 당선됨으로써 소련 정치구조는
예측 불허의 국면으로 접어들고 있었다.

91 페도세예프, 「현 세계의 변증법」, 한국철학사상연구회 편역, 『페레스트로이카와 철학 논
쟁』, 녹진, 1990, 50쪽.

92 ПРАВДА, 15 июля 1990 года.

93 M. 레인, 『고르바초프 현상』 하용출 옮김, 인간사랑, 1990, 108~109쪽. 레인은 고르바초

프가 즐겨 쓴 'казённое'는 러시아어로 다양한 의미를 포함하고 있어 정확한 번역이 어렵다고 쓰고 있다. 문맥상 러시아어 본뜻에 충실하려면 '어용적'이라는 번역이 적합하다.

94 홍윤기, 「유물변증법의 위기와 소비에트 철학의 혁신」, 『사상문예운동』, 풀빛, 1990년 봄호, 89~91쪽.

95 소련과학아카데미, 『철학 교과서 1』, 이성백 옮김, 사상사, 1990, 10쪽.

96 소련과학아카데미, 『철학 교과서 2』, 64쪽.

97 소련과학아카데미, 『철학 교과서 2』, 282쪽

98 소련과학아카데미, 『정치경제학 교과서 1』 사상사, 1990, 184쪽.

99 М.С.Горбачев, 「социалнстическая идея и революционая перестройка」, ПРАВДА, 15 июля 1990года.

100 V. 레닌, 『유물론과 경험비판론』, 148쪽.

101 최장집, 「전환과 태동」 『세계의 문학』, 1991년 봄호, 402쪽.

102 L. 수보로프, 『레닌주의의 재해석』 유명훈 옮김, 세계, 1988, 224쪽.

103 M. 티타렌코, 「소련은 구질서로 회귀할 수 없다」, 『신동아』, 1991년 6월호, 272~279쪽.

104 K. Marx & F. Engels, Selected Works Vol. 1, Moscow, 1976, 504쪽.

105 Peter Schweizer, 『Victory: The Reagan Administration's Secret Strategy That Hastened the Collapse of the Soviet Union』, Atlantic Monthly Press, April 1996.

106 F. 후쿠야마, 『역사의 종말』 이상훈 옮김, 한마음사, 1992, 8~9쪽.

107 "马克思、恩格斯早在170多年前就科学揭示了社会主义必然代替资本主义的历史规律。这是人类社会发展不可逆转的总趋势，但需要经历一个很长的历史过程。在这个过程中，我们要立足现实，把握好每个阶段的历史大势，做好当下的事情"(역사발전의 법칙과 대세를 진일보 파악하기 위해 당 역사 학습 교육을 착실히 전개해야, 进一步把握历史发展规律和大势—论扎实开展党史学习教育. 인민일보, 2021년 4월 11일 1면, 강정구 옮김, 통일뉴스).

108 K. Marx & F. Engels, Selected Works, Vol.1, 37쪽.

109 시진핑·청지룽, 『시진핑, 부패와의 전쟁』 유상철 옮김, 종이와나무, 2016, 96쪽.

110 A. 판초프·S. 레빈, 『설계자 덩샤오핑』 유희복 옮김, 알마, 2018, 601~602쪽.

111 T. 이글턴, 『왜 마르크스가 옳았는가』 황정아 옮김, 길, 2012, 8쪽.

112 T. 이글턴, 『왜 마르크스가 옳았는가』, 32쪽.

113 K. 마르크스, 『프랑스 혁명사 3부작』, 임지현·이종훈 옮김, 소나무, 2017, 190쪽.

114 I. 칸트, 『순수이성 비판』, 정명오 옮김, 동서문화사, 2007, 369쪽.

115 칸트는 세 관념이 경험이나 현실과는 무관하며 오직 사유 안에만 주어진다면서 '선험적 이념'으로 이름 붙였다. 칸트의 선험적 이념을 적극적으로 평가하는 철학사도 있다. 대표적으로 슈퇴리히는 자아(영혼)는 '모든 표상의 근저에서 사유하는 주체의 종합·통일을 지향하는 관념'이고, 신은 '사유의 모든 대상을 무제약적으로 통일시키고자 하는 신학적 관념'이며, 세계는 '우주론적 관념'으로 '모든 현상의 무제약적 통일성에까지 다다르고자 하는 노력'이라는 것이다. H. 슈퇴리히, 『세계 철학사』 하권, 임석진 옮김, 분도출판사, 1978, 162쪽.

116 Y. 가가린, 『지구는 푸른 빛이었다』, 김장호 옮김, 갈라파고스, 2008, 140~141쪽.

117 S. 싱, 『빅뱅: 우주의 기원』, 곽영직 옮김, 영림카디널, 2015, 490쪽.

118 S. 호킹 & L. 믈로디노프, 『짧고 쉽게 쓴 시간의 역사』, 전대호 옮김, 까치, 2006, 121쪽.

119 C. 세이건, 『코스모스』, 홍승수 옮김, 사이언스북스, 2006, 350쪽.

120 L. 랜들, 『암흑물질과 공룡』, 김명남 옮김, 사이언스북스, 2016, 16쪽.

121 B. 그린, 『멀티 유니버스』, 박병철 옮김, 김영사, 2012, 128쪽.

122 민영기, 「현대 천문학과 외계 생명체」, 『과학사상』 36호, 2001, 105쪽.

123 H. 웰스, 『우주전쟁』, 이영욱 옮김, 황금가지, 2005, 201쪽.

124 H. 웰스, 『우주전쟁』, 이영욱 옮김, 황금가지, 2005, 8쪽.

125 B. 파스칼, 『팡세』, 이환 옮김, 민음사, 2020, 213쪽.

126 V. 레닌, 『유물론과 경험비판론』, 132쪽.

127 V. 레닌, 『유물론과 경험비판론』, 3쪽.

128 Lenin, On the Significance of Militant Materialism, 12 March 1922, Lenin's Collected Works, Progress Publishers, Moscow, Volume 33, 1972, pp. 227-236

129 V. 레닌, 『유물론과 경험비판론』, 92쪽.

130 V. 레닌, 『유물론과 경험비판론』, 300쪽.

131 A. 샤프, 김영숙 옮김, 『인식론 입문』, 연구사, 1987, 67쪽.

132 A. 샤프, 『인식론 입문』, 75쪽.

133 F. 엥겔스, 김민석 옮김. 『반듀링론』, 새길, 1987, 36~41쪽, 347쪽.

134 V. 레닌, 『유물론과 경험비판론』, 140~141쪽.

135 V. 레닌, 『유물론과 경험비판론』, 145쪽.

136 V. 레닌, 『유물론과 경험비판론』, 149쪽.

137 김세균, 「레닌의 이론과 정치적 실천」, 『마르크스주의 연구』 2호, 경상대 사회과학연구원, 2004, 30쪽.

138 V. 레닌, 『유물론과 경험비판론』, 134쪽.

139 일반 상대성이론은 중력과 우주의 거시적인 구조를 기술한다. 몇 킬로미터 규모에서부터 "우리가 관찰할 수 있는 우주의 크기인 100만 킬로미터의 100만 배의 100만 배의 100만 배 규모"까지의 구조'를 다룬다. 대조적으로 양자역학은 "1센티미터의 100만분의 1의 100만분의 1처럼 극도로 작은 규모의 현상들"을 다룬다. 두 이론을 포괄하는 새로운 이론 탐구는 여전히 현대 물리학의 과제다. S. 호킹 & L. 믈로디노프, 『짧고 쉽게 쓴 시간의 역사』, 전대호 옮김, 까치, 2006, 30쪽.

140 L. 랜들, 『숨겨진 우주: 비틀린 5차원 시공간과 여분 차원의 비밀을 찾아서』, 김연중·이민재 옮김, 사이언스북스, 2008, 21쪽.

141 C. 로벨리, 『보이는 세상은 실재가 아니다』, 김정훈 옮김, 쌤앤파커스, 2018, 136쪽.

142 C. 로벨리, 『시간은 흐르지 않는다』, 이중원 옮김, 쌤앤파커스, 2019, 180쪽.

143 I. 칸트, 『순수이성 비판』, 정명오 옮김, 동서문화사, 2007, 56쪽.

144 I. 칸트, 『순수이성 비판』, 정명오 옮김, 동서문화사, 2007, 59~82쪽.

145 '선험'을 굳이 '초월'로 바꿔 쓰는 학자들은 오성을 '지성'으로 번역하지만, 일반적으로 통용되는 '지성'의 의미를 약화시킬 우려도 있기에 적절하지 않아 보인다. 오성을 '지성'으로 옮길 때 지성은 이성 아래에 놓이게 된다. '오성' 개념이 가리키는 것을 칸트의 철학 체계 속에서 이해할 수 있으면 그것으로 충분하다. 오성의 원어인 'Verstand'는 이해력·분별력의 의미를 갖고 있다.

146 I. 칸트, 『순수이성 비판』, 정명오 옮김, 동서문화사, 2007, 123쪽.

147 I. 칸트, 『순수이성 비판』, 135쪽.

148 I. 칸트, 『순수이성 비판』, 2007, 14쪽.

149 H. 슈퇴리히, 『세계 철학사』 하권, 임석진 옮김, 분도출판사, 1978, 289쪽.

150 J. 르두, 『시냅스와 자아: 신경세포의 연결 방식이 어떻게 자아를 결정하는가?』, 강봉균 옮김, 도서출판 소스, 2007, 183~184쪽.

151 S. 호킹 & L. 믈로디노프, 『짧고 쉽게 쓴 시간의 역사』, 전대호 옮김, 까치, 2006, 54~55쪽.

152 C. 로벨리, 『보이는 세상은 실재가 아니다』, 김정훈 옮김, 쌤앤파커스, 2018, 167쪽.

153 C. 로벨리, 『보이는 세상은 실재가 아니다』, 김정훈 옮김, 쌤앤파커스, 2018, 178쪽.

154 C. 로벨리, 『보이는 세상은 실재가 아니다』, 김정훈 옮김, 쌤앤파커스, 2018, 175쪽.

155 S. 호킹 & L. 믈로디노프, 『짧고 쉽게 쓴 시간의 역사』, 74~75쪽.

156 J. 르두, 『시냅스와 자아: 신경세포의 연결 방식이 어떻게 자아를 결정하는가?』,186쪽.

157 L. 랜들, 『암흑물질과 공룡』, 김명남 옮김, 사이언스북스, 2016, 11~12쪽.

158 E. 샌더스, 『우아한 우주』, 심채경 옮김, 프시케의숲, 2021, 151쪽.

159 박동환, 『x의 존재론』, 사월의책, 2017, 305쪽.

160 L. 랜들, 『암흑물질과 공룡』, 11쪽.

161 E. 피셔, 『과학은 미래로 흐른다』, 이승희 옮김, 다산사이언스, 2022, 109~110쪽.

162 B. 브라이슨, 『거의 모든 것의 역사』, 이덕환 옮김, 까치, 2013, 391쪽.

163 J. 르두, 『시냅스와 자아: 신경세포의 연결 방식이 어떻게 자아를 결정하는가?』, 18~19쪽.

164 G. 에델만, 『뇌의식의 우주-물질은 어떻게 상상이 되었나』, 장현우 옮김, 한언출판사, 2020, 69쪽.

165 G. 에델만, 『뇌의식의 우주-물질은 어떻게 상상이 되었나』, 283~284쪽.

166 G. 토노니, 『의식은 언제 탄생하는가?』, 박인용 옮김, 한언출판사, 2019, 54쪽.

167 J. 르두, 『시냅스와 자아: 신경세포의 연결 방식이 어떻게 자아를 결정하는가?』, 27~28쪽.

168 F. 니체, 『차라투스트라는 이렇게 말했다』, 정동호 옮김, 책세상, 2002, 52쪽.

169 J. 모노, 『우연과 필연』, 김진욱 옮김, 범우사, 1996, 182~183쪽.

170 C. 로벨리, 『보이는 세상은 실재가 아니다』, 김정훈 옮김, 쌤앤파커스, 2018, 25쪽.

171 J. 모노, 『우연과 필연』, 184쪽.

172 I. 칸트, 『순수이성 비판』, 정명오 옮김, 동서문화사, 2007, 556쪽.

173 I. 칸트, 『순수이성 비판』, 556쪽.

174 C. 세이건, 『코스모스』, 홍승수 옮김, 사이언스북스, 2006, 458쪽.

175 J. 르두, 『시냅스와 자아: 신경세포의 연결 방식이 어떻게 자아를 결정하는가?』, 508~510쪽.

176 J. 르두, 『시냅스와 자아: 신경세포의 연결 방식이 어떻게 자아를 결정하는가?』, 173쪽.

177 L. 랜들, 『암흑물질과 공룡』, 김명남 옮김, 사이언스북스, 2016, 5~6쪽.

178 L. 랜들, 『암흑물질과 공룡』, 17쪽.

179 S. 호킹 & L. 믈로디노프, 『짧고 쉽게 쓴 시간의 역사』, 전대호 옮김, 까치, 2006, 183쪽.

180 B. 그린, 『엘러건트 유니버스』, 박병철 옮김, 승산, 2002, 229~230쪽.

181 손석춘, 「허무적 지성과 지성의 허무」, 『연세춘추』 제958호(1983년 6월 13일), 18면.

182 V. 레닌, 『유물론과 경험비판론』, 143쪽.

183 C. 로벨리, 『시간은 흐르지 않는다』, 이중원 옮김, 쌤앤파커스, 2019, 152쪽.

184 최무영, 『최무영 교수의 물리학 강의』, 책갈피, 2019; 최무영, 「별과 별 사이 물질」, 프레시
안 기고문(2008.6.19).

185 J. 모노, 『우연과 필연』, 180쪽.

186 C. 윌슨, 『우주의 역사』, 한영환 옮김, 범우사, 1986, 254쪽.

187 H. 가드너, 『다중지능』, 문용린·유경재. 옮김, 웅진지식하우스, 2007, 111쪽.

188 C. 로벨리, 『시간은 흐르지 않는다』, 이중원 옮김, 쌤앤파커스, 2019, 180쪽.

189 C. 로벨리, 『시간은 흐르지 않는다』, 183~184쪽.

190 J. 모노, 『우연과 필연』, 195쪽.

191 J. 르두, 『시냅스와 자아: 신경세포의 연결 방식이 어떻게 자아를 결정하는가?』, 강봉균
옮김, 도서출판 소스, 2007, 330~331쪽.

192 J. 르두, 『시냅스와 자아: 신경세포의 연결 방식이 어떻게 자아를 결정하는가?』, 27~28쪽.

193 동유럽 공산 국가 유고슬라비아는 티토 대통령 체제에서 소련과 거리를 두고 자주적인
노선을 걸었다. 부통령이던 밀로반 질라스가 해임되며 미국으로 보낸 원고가 "The New
Class: An Analysis of the Communist System"으로 출간됐다. 한글 번역은 『위선자들』
이라는 다소 감정이 섞인 제목으로 출간됐다. 1992년 '유고슬라비아사회주의연방공화
국'은 세르비아를 비롯한 6개 국가로 해체됐다.

194 Jurgen Habermas, 『The Structural Transformation of the Public Sphere: An
Inquiry Into a Category of Bourgeois Society』, Polity Press, Cambridge, 1996,
164쪽.

195 하버마스의 동시대 철학 비판과 같은 맥락에서 웨인은 1990년대의 슬라보예 지젝을 비
판한다. 지젝의 "이데올로기 비판은 순수하게 무엇인가에 대한 부정, 즉 그 무언가의 어
떤 측면과도 동일성을 추구하지 않는 것"으로, 준거점을 실재 아닌 라캉이 말한 관념적
인 '실재계'에 둠으로써 인간이 사회질서를 인식할 가능성을 과소평가했다는 것이다. 그
결과 지젝은 지식을 엘리트가 수행하는 고도로 전문화된 해독 능력의 영역으로 만들었
다고 비판한다. M. 웨인, 『마르크스, TV를 켜다- 마르크스주의 미디어 연구의 쟁점과 전
망』, 류웅재 외 옮김, 한울, 2013, 341쪽.

196 막스 베버에게 이념형은 '경험적 실재를 사유에 의해 정돈할 때 사용되는 사유 구성체'
이다. 사회학에선 이념형을 실재에서 현존하는 경향이 있는 어떤 특성의 '과장'으로 풀

이한다.

197 H. 아렌트, 『인간의 조건』, 이진우 옮김, 한길사, 2019, 55쪽.

198 H. 아렌트, 『인간의 조건』, 56쪽.

199 J. 하버마스, 『인식과 관심』, 강영계 옮김, 고려원, 1983, 35쪽.

200 J. 하버마스, 『인식과 관심』, 37쪽.

201 C. 무페, 『민주주의의 역설』, 이행 옮김, 인간사랑, 2006, 160쪽.

202 사회인식론(Social Epistemology)은 최근 들어 미국과 영국 철학계에서 '개별 주체의 인식과 달리 타인과의 상호작용, 증언을 통한 지식 획득, 지식 생산과 수용의 사회적 기제, 지식 증진을 촉진할 사회적 구조를 연구 주제로 삼는 철학'으로 자리 잡고 있다. 하지만 이 책에서 사회인식론은 그런 흐름과 무관하게 전통적인 사회철학 의미로 '사회를 어떻게 인식해야 옳은가'의 물음을 담고 있다. 물론 무엇이 사회철학인가를 두고도 논쟁이 있지만 "사회 성립의 근거를 밝히고, 그 존재 가치를 연구하는 학문"으로 풀이한 사전적 정의가 보편성을 지닐 것이다.

203 R. Luxemburg, Zur russischen Revolution, in ders Gesammelte Werke, Bd. 4, Berlin 1979, 362~363쪽. 남덕현, 「로자 룩셈부르크의 인민대중에 대한 이해」, 『현대사상』 22집, 현대사상연구소, 2019, 65쪽에서 재인용.

204 J. Habermas, 『The Structural Transformation of the Public Sphere: An Inquiry Into a Category of Bourgeois Society』, Polity Press, Cambridge, 1996, p195.

205 Hall & Soskice, "Varieties of Capitalism: The Institutional Foundations of Comparative Advantage", New York: Oxford Uni. Press, 2001, Introduction. 홀과 소스키스(Hall & Soskice)가 선진 자본주의 국가의 유형과 특징을 설명하는 이론으로 제시한 VOC에는 특정 이데올로기가 스며들어 있지 않다. 이후 경제체제의 다양성을 접근하는 이론적 갈래는 다채롭게 전개되었다.

206 노르웨이 오슬로대학의 한국학 교수 박노자(본디 러시아인으로 한국에 귀화)는 한겨레 블로그에 올린 "사회주의, 그리고 인생의 의미" 제목의 에세이(2009년 11월 28일)에서 이 층위를 "먹고 자고 성관계 맺고 번식하고 자녀 키우고 아플 때 약을 먹고, 그리고 자연사하는" 삶으로 설명한다.

207 그것이 인생의 진수이며 인생의 가장 깊은 의미라고 박노자는 서술한다. "어떤 상황에서도 나를 버리지 않는, 나와 마음이 통하는 친구를 사귀고, 이름 모를 타인을 위해 그저 봉사하기가 좋아서 봉사를 해주고, 그리고 나만이 남길 수 있는 그 어떤 독특한 말, 글, 그

림, 악보 등등을 남에게 남기고 가는 것"이다. 하지만 그 층위는 노르웨이조차 이르지 못하고 있다고 증언한다. 한편 오슬로대학에 자리 잡기 전에 한국 대학에서도 비정규직 교수로 일했던 박노자는 "아이의 절대 대다수가 스트레스에 시달리고, 알바 하느라 연애고 뭐고 다 때려치우는 젊은이들이 부지기수고, 집에 밤 1시에 돌아오는 아버지들이 아이를 한 번 보는 것도 힘들고, 노인들의 빈곤율이 약 40%에 달하는 이 위대한 토건 공화국 대한민국"에서는 둘째 층위도 거의 보장 못 한다고 서술한다. 그런데 복지국가에서는 두 번째 층위의 삶까지는 보장해줄 수 있다면서 다음과 같이 증언했다. "노르웨이 정도면 아이 때 제대로 놀고 젊을 때 제대로 연애와 섹스를 즐기고, 부모가 되면 저녁 5시부터 아이와 같이 놀고, 노후 인생을 인간답게 보낼 확률은 대단히 높다. 대다수가 그렇게 산다."

208 L. 나폴레오니, 『모던 지하드—테러, 그 보이지 않는 경제』, 이종인 옮김, 시대의 창, 2004, 343쪽.

209 I. 버첼, 『서구 사회민주주의의 배신 1944~1985』, 이수현 옮김, 책갈피, 2020, 31~32쪽.

210 F. 니체, 『유고 1870~1873년』, 이진우 옮김, 책세상, 2001, 309~324쪽.

211 고병권, 『니체, 천 개의 눈 천 개의 길』, 소명출판, 2001, 132~133쪽에서 재인용.

212 김종기, 「큰 이성으로서의 몸과 니체의 유물론」, 『코기토』 68, 2010, 341~342쪽.

213 고병권, 『니체, 천 개의 눈 천 개의 길』, 137쪽에서 재인용.

214 아리스토텔레스, 『정치학』, 김재홍 옮김, 길, 2017, 25쪽.

215 Y. 하라리, 『사피엔스』, 조현욱 옮김, 김영사, 2017, 44쪽.

216 M. 매클루언, 『미디어의 이해—인간의 확장』, 김성기 외 옮김, 민음사, 2008, 144쪽.

217 W. 미첼 외, 『미디어 비평 용어 21—미학과 테크놀로지, 사회에 대하여』, 정연심 외 옮김, 미진사, 2015, 7쪽.

218 M. 매클루언, 『미디어의 이해—인간의 확장』, 103쪽.

219 하버마스가 성찰을 전혀 중시하지 않은 것은 아니다. 그는 관심이 인식을 주도한다며 자연을 통제하고 지배하려는 기술적 관심, 의사소통의 실천적 관심, 삶을 반성적으로 전유케 하는 해방적 관심을 구분했다. 그에게 관심은 경험의 선험적 조건이다. 그런데 해방적 관심의 '성찰'은 "삶의 실천, 즉 체계적으로 훼손된 교제의 조건들, 그리고 외견상 정당한 억압의 조건들 아래에서 비로소 성립한 '대상 영역'과 이론적 지식과의 연관성"을 주시한다. 과학적 선험철학에서 강조하는 내면의 성찰 개념과는 거리가 있다. J. 하버마스, 『인식과 관심』, 강영계 옮김, 고려원, 1983, 328~329쪽.

220 커뮤니케이션학에선 '자아커뮤니케이션(Intrapersonal communication)' 개념이 있

고 상담학에선 '자기 대화(self-talk)' 개념이 있다. 전자는 '외부 정보를 받아들여 해석하고 의미를 부여하는 내적인 사고 과정'을, 후자는 '자기 조절을 위해 자신에게 특정한 말을 되뇌는 행위'를 연구하는 개념이다. 과학적 선험철학에서 자기 대화(self-dialogue)는 '자신과의 깊은 대화'로 정의한다.

221 A. 샤프, 『우리는 어디로 가는가』 구승회 옮김, 한길사, 2002, 165쪽.

222 K. 마르크스, 『프랑스 혁명사 3부작』 임지현·이종훈 옮김, 소나무, 2017, 190쪽.

223 F. 니체, 『차라투스트라는 이렇게 말했다』 정동호 옮김, 책세상, 2002, 52쪽.

224 P. 싱어, 『다윈의 대답: 변하지 않는 인간의 본성은 있는가?』 최정규 옮김, 이음, 2007, 13~14쪽.

225 강준만, 『권력은 사람의 뇌를 바꾼다: 권력자는 민주주의를 어떻게 파괴하는가?』 인물과 사상사, 2020, 260~261쪽.

226 P. 싱어, 『다윈의 대답: 변하지 않는 인간의 본성은 있는가?』 68쪽.

227 S. 핑커, 『빈서판』 김한영 옮김, 사이언스북스, 2004, 520쪽.

228 A. 샤프, 『우리는 어디로 가는가』 241쪽.

229 S. 핑커, 『빈서판』 93쪽.

230 S. 핑커, 『언어본능』 김한영 외 옮김, 동녘사이언스, 2008, 24쪽.

231 S. 핑커, 『언어본능』 32쪽.

232 차인석, 『19세기 독일 사회철학』 민음사, 1986, 37쪽.

233 L. 비트겐슈타인, 『논리-철학 논고』 이영철 옮김, 책세상, 2006, 24쪽.

234 T. 스나이더, 『폭정』 조행복 옮김, 열린책들, 2017, 156쪽.

235 조선 후기 공론장의 갈등 구조에 대한 자세한 논의는 손석춘, 『한국 공론장의 구조 변동』 커뮤니케이션북스, 2005, 25~51쪽 참고.

236 김용휘, 『우리 학문으로서의 동학』 모시는사람들, 2021, 254쪽.

237 윌리엄 탭, 『반세계화의 논리』 이강국 옮김, 말, 2001, 123쪽.

238 전국노동자정치협회, 『21세기 혁명적 맑스 엥겔스주의』 밥북, 2019, 115쪽.

239 A. 보론, 「자본주의적 민주주의에 얽힌 진실」 신기섭 옮김, 『진실 말하기』 갈무리, 2008, 57쪽.

240 L. 알튀세르, 『철학과 맑스주의: 우발성의 유물론을 위하여』 서관모·백승욱 옮김, 중원문화, 2017, 36쪽.

241 A. 볼류, 「질 들뢰즈의 정치와 후기 알튀세르의 우발성의 유물론」 황재민 옮김, 『철학과

문화』 34집, 2016, 151쪽.

242 G. 들뢰즈, 『차이와 반복』, 김상환 옮김, 민음사, 2007, 431쪽.

243 J. 사르트르, 『유물론과 혁명』, 이철 옮김, 고구려문화사, 1958, 77쪽.

244 G. 루카치, 『역사와 계급의식』, 박정호 옮김, 거름, 1999, 129쪽.

245 G. 루카치, 『역사와 계급의식』, 74쪽.

246 S. 훅, 『맑스와 맑스주의자들』, 양호민 옮김, 사상계사 출판부, 1962, 161쪽.

247 A. 볼류, 「질 들뢰즈의 정치와 후기 알튀세르의 우발성의 유물론」, 황재민 옮김, 『철학과
     문화』 34집, 2016, 153쪽.

248 D. 로드릭, 『더 나은 세계화를 말하다』, 제현주 옮김, 북돋움, 2011, 245~246쪽.

249 K. 무디, 『신자유주의와 세계의 노동자』, 사회진보연대 옮김, 1999, 195쪽.

250 D. 로드릭, 『더 나은 세계화를 말하다』, 321쪽.

251 T. 피케티, 『21세기 자본』, 장경덕 옮김, 글항아리, 2014, 26쪽.

252 P. 크루그만, 『지금 당장 이 불황을 끝내라!』, 박세연 옮김, 엘도라도, 2013, 114쪽.

253 F. 베라르디, 『죽음의 스펙터클―금융자본주의 시대의 범죄, 자살, 광기』, 송섬별 옮김, 반
     비, 2016, 249쪽.

254 A. 콘, 『경쟁에 반대한다』, 이영노 옮김, 민들레, 2019, 249쪽.

255 「세계인 23% "자본주의 치명적 결함"」, 한겨레, 2009년 11월 10일, 2면.

256 H. 마르쿠제, 『일차원적 인간』, 박병진 옮김, 한마음, 2009, 58쪽.

257 M. 호르크하이머, 『도구적 이성 비판』, 박구용 옮김, 문예출판사, 2006, 218쪽.

258 M. 호르크하이머, 『도구적 이성 비판』, 232쪽.

259 T. Adorno & M. Horkheimer, 『계몽의 변증법』, 김유동 옮김, 문학과지성사, 2001,
     202~203쪽.

260 J. 무어, 『생명의 그물 속 자본주의』, 김효진 옮김, 갈무리, 2020, 309쪽.

261 M. 웨인, 『마르크스, TV를 켜다- 마르크스주의 미디어 연구의 쟁점과 전망』, 류웅재 외
     옮김, 한울, 2013, 383쪽.

262 S. 지젝: 『잃어버린 대의를 옹호하며』, 박정수 옮김, 그린비, 2009, 539~540쪽.

263 지젝에 대해 엘리트주의적이라는 비판이 나오는 근거라는 점도 새길 필요가 있다(M. 웨
     인, 『마르크스, TV를 켜다- 마르크스주의 미디어 연구의 쟁점과 전망』, 341쪽 참고). 주체
     적 조건에 대한 지나친 강조가 새로운 사회를 열어갈 주체의 확장을 제한할 수 있다는 경
     계는 필요하다. 다만 그 경계가 주체가 마땅히 해야 할 성찰을 경시하는 빌미를 주지 않

도록 유의해야 한다.

264   M. 웨인, 『마르크스, TV를 켜다- 마르크스주의 미디어 연구의 쟁점과 전망』, 44~45쪽.

265   P. Bourdieu, "The Forms of Capital", J. Richardson(ed.), Handbook of Theory and Research for the Sociology of Education, Greenwood Press, 1986, p47.

266   역사학계에선 민중을 일상적 삶을 살아가는 일상적 주체, 내부에 다양한 차이와 균열을 내포한 유동적 주체, 지배와 저항 또는 종속성과 자율성을 동시에 담지하고 있는 모순적 주체로 인식하며 "근대 프로젝트로 수렴되는 근대적 주체가 아니라, 오히려 근대를 상대화할 수 있는 방법적 매개"로 본다. 역사문제연구소, 『민중을 다시 말한다』, 역사비평사, 2013, 13~15쪽.

267   G. 크로익스, 「역사유물론과 계급」, 『계급 소외 차별』, 책갈피, 2017, 34쪽.

268   P. Bhikhu, Marx's Theory of Ideology, Croom Helm, London, 1982, 171쪽.

269   V. Lenin, What is to be Done?, Moscow, 1969, 80쪽.

270   R. Luxemburg, Zur russischen Revolution, in ders Gesammelte Werke, Bd. 4, Berlin 1979, 362~363쪽; 남덕현, 「로자 룩셈부르크의 인민대중에 대한 이해」, 『현대사상』 22집, 현대사상연구소, 2019, 64쪽 재인용.

271   권정임·강남훈, 「공유의 분배정의와 보편복지의 새로운 체제: 마이드너의 임노동자 기금안에 대한 비판과 변형」, 『사회경제평론』 57호, 2018, 207~208쪽.

272   G. 크로익스, 「역사유물론과 계급」, 『계급 소외 차별』, 책갈피, 2017, 29쪽

273   L. Althusser, "Ideology and Ideological State Apparatuses," in Lenin and Philosophy and Other Essays, New York: Monthly Review Press, 1971, pp.127~186.

274   M. 애플, 『교육과 이데올로기』, 박부권·이혜영 옮김, 한길사, 1985, 11쪽.

275   M. 애플, 『교육과 이데올로기』, 18쪽.

276   H. 마르쿠제, 『일차원적 인간』, 박병진 옮김, 한마음, 2009, 51쪽

277   이에 대한 더 자세한 논의는 손석춘, 『미디어리터러시의 혁명』, 시대의 창, 2021, 제2부 5장 '민중언론의 철학적 성찰'을 참고할 수 있다.

278   B. Kovach & T. Rosenstiel, 『The Elements of Journalism』, New York: Crown Publishers. 2001, p12.

279   F. 베라르디, 『죽음의 스펙터클— 금융자본주의 시대의 범죄, 자살, 광기』, 송섬별 옮김, 반비, 2016, 148쪽.

280 M. 매클루언, 『미디어의 이해―인간의 확장』, 김성기 외 옮김, 민음사, 2008, 137쪽.

281 M. 대니얼스, 『침묵하지 않는 사람들』, 최이현 옮김, 포레스트북스, 2019, 25~29쪽.

282 J. 하버마스, 『사실성과 타당성: 담론적 법이론과 민주주의적 법치국가 이론』, 한상진·박영도 옮김, 나남, 2007, 502쪽.

283 J. 하버마스, 『사실성과 타당성: 담론적 법이론과 민주주의적 법치국가 이론』, 한상진·박영도 옮김, 나남, 2007, 486쪽.

284 N. 카, 『생각하지 않는 사람들』, 최지향 옮김, 청림출판, 2020, 27쪽.

285 N. 카, 『생각하지 않는 사람들』, 356쪽.

286 M. 바우어라인, 『가장 멍청한 세대―디지털은 어떻게 미래를 위태롭게 만드는가』, 김선아 옮김, 인물과사상사, 2014.

287 J. 마르미옹, 『내 주위에는 왜 멍청이가 많을까』, 이주영 옮김, 시공사, 2020, 7쪽.

288 홍기빈, 『비그포르스, 복지국가와 잠정적 유토피아』, 책세상, 2014, 334~338쪽

289 홍기빈, 『비그포르스, 복지국가와 잠정적 유토피아』, 266쪽.

290 권정임·강남훈, 「공유의 분배정의와 보편복지의 새로운 체제: 마이드너의 임노동자 기금안에 대한 비판과 변형」, 『사회경제평론』 57호, 2018, 225~226쪽.

291 T. 이글턴, 『왜 마르크스가 옳았는가』, 황정아 옮김, 길, 2012, 35쪽.

292 J. 롤스, 『정치적 자유주의』, 장동진 옮김, 동명사, 1998, 137쪽.

293 P. Pettit, 『Republicanism: A Theory of freedom and government』, New York: Oxford Univ. Press, 1997, pp.281~282.

294 P. 페팃, 『왜 다시 자유인가』, 곽준혁·윤채영 옮김, 한길사, 2019, 182쪽.

295 아리스토텔레스, 『정치학』, 김재홍 옮김, 길, 2017, 181쪽.

296 H. 퍼트남, 『사실과 가치의 이분법을 넘어서』, 노양진 옮김, 서광사, 2002, 49쪽.

297 A. 샤프, 『우리는 어디로 가는가』, 구승회 옮김, 한길사, 2002, 185~188쪽.

298 G. 베어, 『마이스터 에크하르트』, 이부현 옮김, 안티쿠스, 2009, 176쪽.

299 G. 베어, 『마이스터 에크하르트』, 158쪽.

300 C. 슐뤼터, 『내가 사랑하는 철학자』, 조희진 옮김, 말글빛냄, 2007, 70쪽.

301 Seyyed Hossein Nasr, Sufi Essays, ABC International Group, 1999, 43~45. 신은희, 「에크하르트와 이슬람 수피 루미의 신비주의 연구」, 『신학 사상』 147집, 2009, 198쪽 재인용.

302 J. 루미, 『사막을 여행하는 물고기』, 최준서 옮김, 하늘아래, 2006, 276~277쪽.

303 현웅, 『깨달음과 역사』, 불광출판사, 2016, 315쪽.

304 현웅, 『깨달음과 역사』, 332쪽.

305 박동환, 『x의 존재론』, 사월의책, 2017, 437쪽.

306 이지선, 「우주, 우주론, 우주철학의 문제들: 우주론의 고고학을 위한 시론」, 『철학연구』 130, 2020. 그는 이 논문이 2018년 프랑스 박사학위 논문에서 출발했다고 밝혔다. 그의 논문에 소개된 유럽과 미국의 우주철학 흐름에 비교하더라도 이 책이 담은 우주철학은 독창적이다. 다만 아직까지 학문의 잣대가 미국과 유럽에 있는 것이 현실이기에 한국어로 철학을 할 때 독창성을 온전히 평가받기 어려울 수 있다. 학계가 판단의 잣대를 서양의 문헌에 근거하는 관행이 지배적이라면 더욱 그렇다. 딴은 유럽과 미국의 인정 여부가 철학함에 중요한 것은 아니다. 철학은 그 철학이 싹튼 곳에서 살아가는 사람들로부터 평가받을 때 세계적 시대정신이 될 수 있다.

307 I. Klotz, "Mysterious 'Dark Flow' May Be Tug Of Other Universe". Discovery News, Thu Mar 18, 2010.

308 E. 샌더스, 『우아한 우주』, 심채경 옮김, 프시케의숲, 2021, 67쪽.

309 H. 라이헨바흐, 『양자역학의 철학적 기초』, 강형구 옮김, 지만지, 2014, 40~41쪽.

310 C. 로벨리, 『보이는 세상은 실재가 아니다』, 김정훈 옮김, 쌤앤파커스, 2018, 229쪽.

311 I. 칸트, 『실천이성 비판』, 정명오 옮김, 동서문화사, 2007, 740쪽.

312 I. 칸트, 『실천이성 비판』, 740쪽.

313 여기서 '섬기다'의 의미를 짚을 필요가 있다. 서울에서 발행된 한글 사전은 '섬기다'를 "신(神)이나 윗사람을 잘 모시어 받들다"로 풀이하고 평양에서 발행된 한글 사전은 "사회적으로 보람 있는 일이 이루어지도록 힘이나 정성을 기울이다"는 풀이하고 있다. 국어사전 『우리말샘』은 두 뜻을 모두 담고 있다.

314 J. 지글러, 『굶주리는 세계, 어떻게 구할 것인가?』, 양영란 옮김, 갈라파고스, 2012, 16쪽.

315 H. 마르쿠제, 『일차원적 인간』, 박병진 옮김, 한마음, 2009, 50쪽.

316 K. Marx & F. Engels, Selected Works Vol. 1, Moscow, 1976, 504쪽.

317 D. 로드릭, 『더 나은 세계화를 말하다』, 제현주 옮김, 북돋움, 2011, 123쪽.

318 박구용, 「민주적 법치국가의 권리로서 복지」, 『사회와 철학』 22호, 2011, 192쪽.

319 C. 폰팅, 『클라이브 폰팅의 녹색 세계사』, 이진아·김정민 옮김, 민음사, 2019, 591쪽.

320 김종철, 『근대문명에서 생태문명으로』, 녹색평론사, 2019, 217쪽.

321 S. 호킹 & L. 믈로디노프, 『짧고 쉽게 쓴 시간의 역사』, 전대호 옮김, 까치, 2006, 121쪽.

322 박종준, 「현대 황금률의 도덕철학적 문제」, 『철학사상』 60호, 2016, 288~235쪽.

323 이은영, 「불교의 황금률 고찰」, 『동아시아 불교문화』 42집, 2020, 276~277쪽.

324 2011년 프랑스에서 출간 7개월 만에 200만 부를 돌파하며 '분노 신드롬'을 일으킨 스테판 에셀의 책은 제목 그대로 "분노하라(INDIGNEZ VOUS!)"를 촉구한다. 책 집필 당시 93세인 그는 "분개할 일에 분개하기를 결코 단념하지 않는 사람이라야 자신의 존엄성을 지킬 수 있고, 자신이 서 있는 곳을 지킬 수 있고, 자신의 행복을 지킬 수 있다"며 "한 사람 한 사람이, 자기 나름대로 분노의 동기를 갖기 바란다"고 당부했다.

325 모든 사람이 언론인으로 활동할 수 있는 민중언론 시대의 학문적 논의는 『민중언론학의 논리』(철수와영희, 2015)를, 구체적 논의는 『미디어 리터러시의 혁명』(시대의 창, 2021)을 참고할 수 있다. 청소년기부터 철학과 언론에 대한 이해를 높이기 위해 쓴 책이 『10대와 통하는 철학 이야기』와 『10대와 통하는 미디어』다.

326 S. 핑커, 『빈서판』, 김한영 옮김, 사이언스북스, 2004, 508쪽.

327 미디어 혁명으로 미술 작품도 갤러리 없이 전시와 감상이 가능해졌다. 인터넷 공간이 열어놓은 '창작자들의 놀이터: 그라폴리오(grafolio.naver.com)'에서도 인간은 모두 '우주인'임을 표현하는 작품을 발견할 수 있다. 미술 작품 「22세기 우주인」에는 다음과 같은 설명문이 담겨 있다. "안드로메다의 발견은 우주에서 인간의 보잘것없는 지위를 깨닫는 충격적인 사건이었다. 그러나 외부은하의 발견 못지않게 우주 탐험의 발길이 지구인의 경계를 허물고 있다. 현재 우주인의 사전적 뜻은 외계인 혹은 우주비행사다. 22세기에 우주인은 우주에서 삶을 영위하는 모든 사람을 포함할 것이다."

328 하이데거는 '일상적인 현존재들'은 죽음에 대한 불안, 그 '으스스함' 앞에서 도피한다고 본다. 하지만 "불안해하고 있는 죽음을 향한 자유 가운데 있는 자신"으로 있을 가능성 앞에 직면할 때 "실존론적으로 기투된 죽음에 이르는 본래적 존재의 성격"이 드러난다고 주장한다. M. 하이데거, 『존재와 시간』, 소광희 옮김, 경문사, 1998, 379쪽.

329 F. 니체, 『차라투스트라는 이렇게 말했다』, 정동호 옮김, 책세상, 2002, 254~255쪽.

330 F. 니체, 『차라투스트라는 이렇게 말했다』, 52쪽.

331 J. 르두, 『시냅스와 자아: 신경세포의 연결 방식이 어떻게 자아를 결정하는가?』, 528쪽.

332 J. 르두, 『시냅스와 자아: 신경세포의 연결 방식이 어떻게 자아를 결정하는가?』, 27~28쪽.

333 E. 윌슨, 『인간 존재의 의미』, 이한음 옮김, 사이언스북스, 2016, 210쪽.

후기

우주와 처음 만난 순간이 지금도 눈앞에 살아 숨 쉰다. 초등학생이던 1970년 여름방학을 맞아 아버지가 일하던 광산에 가서 더위를 피하려 버력더미에 누웠을 때다. 마주친 밤하늘은 거룩했다. 손을 뻗치면 잡을 듯싶다가도 바라볼수록 무장 높아가던 무수한 별빛들은 반세기가 지나도록 몸에 깊이 새겨져 있다. 별을 세다가 그만 아득함에 잠겼다.

기실 인간이 눈으로 별을 세기란 불가능한 일이다. 우리 은하만 하더라도 1000억 개의 별이 있다. 풀어서 쓰면 100,000,000,000개다. 한 순간도 쉬지 않고 옹근 100년을 세더라도 도무지 가당찮은 일이다.

이 책에서 1000억 숫자는 더 나온다. 인간 개개인의 뇌세포가 1000억 개라는 사실 또한 언제 새겨도 새롭다. 과학자들은 현재까지 지구에 살았던 인간의 개체도 1000억 명으로 추산한다. 그러니까 우리 삶의 터전인 지구는 1000억 명에 이르는 인간의 무덤이기도 하다. 딴은 어찌 인류만이겠는가. 1억 5000만 년을 이어온 공룡의 무덤이자, 무수한 개미들의 무덤이다. 지금까지 지구에 살았던 수십억의 수십억에 이르는 생물종의 99.99%는 이제 인류와 함께 있지 않다. 이 모든 생성과 소멸은 다 무엇일까. 우주적 인간을 제안한 우주철학의 문제의식이다.

우리 모두 '우주인'이라는 명제가 낯설다면, 우주가 아직도 우리와 멀리 떨어진 곳으로 여긴다면, 우주과학자 프레드 호일의 말을 나누고 싶다. "우주는 전혀 먼 세상이 아니다. 하늘을 향해 똑바로 자동차를 몰면 한 시간 만에 닿는 거리다."

중학생 교복을 입고 서울 아현도서관을 찾아가 철학책을 빌려본 지 올해로 옹근 50년이다. 벅찬 가슴으로 대학 철학과에 들어섰지만 온전히 몰입할 수는 없었다. 군부독재가 민중을 짓누르고 있었다. 폭정에 맞서 학생운동에 나선 틈틈이 도서관에 파묻혔다. 천문학과 물리학, 분자생물학 교수들의 강의를 들은 뒤 우주과학과 생물학 책들을 읽으며 칸트와 니체 철학에서 영감을 얻어 '새로운 선험철학'을 구상했다.

연희동산의 솔숲과 작은 연못가를 산책하다가 다시 본관 3층에 있던 문우도서실로 들어설 때 언제나 외투에서 꺼내든 수첩의 맨 앞장에는 "우주와 역사에서 인간의 목표와 의미"가 적혀 있었다. 『빅히스토리』 책이 지구촌에 나온 것은 그로부터 30년이 지나서였다. 빛바랜 수첩에는 "공룡의 입장에서 철학"이라는 글귀도 반짝인다. 2016년 하버드대 우주과학자의 번역서 『암흑물질과 공룡』이 출판되었다는 기사를 보았을 때는 당혹감마저 엄습했다. 서둘러 책을 읽었지만 '다행'이랄까 그 책의 논지는 과학적 선험철학을 전개한 이 책의 독창성과 무관했다.

철학적 사색을 수첩에 적는 습관은 교정을 떠나 육군 사병으로 복무하면서도 이어졌다. 복학해서 <연세춘추> 창간 30주년 기념 현상 논문으로 「허무적 지성과 지성의 허무」를 발표하고 대학을 떠나 언론계

에서 한창 일할 때, 은사께서 재능을 안타까워한다는 말을 전해 듣고
는 몹시 착잡했던 기억도 난다. 은사와 철학적 문제의식은 달랐지만
철학적 사유를 이어가는 자극이 되었다. 내게 언론노동은 사회철학의
현장이었고 틈날 때마다 종종 연희동산의 솔숲을 찾아 어슬렁거렸다.
언론노동과 사회운동의 경험으로 과학적 선험론과 사회인식론이 영글
어갔다.

한국어로 철학하는 장점과 단점이 있다. 장점은 동학과 유·불·선의 사
유가 한국어에 녹아 있다는 점이고, 단점은 유럽어와 영어가 가로막은
장벽이다. 이 책이 제안한 우주철학과 유사한 사유가 유럽이나 미국 어
디선가 진행되었을지 모르겠지만 적어도 내가 아는 한 독창적이다. 국
내 학계에 소개되고 있는 신유물론(new materialism)은 인간과 자연의
이분법을 넘어서자는 점에서 과학적 선험론과 문제의식이 같다. 하지
만 행위자 네트워크 이론(actor-network theory), 물질의 생기론, 객체지
향 존재론에 이르는 여러 신유물론에선 과학적 선험론의 인식론적 문
제의식이 보이지 않는다. 더욱이 과학적 선험론은 신유물론과 달리 주
체와 자본주의 문제를 가볍게 보지 않는다. 인식론에 근거해 주체와 자
본주의 문제를 성찰한다.

    우주철학의 과학적 선험론과 사회인식론은 연희동산의 솔숲을 산

책하며 독창적 문제의식으로 출발했고, 자본주의 밀림에서 언론노동을 하며 사유한 결실이다. 한국이 미국·유럽과 자본주의 수준에 큰 차이가 나지 않는 지금, 내가 미처 만나지 못한 유럽이나 미국의 철학이 있다면 반가운 일이다.

본문 마지막에 간추린 다섯 명제로 뼈대를 세우고 우주적 선험철학의 인식론·존재론과 정치론·윤리학을 새로운 개념들로 담아가며 솔직히 종종 머뭇거렸다. 조선왕조 이래 사대주의가 뿌리 깊게 퍼져 있는 한국의 지적 풍토에서 이 책에 담은 '우주철학'이 얼마나 소통될 수 있을까, 더구나 '메타버스(metaverse)'의 가상현실에서 온갖 자극적 영상이 넘쳐나는 시대에 자본의 논리가 지배하는 체제를 넘어설 새로운 철학의 주체로 '우주인'을 호명하는 사유가 얼마나 현실의 독자를 만날 수 있을까라는 물음마다 짙은 회의가 엄습했다.

하지만 앙가슴에 갈무리한 촛불의 바다가 용기를 주었다. 철학 혁명도 혁명의 철학도 어둠을 밝히는 작은 촛불 하나하나에서 출발한다고 판단했다. '촛불의 촛불'로서 '촛불의 철학'을 자임한 이 책 또한 실은 '철학의 촛불' 하나일 터다.

곰비임비 군말을 늘어놓는 까닭이 있다. 후학들이 유럽과 미국의 문헌에 매달리지 말고 독자적 사유를 펼치기를 기대해서다. 국내에서 철학을 비롯한 인문·사회과학을 연구하는 젊은 학자들의 독창적 생각들을 외국 학계의 잣대로 폄훼하거나 재단해온 행태를 우리 학계 스스로 경계하자는 제안도 담고 싶었다. 젊은 후학들이 유럽과 미국에서 '철학'을 찾는 데 골몰하지 않으려면, 각 대학의 철학과 교수들 사이에 공감이 필요하다. 우리 삶의 현실에 밑절미를 두고 사유하되 유럽과 미국 철학자들의 생각도 그때그때 들여다보고 자극을 받는 정도로 충분하지 않을까.

표제 그대로 우주철학의 '서설'인—과학적 선험론과 사회인식론 모두 더 풍부한 개념과 이론으로 숙성이 필요한—이 책이 한국 철학의 마중물이기를 소망한다면 지나친 욕심일까, 아니면 그 또한 우주의 바람일까.